亲历者记述

计 划 生 育 优 质 服 务

主编／解振明

副主编／顾宝昌 郑真真 汝小美 刘鸿雁

Efforts in Memory

Quality of Care Initiative
in China's Family Planning Program

社会科学文献出版社
SOCIAL SCIENCES ACADEMIC PRESS (CHINA)

前　言

　　一些自 20 世纪 90 年代中期起曾参与中国计划生育优质服务项目的专家学者和实际工作者共同撰写了本书，以他们的亲身经历与深刻体会回忆和记述了那一段难以忘怀、艰苦探索的往事。这本书可以帮助人们了解我国计划生育工作是怎样逐步走出一条干部好做工作、群众容易接受的路子，其中有很多酸甜苦辣和经验教训。

　　读了这本书，勾起了我难忘的回忆。我的前半生一直从事党的工作和教育工作。1988 年中央调我到国家计划生育委员会主持工作。当时正值新中国成立以来第三次人口出生高峰，为了完成中央交付的控制人口过快增长的任务，我和国家计生委的同志们积极争取各级党委、政府加强对计划生育工作的领导，认真贯彻国家既定的计划生育政策，推动制订既积极又可行的人口发展计划，加强计划生育干部队伍和基层计划生育服务网络建设。几年间，随着国家经济社会的发展，人口过快增长的势头得到了有效控制。同时，在计划生育工作中也存在不少不容忽视的问题，使我们越来越迫切地感到必须适应时代的发展与人民群众的愿望，进一步深化改革。

　　1991 年，我们及时提出了计划生育工作"既要抓紧又要抓好"的指导方针，引导干部增强群众观念和法制意识，认真落实以"宣传教育为主、避孕为主、经常工作为主"的"三为主"方针，下决心逐步改变主要依靠行政手段、补救措施、突击活动来推行计划生育工作的做法，实现计划生育工作的科学化、规范化、法治化。我们还一再强调"七不准"，严禁一切违法乱纪的行为，努力做到既有效地控制人口增长又密切党群关系和干群关系，维护安定团结。

联合国 1994 年召开了国际人口与发展大会，1995 年召开了社会发展问题世界首脑会议和世界妇女大会。这些会议倡导的理念和出台的纲领性文件，给予我们新的启迪，使我们进一步认识到人口问题从本质上讲是发展问题，人是可持续发展的中心，要解决好人口问题必须坚持以人为本的理念，尊重人的基本权利，重视人的全面发展，维护人的生殖健康，特别是要提高妇女地位，保障妇女的合法权益，增进妇女的身心健康。要从更广泛的领域采取综合措施，促进人口与经济社会资源环境协调可持续发展。

1995 年 10 月，在认真总结本国经验和借鉴国际先进经验的基础上，国家计生委明确提出了计划生育工作思路和工作方法要实行"两个转变"，就是要由孤立地就计划生育抓计划生育，向与经济社会发展紧密结合，采取综合措施解决人口问题转变；由以社会制约为主，向建立利益导向与社会制约相结合，宣传教育、综合服务、科学管理相统一的机制转变。具体地说，计划生育工作必须坚持以服务对象—— 育龄群众为中心，真心实意地为他们提供生育、生产、生活方面的服务，把计划生育工作同发展经济、帮助群众勤劳致富、促进社会文明进步、建设幸福文明家庭结合起来，注重维护群众的切身利益和基本权益，发动群众积极参与计划生育工作，使计划生育真正成为群众的自觉行动，全面提高计划生育工作的水平。

可是，要把这些先进的理念和经验真正在基层计划生育工作中贯彻落实，绝不是凭我们的主观愿望和下几道命令就可以一蹴而就的，必须深入开展干部培训工作，创造各种必要的条件，特别是要通过实践总结出适合国情、切合实际、可复制的好经验，使广大基层干部懂得怎样做是对的、怎样做更好。在这种背景下，计划生育优质服务试点工作应运而生。

一批具有远见卓识、人文情怀的专家学者和实际工作者全身心地投入了计划生育优质服务试点工作。试点之初，面对许多困难和阻力，他们矢志不移，深入基层，攻坚克难，勇于改革创新，按照"先立后破、先点后面、先易后难、先实后虚"的原则，脚踏实地做了大量艰苦细致的工作，在实践中不断探索，不断总结提高，终于取得了良好的效果，受到了广大干部群众的欢迎。优质服务试点实践中最重要的一条经验就是必须树立以人民为中心的理念，把计划生育工作的重心由强调完成人口控制指标转变成竭诚为育龄群众服务。只有树立了以人民为中心的理念，工作思路、工作方法和工作作风才会随之发生深刻转变，走出一条干部好做工作、群众容易接受的好路子。计划生育优质服务试点工作还得到了一些国际友人的支持与帮助，得到了国际社会的积极评价。

现在，我国人口形势已经发生了历史性转折，人口与计划生育政策正在不断调整完善，但是为全人群开展覆盖生命全周期的生殖健康和家庭保健优质服务仍然是长期的任务，需要拓展服务领域和改善服务质量，包括避孕方法知情选择、预防和减少人工流产、促进优生优育、治疗不孕不育、生殖道感染防治、性病艾滋病防治、青春期性健康教育等，这些都是"健康中国2030"的重要内容。我们应不忘初心，牢记使命，认真总结历史经验教训，继承和发扬优良传统，不断改革创新，积极回应人民群众所想、所盼、所急，把这个领域的工作做得更好，为实现人民对美好生活的向往继续奋斗。

彭珮云

目 录

回忆与记述

文献回顾

附 录

Contents

Personal Recollections

Literature Review

Attachments

回忆与记述

1
从指标导向到优质服务[*]

张二力^{**}

　　我出生在一个教师家庭，父母都是大学教师。我 1960 年毕业于清华大学无线电系（1986 年更名为清华大学电子工程系），并留校从事微波技术研究工作直到 1986 年。1988 年我由教育部到国家计生委工作，1989 年 10 月起担任国家计生委规划统计司副司长、司长。主要负责制定、检查全国及各省份人口控制指标，建立、维护计划生育的统计信息系统，1995～1998 年，兼任计划生育优质服务项目办公室主任。1999 年退休后任中国人口学会副秘书长，被聘为计划生育优质服务项目办公室顾问。

　　1988 年我刚到计划生育部门工作时，中国 20～29 岁妇女人数正值高峰，每年要出生约 2300 万个婴儿，净增约 1500 万～1600 万人，相当于一个伊拉克的总人口。在这种情况下，我的主要任务就是要较快地把人口增长

---

　　* 此文是根据笔者于 2001 年 2 月 15 日在马尼拉国际会议上的发言记录改写而成。

　* * 张二力，1939 年生。1960 年毕业于清华大学无线电系，1960～1986 年留校从事教学与科研工作，1985 年恢复教师职称制度后被聘为副教授。1986～1988 年任国家教委自学考试办公室命题处处长。1988～1998 年调入国家计生委，先后任办公厅副主任，规划统计司副司长、司长。1995 年国家计生委启动计划生育优质服务项目试点工作，任计划生育优质服务项目办公室主任。1998 年任国家计生委计划财务司巡视员，1999 年退休。退休后任中国人口学会副秘书长、前进大学校长、南开大学人口所兼职教授，被聘为计划生育优质服务项目办公室顾问，其间还参加生育政策调整研究课题。

控制住，使总和生育率降到更替水平以下。因此，强化了人口预测和计划的管理：由中央政府每年给各省份下达人口控制指标，并逐级分解到乡镇，作为各级政府主要负责人政绩考核的主要内容，并承担责任；每年由我所在的部门（规划统计司）组织人员到各省份进行抽查作为考核其政绩的依据；各省份由省级政府主要负责人与下级政府主要负责人签订人口与计划生育工作目标管理责任书，逐级分解到乡镇；每年由上级部门对下级进行抽查，并进行奖惩。采取这些措施后，经过几年的努力，到1993年，我国的总和生育率（2.13左右）终于低于更替水平。

但是，在人口增长得到有效控制、计划生育工作取得很大成绩的同时，我感到计划生育工作也存在不少问题，其中有一些是长期困扰我的问题，需要认真研究、改进。这些问题主要包括以下几个方面。

第一，在一些地区，计划生育统计数据的漏报有增多的趋势。我们到乡镇进行抽样调查、考核时群众和基层干部抵触情绪很大，常常受到干扰，十分困难。国家统计部门人口调查的难度和误差也越来越大。一些在县、乡做计划生育工作的朋友告诉我，由于考核指标涉及干部的政绩，每年下半年县、乡、村各级干部都要用大量的时间和精力来研究上级下达的考核内容和考核方案，包括抽样方案中样本点的人口规模、地理位置、交通信息等，以便应对考核。这种考核还助长一些干部不实实在在做好工作而是在数据上下功夫。这不仅浪费大量人力物力，更主要的是偏离了管理评估工作的初衷，也不能获得真实的信息和数据。为了应对考核，上级计生委都要对下一级提前进行检查，而且都是采取对村进行抽查。据说有一个村一年就被查了10次。我曾试图在检查、考核的指标设置（包括计算方法）及其权重、考核次数和方式、综合评分等方面组织进行研究，但改进不大，效果甚微。

第二，有一些地区为了达到人口控制目标，对群众的意愿缺乏尊重，甚至采取了一些简单或强制的方法，造成计生干部和群众感情对立。例如"办证难"，我看到一封信说一对新婚夫妇为了办理准生证，先后用了两个月的时间才办完手续；有的服务站在开展妇科检查时，对未婚女青年进行孕情检查，忽视对未婚女性隐私权的保护；有的乡镇在落实避孕方法时没有尊重服务对象的选择权，造成意外怀孕、避孕失败。虽然国家计生委明令禁止这些做法，但基层时有发生。随着我国经济的发展、人们生活水平的提高，维护个人权益的意识在不断增强，这些做法将越来越引起群众的不满。如何建立一种机制，从根本上防止这类事情的发生呢？

第三，1992 年起上海、北京城区人口自然增长率出现了负数，绝大多数群众不想多生孩子了，有一部分年轻人甚至一个孩子也不想要。1994 年上海市计生委的负责人和我讨论：上海的经济文化发展水平在全国是最高的，人口也出现负增长，每年不符合政策规定的出生人口只有 300 人左右（全市 1200 万人），计划生育工作不能只围绕这极少数人转。同时，上海妇女的人流率还很高，妇女的避孕节育知识、自我保健意识和能力并不高，为群众提供面对面的咨询服务也不够。因此，上海市计生委的工作要把重心从少数人转移到大多数群众身上，以提高群众自我保健意识和能力为重点。

1994 年秋，江苏省的计划生育负责人对我说："中国的人口增长得到有效的控制，首先要归功于中国的人民群众，特别是广大的育龄妇女，她们为国家的人口控制做出了牺牲。作为一个对人民负责的政府应该采取有效的措施和完备的服务，使她们安全、健康、幸福地度过长达三十几年的育龄期。"他们认为今后的计划生育要以人为本，逐步加强服务，努力提高服务质量。

上海、江苏是中国经济发展和计划生育工作发展都比较快的地区，这些地区在人口得到有效控制、人们不愿意多生孩子后提出的计划生育如何发展的问题，很可能就是 21 世纪全国大部分地区将要遇到的问题，需要认真对待、认真研究和思考。

第四，1993 年中国的经济制度开始发生重大变化，国家提出要由计划经济向市场经济转变。政府机构要精简、职能要转变，将不再直接管理企业、生产，也不下达经济计划指标。与之相对应，社会管理和服务也要逐步由单位转入社区。1994 年政府明确提出了社会事业（包括教育、卫生、计划生育等）都要从我国的国情出发，以人的全面发展为中心，坚持经济社会协调发展和可持续发展的原则。

同时我也了解到亚太地区的巴厘岛会议、正在准备的开罗国际人口与发展大会和北京世界妇女大会的精神：计划生育要逐步由以完成指标为中心向以服务对象为中心转变，提高妇女地位，保护群众合法权益，人人享有生殖保健服务等。我感到中国遇到的问题与国际上的问题是相同的、同步的。只不过中国是世界上人口最多、压力最大的国家，解决这些问题的途径与世界各国不尽一致，需要我们去探索、去创造。

针对这些问题，我利用 5 个月离职学习的时间进行了思考和分析，明确了以下两点。

首先，计划生育的一些做法是在过去的经济社会条件下形成的，群众在当时可以接受，但随着经济社会的发展，不仅群众生活水平在提高，生活方式也在变化，对政府管理和服务的要求与看法也在变化。我们计划生育工作也必须像其他工作一样，要改革。计划生育不能再以上级下达的计划指标、数字为中心，要逐步强化为群众服务的意识，通过提供服务不断满足群众生殖健康领域的需求，逐步把对上负责与对群众负责结合起来，并通过实践来建立适应新环境的工作制度和方式。这是一项艰巨、复杂的社会系统工程，是国家计生委必须承担的历史职责。

其次，是如何做的问题。我国是一个发展中国家，经济、社会发展极不平衡。在中西部还有相当多的地区，特别是贫困山区的群众还没有解决温饱问题。那里许多家庭主要依靠高体力强度的农业劳动维持生活，迫切需要男孩子来承担家庭致富和老人赡养的职责。加上长期形成的一些社会风俗和文化的影响，这些地区的人口出生率还比较高，基层干部承担的人口控制的任务还比较重。对于这样一个需要探索的社会改革问题，应该像我国经济改革那样，不搞"一刀切""齐步走"。先在东部基础比较好的地区试起来，取得经验后逐步推广。要吸取我国经济发展的经验教训，试验不要急于求成。既然是探索，就不可能有统一的模式，要积极鼓励基层干部的创造性。对于一些一时还不清楚的、有争议的问题坚持先不下结论，采取先实践后总结的做法。

　　上面提到的这些问题也是当时国家计生委的领导都非常关心的问题。我把这些想法与同事和领导讨论后，得到大多数同志的积极支持。1995 年国家计生委领导决定，先在辽宁、吉林、上海、江苏、浙江、山东的六个区县进行试点，建立由国家计生委领导任组长的优质服务领导小组。并于 1995年 6 月 5 日召开试点启动会议，由时任国务委员、国家计生委主任彭珮云同志亲自动员。试点就这样开始了。

2
我与计划生育优质服务

顾宝昌*

1980 年我在北京大学念研究生，突然接到通知，北京大学决定提名我接受联合国人口基金的奖学金出国学习人口学。我 1981 年出国，1986 年获得社会学和人口学博士学位，回国后在北京大学社会学系任教。我总觉得，人口学是一门与实际联系得十分紧密的学科，如果不了解人口实际，光是纸上谈兵是不行的，何况国家派遣出国留学就是希望学成回国能为解决面临的人口问题服务。我就在 1989 年年末转入在国家计生委领导下的中国人口情报信息中心（2003 年更名为中国人口与发展研究中心）工作。后来总有人问我当时为什么要离开北大（也有问当初为什么要回国），但从我的内心来讲是没有什么奇怪的。

进入计划生育领域后，我对于计划生育在基层的工作了解得更具体了，

---

* 顾宝昌，1945 年生。1968 年毕业于北京大学哲学系，1981 年获北京大学亚非研究所法学硕士，1983 年获美国得克萨斯大学社会学和人口学硕士，1986 年获美国得克萨斯大学社会学和人口学博士。1986～1988 年任北京大学社会学系副教授、系副主任，1988～1989 年任联合国人口基金人口与发展顾问，1990～1998 年任中国人口情报信息中心（1995 年更名为中国人口信息研究中心，2003 年更名为中国人口与发展研究中心）副主任、研究员，1999～2000 年任人口理事会纽约总部高级研究员，2001～2004 年任中国计划生育协会副秘书长兼国际合作部部长，2005 年 3～5 月应邀成为美国夏威夷东西方中心研究学者，2006－2018 年任中国人民大学人口与发展研究中心教授、博士生导师。自 1995 年起作为中方专家和顾问参与计划生育优质服务项目试点工作。

也更感到，在计划生育实施过程中要更好地保障和维护群众，特别是妇女的生殖健康和生殖权利，的确面临着巨大的挑战。原国家计生委主任彭珮云曾多次和我交谈（她从教育部门来，也是女性，也是位母亲），难道计划生育就一定要这样干吗？

我于 1992 年作为亚太经社会的特邀代表参加了在印度尼西亚巴厘岛举行的亚太人口大会，1994 年作为中国代表团的顾问先在纽约出席了一个月的国际人口与发展大会的筹备会，而后又出席了在埃及首都开罗召开的国际人口与发展大会和非政府论坛。在会上，我的任务是协助中国代表团的工作。同时我怀着极大的兴趣听取了各国代表就各种人口问题的发言、争论和表态，来自世界各国的代表们的立场如此多种多样、各不相同，真是精彩绝伦，令人叹为观止，让我实在是脑洞大开，远超出从书本和课堂里得到的收获。

1995 年 10 月，彭珮云主任代表国家计生委正式提出了计划生育要实现工作思路和工作方法"两个转变"的要求。但提出来后在全国一时竟然了无响应。当时彭主任说，"两个转变"说了半天还是一句空话。这使我们意识到，计划生育要实现"两个转变"，不仅要提出来，还要做出来，让大家"看得见、摸得着"才行。于是，开展计划生育优质服务试点的提议应运而生。而原国家计生委规划统计司司长张二力则毅然挑起了试点的领头工作。

借鉴我国经济改革工作的经验，计划生育优质服务也是以从经济比较发达、计生工作基础比较好的地方先行试点为宜。于是着手在东部地区选点。当时选点有两个条件。一是当地一定要有试点的积极性。因为试点本身就是对自身工作的改进，有风险有代价，如果自己不想干，光靠外力是不行的。当时有的省份推荐的试点地区就表示，他们已经是全省先进，不参加试点。但是，德清县的计划生育工作尽管在浙江省并不名列前茅，县领导的表态却十分坚决，"无论参加不参加试点，计划生育工作是一定要变革了"，这使得浙江的试点县非它莫属。二是不给试点地区任何资助。因为进行试点是为了推广，如果试点地区接受了上级机构或国际组织的资助，将来推广怎么能有说服力？"点"上的探索是为了"面"上的推广服务的，因此试点从一开始就要着眼于有利于未来的推广，实现"以点带面"。

记得刚启动试点时，面对的争议和忧虑层出不穷：是不是会否定计划生育的成就，出现了反复怎么办，什么叫计划生育优质服务，等等。对于所有这些责问，张司长的挡箭牌就是"不争论"，让实践来回答。还是要"先实后虚"，如果坐而论道，是永远不可能形成共识的。

当试点启动，试点县讨论从哪里入手时，觉得取消"准生证"风险太大，改个名字叫"服务证"还可以。又觉得推行避孕方法知情选择不可行，但可以搞个展示台，向群众展示避孕方法。尽量放低门槛、缩小步子，"先易后难"，只要能动起来就好。

1994年国际人口与发展大会后，世界上只有两个人口大国还实行计划生育指标配额，即中国和印度。但印度政府随即宣布取消指标，实行无指标计划生育。国家计生委专门组织去实地考察，在那里开了三天研讨会。在中印双方的研讨中，印度的地方计生部门领导纷纷抱怨，因为一下子取消了指标，工作无所适从，出现一片混乱。这深深地提醒我们，开展优质服务试点一定不能"破"字当头，要首先在"立"字上下功夫，只有"先立后破"，才能平稳推进。

试点地区每年聚在一起开两次研讨会，各地介绍他们在试点中做了哪些探索，有些什么打算，取得了什么体会，遇到了哪些难题。主要是交流和讨论，各抒己见，不做评判，对工作也不排名次，也几乎没有什么批评和表扬。可是每次会都开得很热闹，大家觉得在交流中收获很多。

随着试点的推进，各地的创新层出不穷。比如，德清服务站搞了避孕方法展示台，农安就进一步变成了避孕方法展示包，便于携带走村入户。盐都考虑到要尊重育龄妇女的隐私而设立了"悄悄话室"。农安看到计生人员不善于面对群众讲解而特意开展演讲比赛。这些举措没有一条是来自上级的布置和试点的要求，而确确实实是基层在试点过程中摸索出来的自我创新，充满了新鲜感和生命力。

参与试点人员在试点过程中对探索优质服务的热情常常到了异乎寻常的地步。天津的王铁明主任因为试点不宜扩大而感到懊恼，赌气地表示："你们不带我玩儿，我自己玩儿。"1997年天津和平区参加了国家计生委的试点项目，从此，王主任一次不落地参加优质服务的各种活动，比谁都积极认真，这真是发自内心的追求啊！有一次和盐都的刘高英主任在机场候机，她突然站住拿出照相机对着机场里的一个灯光灿烂、琳琅满目的水果店拍照。我问她为什么，她说，可以作为布置服务站的参考。她的这种敬业精神已经不是用令人感动可以形容的了。有一次到德清，邵慧敏主任说，她想要对避孕药具收费，收一块钱。我说，这是国家免费提供的避孕药具，你怎么可以收费呢？她说，顾老师啊，不是为了这一块钱啊。避孕药具如果交点费，群众就会比较珍惜，而服务人员也会更加认真。当然，这个举措最后并没有实施，但对于如何改善服务对象和服务人员双方的关系，真正实现对优质服务的孜孜追求，能说其背后的考虑没有闪光点吗？

试点虽然遵循不报道、不宣传的方针，但试点的消息仍然是不胫而走，到各个试点地区考察学习的各地计生部门人员络绎不绝，接踵而至。除了照相抄录，几乎把试点地区的各种材料都"抄走了"，包括抽屉里的会议记录和工作笔记。为了满足各地的要求，试点办公室特地组织了优质服务培训班，本来打算办两次，每次 100 人，结果办了 4 次，每次都是200～300 人参加。培训班请试点地区的计生领导来现身说法，讲述他们在试点中是怎么想的又是怎么做的。各地参加培训的学员都纷纷表示大有收获，主要是"非常管用"，找到了如何使计划生育工作良性运转的良方。有的地方简直是计生部门全体出动参加培训，当地带队领导说，参加你们的培训班比我开10 次会都管用，培训后大家思想统一了，也知道怎么干了。

试点活动又开展了到泰国和美国的考察和交流。以往在计划生育方面的国际交流尽管很多，但以高层官员和专家学者为主。这次是破天荒地由这些在基层第一线的计生干部去国外交流。在泰国考察计生服务站时，尽管语言不通是个障碍，得益于他们在基层工作的丰富经验，所以"听不懂但看得懂"。看到服务人员耐心地与年轻夫妇亲切交谈那么长时间后才让其决定选择哪种避孕方法，计生干部明白了怎样才能实现真正的知情选择。赴美国访问时，在人口理事会纽约总部的研讨会上，这些来自中国计划生育工作最基层的人员讲述了他们怎么在第一线实施计划生育，怎么探索优质服务，讲得那么质朴，那么实在，让听众席中那些来自各个国际组织和人口机构的高层官员、专家学者对中国计划生育有了别样的了解。这真是别开生面、难得一见的场面,尽管研讨会的准备工作耗费了我不少精力,但看到中国的基层计生人员走上了国际论坛,心里的喜悦是难以言表的。

有一天,我正在人口理事会纽约总部的办公室工作,突然有人敲门,我抬头一看,简直不敢相信自己的眼睛,这不是电影《金色池塘》(On Golden Pond)里女主角的扮演者、著名影星简·方达(Jane Fonda)吗,怎么跑我办公室来了?"听说你们在开展计划生育优质服务试点,我要随丈夫去上海开会,可以去看看你们的试点吗?""可以,当然可以。"我随即联系了时任国家计生委国际合作司司长丛军和福特基金会驻华办事处高芙曼博士,成功地安排了她去德清试点县考察。中国开展的优质服务试点竟然得到一位美国著名影星的关注,实在是意外!

2000年年末,我结束了在人口理事会纽约总部的工作刚回到北京,一位《华尔街日报》的记者Leslie Zhang(张彤禾)就来找我。她说她听说中国开展计划生育优质服务试点后就到纽约找我,结果我已经回北京了。她要采访我,我说你最好自己下去看。这位华裔美国记者随后真的带了翻译去了江苏盐都实地考察。她撰写的关于中国计划生育优质服务的长篇报道登载在2001年2月2日《华尔街日报》头版头条,还刊登了刘高英主任的头像。据说,那时上过《华尔街日报》头版的中国人只有两位,一位是青岛海尔的老总张瑞敏,另一位就是基层计生干部刘高英了。当时,西方对中国计划生育政策有许多指责,但就在这时,中国的计划生育优质服务居然登上了美国大报的头版,极大地维护了中国计划生育政策的正面形象!

经常有人对我说,我的文章写得少了,太可惜。我不知怎么回答,在实践中进行探索,推动实际工作逐步向前,就必须要有付出。在实践中面对的是实实在在的问题,看到的是真真切切的变化,特别是看到经过努力后优质服务不断向前推进和计划生育不断出现新面貌,还有什么比它更有成就感呢?我只能调侃说,我的文章写在了大地上。

也有的国外人士觉得我这么早学成回国,后来参加的出国访学等国际交流少了。我也觉得很为难,但一个人的精力、时间都是有限的,既然要投入国内的工作，就要花费大量的精力，总是要有所失才有所得。凡事难两全，要国内国外两头兼顾实在是太难了。

在基层的调研中，我常常喜欢跟在张二力、杨立舫、张春延、董光华、刘永良、米国庆、丁明等行家里手后面，从他们和基层的研讨中学习，看他们如何与基层讨论，如何交换意见。这里没有官话，没有客套，但有真情，有见识，这往往是我感到最愉快的时候，也是最有收获的时候。回首过往，年华实在没有虚度啊！

从对计划生育优质服务工作的回顾也可以看出，在开展计划生育优质服务的过程中为什么一定要把握"先立后破、先点后面、先易后难、先实后虚"四个要点，这并不是偶然的。与其说是来自概念的演绎，不如说是来自实践的镜鉴。

2012年江苏盐城筹办人口与计划生育展示馆，让我起草前言。我是这样写的："20世纪50年代以来，面对人口增长不断加速的趋势，和全国各地一样，计划生育工作在盐城市应运而生。然而，在经济基础薄弱、传统观念浓重、保健设施欠缺的苏北大地，开展计划生育又谈何容易！几十年来，盐城市开展计划生育决心坚定、措施得力。在实践中勇于探索，不断创新，及时转型，勇于革新，同时注重借鉴交流，开阔思路，把计划生育工作一步步推向前进。盐城市经过多年的努力不仅有效地扭转了人口过快增长的势头，而且为计划生育的良性运转积累了丰富的经验。"应该说，盐城的经历实际上也是全国的一个缩影。

开展计划生育优质服务的过程，说到底，就是一个还权于民的过程。通过取消生育申请把生育时间的选择权还给夫妇，通过开展知情选择把避孕方法的选择权还给夫妇，通过开展优质服务把享受服务的权利还给夫妇。计划生育优质服务试点的开展给了我们鼓舞，给了我们信心，使我们觉得可以把生育数量的选择权还给夫妇提到日程上来了。这就推动着我在2001年以后和许多志同道合者一起，参与到呼吁生育政策调整的漫漫征程中来。

3
职业生涯的深刻记忆

解振明[*]

　　1992 年，我从安徽大学人口所调到了北京，在国家计生委直属事业单位中国人口情报信息中心（2003 年更名为中国人口与发展研究中心）从事人口和计划生育研究，直到 2011 年办理退休手续，一晃 20 年过去了。在这 20 年中，我在人口、计划生育和生殖健康领域承担了多项国际合作与国家和部委级研究课题，但是细想起来，几乎都是与计划生育优质服务有关。有人戏称我是"优质服务专业户"，20 年只干了一件事！计划生育优质服务成为我终生难舍的事业，成为我的主要研究领域，是我 20 年职业生涯的深刻记忆。从计划生育优质服务项目的选点、立项、启动，到指导、培训、交流，再到全面推广、设定标准、评估验收，每一步都洒下了汗水，也得到了收获。大量的现场调研和项目实践丰富了我的专业知识，深化了我的理论研究。在我参与的 50 多项研究成果中，有关计划生育优质服务的论文专著、

　　* 解振明，1946 年生。1982~1985 年由国家教委派往美国加州大学伯克利分校留学，获人口学硕士学位。1992 年从安徽大学人口所调到中国人口情报信息中心（1995 年更名为中国人口信息研究中心，2003 年更名为中国人口与发展研究中心）。1992~2007 年先后任中国人口与发展研究中心人口研究室主任、中心副主任、研究员。自 1995 年起参与计划生育优质服务项目试点工作，1999~2010 年任计划生育优质服务项目办公室副主任，2003~2010 年任中国/联合国人口基金生殖健康/计划生育项目中国专家组组长。2007~2014 年任中国人口学会第七届常务理事、秘书长。

培训教材、工作手册、项目指南等竟然占了一半以上。

退休以后，每当遇到曾经参与计划生育优质服务工作的老友们，大家回忆起往事，纷纷提议应该把我们的经历记录下来。沉浸于回忆，往事历历在目，但是，提笔写作时，有些故事的时间、地点、人物一时竟想不起来，毕竟时隔多年了。在下面的叙述中，如有与事实出入的地方，敬请当事人原谅，并给予指正。

一　选点活动的曲折

1995 年年初，国家计生委决定从中国东部相对发达的地区选择 6 个区县作为计划生育优质服务的试点单位，取得成功后，再向全国推广。2 月，国家计生委组织了一个选点小组，由时任规划统计司司长张二力任组长，主要司局派出了精明强干的处长参加选点。我记得有规划统计司的王海京、杜月，宣传教育司的祝君平，科技司的米国庆，政法司的石海龙，还有计生协会的王东风。我有幸参加了选点小组，从此与优质服务结下了不解之缘。

北方的 2 月，天气非常寒冷，我们第一站来到辽宁大连。这样一支队伍从北京来，可想而知地方接待人员是多么紧张与不安。大连市计生委向我们推荐了一个计划生育红旗县，计划生育工作和各项人口控制指标都居全市前列。但当县里的干部了解了我们此次调研的目的后，很谨慎地表态：如果参加试点，会有风险，搞不好，会丢掉红旗。由于领导担心，县计生委一班人也信心不足。我们只能遗憾地放弃了这个红旗县，在刺骨的寒风中离开了大连。

当时全国各地都有一批计划生育红旗县或达标县，它们虽然都达到了省级人口控制指标，如人口出生率、计划生育率、计划外多孩率等。但是，有的计划生育红旗县或达标县在生殖健康服务方面还不尽如人意，服务理念、技术水平和服务能力与群众的需求、国际人口与发展大会的要求还有很大的差距，甚至相悖。因此我感到，放弃这样的红旗县也许是件好事。

离开寒冷的北方，我们一行先后来到江苏和浙江，虽然离阳春三月还有些时日，但是南方的春天来得早，我们身着冬装一时竟很不适应。更让我们意外的是，江苏和浙江两地的领导对计划生育改革抱有很高的热情，使我们深受鼓舞，从里到外都感到暖洋洋的。

江苏推荐的盐城市郊区（1996 年更名为盐都县，2004 年更名为盐都区）在 20 世纪 80 年代后期，由于人口控制指标没有达标而曾经受到上级的黄牌警告，1991 年盐城市郊区党委政府决定实行"强行入轨"，经过两三年的努力，计划生育工作终于纳入上级满意的轨道，成了省里的计划生育红旗区县。但是，强行入轨，代价很大。盐城市郊区区长在选点座谈会上说："盐城地区曾是新四军军部所在地，强行入轨，影响了传统的党与群众的鱼水情。我们不能再这样干下下去了！"盐城市郊区计生委领导也表态："选上我们，我们跟着你们干，选不上，我们自己也要改革。"浙江德清县委书记更是兴奋地说："我们要把开展优质服务作为计划生育工作的第二次创业。"两区县领导的决心和勇气感动了我们，搞优质服务试点正需要这样的决心和勇气！虽然在社会经济发展方面，盐城市郊区和德清县也许不如被推荐的其他候选区县，但是，有了领导的这份表态，就够了。最后，国家计生委确定了首批优质服务试点区县，它们是：辽宁辽阳县、上海卢湾区、江苏盐城市郊区（盐都县）、浙江德清县、山东即墨市和吉林农安县。

选点活动是我参与的第一次优质服务项目活动，我感受到：一是开展计划生育优质服务试点恰逢其时，虽然有的领导还不理解，还在观望等待，但是，改革开放的大潮正从南到北席卷全国，一批勇于创新的探索者正在跃跃欲试；二是优质服务的试点需要一定的客观条件，比如相对发达的社会经济，相对较好的计划生育工作基础。但是，领导决策者对于计划生育改革的决心和勇气是最重要的条件。后来，世界卫生组织的一个专家小组在总结试点项目向面上推广的成功要素时，把领导决策者的支持作为必要条件之一。

二　改革创新的激情

1996 年 12 月，优质服务项目正式启动一年后，国家计生委在北京召开了"全国计划生育优质服务试点县阶段工作汇报会",6 个试点区县的政府领导和所在省市计生委主任出席会议并分别做了汇报。有的试点区县把"准生证"改为"服务证",有的在乡镇尝试"避孕方法知情选择",有的改建基层服务阵地,有的改进宣传教育的内容和方法,这一点一滴的改革创新受到群众和基层干部的欢迎。时任国务委员、国家计生委主任彭珮云在听取汇报后,高兴地指出,"我们终于找到了一条群众欢迎、干部又好做工作的路子,这就是计划生育优质服务"。

我一直坐在会场,观看和聆听着试点地区领导的汇报和国家计生委领导的提问。彭珮云主任始终关心群众和基层干部对优质服务的态度,当她听到基层干部认为开展优质服务后计划生育工作好做多了,她哈哈大笑地说:"过去有人认为,计划生育工作抓紧了就抓不好,抓好了就抓不紧,现在做到了既要抓紧又要抓好。"

1997 年 3 月,国家计生委决定将优质服务试点扩大到 11 个区县,北京宣武区、天津和平区等也加入了国家级试点行列。国家计生委还同意有条件的省份可以开展不同层次的计划生育优质服务试点工作,优质服务试点雨后春笋般地在中国大地迅速生长。根据当时国家计生委办公厅秘书处孙家海处长的调查统计,1998 年全国各级优质服务试点区县有 200 个,1999 年扩大到 300 个,到 2000 年年底达到 827 个。

有的省份计生委到处打听计划生育优质服务项目的动态。听说我们在上海、浙江举办优质服务培训班,四川省计生委副主任孙霖带领 40 多个县的计生委主任到上海、浙江去听课。他们如饥似渴地学习和借鉴国家试点工作的经验,到试点区县拍照、录像、收集资料,吓得德清县计生委办公室的同志把文件档案锁起来,生怕这些文件档案丢失了。后来,时任中国人口信息研究中心副主任、计划生育优质服务项目顾问顾宝昌教授建议德清县干脆把有关优质服务试点工作的资料复印好,做成资料袋,收取成本费,100 元 1 套,结果还是被一抢而光。

事后我把优质服务试点迅速发展的情景告诉外方专家美国密歇根大学教授露丝·西蒙斯(Ruth Simmons),她说,试点经验的推进过程分为两个阶段：第一阶段是自发扩张阶段，是个体间两两传递，一传二、二传四，缺少顶层设计，缺乏自上而下的指导，凭着自己的激情，带有一定的自发性；第二阶段是自觉拓展阶段，这需要事先做好顶层设计，通过政策和策略进行自上而下的引导和推进，推广的速度将会更快，且更加规范和标准。她建议我们做好自觉拓展的准备工作，对试点区县的工作进行评估，总结经验，上升到国家政策层面。外国专家的指导让我受益匪浅，为我们后来总结优质服务试点经验、做好全面拓展提供了思路。

三 优质服务的内涵

为了加强对基层试点工作的指导，国家计生委成立了优质服务领导小组，由国家计生委分管副主任担任组长，成员包括各司司长，办公室设在规划统计司，由张二力司长兼任办公室主任。这就向基层传达了一个重要信号：优质服务不是单纯的技术服务，涉及了管理评估、宣传教育、科学技术、政策法规和群众工作等。自 1997 年起，在福特基金会的资助下，一批中外专家学者开始参与中国计划生育优质服务的试点工作，他们的参加使优质服务的培训、交流、检查、指导和评估等活动更加丰富、更加规范。为了组织和协调中外专家学者的活动，1999 年 11 月国家计生委成立了计划生育优质服务项目办公室，设在中国人口信息研究中心，由我负责日常工作。

上任后，我开始忙于组织中外专家学者设立研究课题、编写项目文本和培训教材。其间遇到一件不大不小的事情，就是如何对外翻译"优质服务"。我们借鉴人口理事会的朱迪斯·布鲁斯（Judith Bruce）女士 1990 年发表在《计划生育研究》（*Studies in Family Planning*）上的论文《优质服务的基本要素：一个简单框架》（Fundamental Elements of the Quality of Care：A Simple Framework），把"计划生育优质服务"翻译成英文"Quality of Care in Family Planning"。

但是，不久（记不清具体时间了）后，项目办公室收到从美国寄来的一封信，是用中文写的，没有署名。信中批评我们把"Quality of Care"翻译错了，指出"Care"的英文意思不只是服务，还包括关心、爱护，建议我们把"计划生育优质服务"改为"计划生育优质关怀"。我非常理解这封来信的意图，它也提醒了我们不要把计划生育优质服务局限在技术服务领域，实际上优质服务试点的目标是探索如何实现计划生育工作思路和工作方法的"两个转变"。

于是，我们在专家的培训提纲中明确了"优质服务的定义和内涵"，指出：优质服务的核心是以人为本，以群众的需求为出发点，开展以避孕节育为重点的生殖健康服务。优质服务的内涵包括两个方面。一是规范化的服务。它突出了以技术服务为重点的规范服务，强调避孕节育和生殖健康服务的内容、服务人员和设备的质量。二是人性化的关爱。它突出了对人的关爱和理解，强调"以人为本，以服务对象为中心"的服务提供体系，包括管理系统和工作机制，以及对待服务对象的方式方法。

2005年中外专家在总结中国计划生育优质服务的10年实践和成功经验时，再次回答了什么是中国计划生育优质服务。计划生育优质服务的核心是以人为本，以群众的需求为出发点，开展以避孕节育为重点的生殖健康服务，维护公民生殖健康权益，稳定低生育水平，提高人口素质，促进计划生育工作思路和工作方法的转变。这时优质服务的定义和内涵就更加完整了。

从概念上来看，优质服务并不仅仅是优质的技术服务，正如时任国家计生委主任张维庆1999年在中国计划生育优质服务国际研讨会上指出的那样，随着优质服务的深化和全面推广，"计划生育优质服务正在成为一种科学的管理理念"。优质服务把"以人为本"的理念体现在计划生育的管理和服务之中，通过提供以避孕节育为重点的生殖健康服务来维护公民生殖健康权益，达到"稳定低生育水平，提高人口素质"的宏观战略目标。

张维庆主任再次界定了中国计划生育优质服务的内涵与外延，他指出："开展计划生育优质服务就是要不断满足不同人群在不同时期的不同需求。"他强调："计划生育优质服务是全方位的、全过程的，包括工作的各个环节，涵盖计划生育工作的各个方面。"

感谢国外来信对"优质服务"翻译提出的质疑，使我认识到翻译背后深厚的学问。其实我在中英名称翻译方面确实存在许多困惑，至今没有搞明白为什么"family planning"（家庭计划）在中国译成"计划生育"，而中国"卫生部"对外译成"Ministry of Health"（健康部）。实际上"家庭计划"和"计划生育"、"卫生"和"健康"所涵盖的内容有很大的不同。我的翻译水平随着实践的深入得到了提高。

四　中印同行的对话

1998 年 4 月，中国与印度在人口和计划生育领域开展对话。以时任国家计生委宣传教育司司长江亦曼为团长的中国人口和计划生育代表团在福特基金会的资助下访问印度，就中印两国共同面临的人口和计划生育问题与印度同行进行了对话。我也参加了这次对话活动。这次活动给我的印象是印度上上下下人人都很会对外宣传，英语是官方语言，对外交流很便利。但往往说的比做的漂亮。相反，我们往往说的不如做的漂亮，不得不说也是一种缺憾。

1994 年国际人口与发展大会后，国际社会对中国、印度以及其他发展中国家开展的计划生育进行了批评指责。当时印度也对基层官员采取"避孕指标分解到人"的管理办法，比如一个村干部要完成 20 例结扎任务，如果完不成任务，就面临下岗的危险。印度基层官员多数是从城镇聘任的，他们骑着摩托进村入户后，首先看这家有没有生育过 3 个孩子的育龄妇女，是否结扎了，如果没有结扎就要去结扎。有的婆婆顶替儿媳妇去结扎了，结果是结扎数额任务完成了，但人口出生率还是降不下来。指标分解到人的做法受到国际社会的批评。美国政府提出对印度的援助必须附加条件，就是取消下达人口控制的指标。迫于国际社会和国内非政府组织的压力，印度政府不得不放弃"避孕指标分级管理"的做法。但是取消指标推行得太快、太急，在新的方案没有成熟之前就在全国宣布"取消指标分级管理"，一些邦的领导和干部的认识还没有转变，取消指标后便无工作可做。对人口压力大的、工作基础较差的邦没有给予特别指导，致使有的邦计划生育工作出现停顿，甚至倒退。印度的教训我们很能理解，我们开展优质服务试点就是要避免改革步伐走得太快、太急。

中国的计划生育也曾对基层干部下达过人口控制的指标，比如结扎率、上环率等。但是，开展优质服务试点后，我们不是简单地取消这些指标，而是引进避孕方法知情选择，先在部分乡镇试点，对试点地区不再考核结扎率和上环率等指标。结果是服务对象很高兴，她们选择了适合自己的避孕方法。虽然结扎率下降了，但是避孕有效率反而上升了。试点成功后，这种做法很快被推广到其他乡镇，结扎率指标自然而然也取消了。参加中印对话活动的福特基金会驻印度代表是一位美国人，在听了我们的介绍后嫉妒地说："你们中国人太聪明了，怎么就想出了这么一个'先立后破'的办法？"

顾宝昌教授指出，在中国，计划生育优质服务是一项开创性的工作，需要积极而慎重地向前推进。他说，我们学习邓小平同志改革开放的思想和做法，在试点中注意把握"先立后破、先点后面、先易后难、先实后虚"，并把它上升为试点工作的"四项原则"。

五 在国际交流中成长

1999年7月，国家计生委组织11位优质服务试点区县的计生主任访问美国，这在当时可是破天荒的大事，许多市县领导都没有出过国，更不要说是去美国。在福特基金会的资助下，应人口理事会的邀请，11位试点区县的计生主任和部分专家组成了访美代表团。我也参加了出访活动，不仅要为这些从未出过国门的主任们当好翻译，还要为他们做好后勤服务。我们一行先后访问了密歇根大学、人口理事会纽约总部、约翰斯·霍普金斯大学宣传教育中心、美国大众传媒中心等。

出访之前，我们通知各试点区县主任做好准备，到美国去介绍优质服务试点工作和体会。这些主任在基层开展优质服务试点工作，很有成效，很有体会，而且他们天天面对领导做倡导、面对群众做宣传，练就了一副好口才。因此，让他们讲述发生在自己身边的故事，肯定不会有困难。但是，他们没有国际交流的经验，如何面对不同语言、不同文化背景的听众讲好发生在中国基层的故事，这可要难为他们了。我们组织专家学者对区县计生主任进行"一对一"的帮扶，让他们从大量的工作经历和成功案例中找出一两个最有代表性的故事，要求他们在 15～20 分钟讲完，包括翻译时间在内。然后帮他们修改讲话提纲，制作幻灯片。

这些主任真的没有让我们失望，11 位主任在不同场合介绍了中国计划生育优质服务试点工作的经验和体会。浙江德清县的邵慧敏主任介绍了如何在一个乡镇开展试点，普及避孕知识，推进知情选择。上海卢湾区许宝铮主任介绍如何把计划生育咨询服务和避孕节育服务融于社区服务。江苏盐都县刘高英主任介绍如何利用育龄妇女信息系统引导基层开展避孕节育和生殖保健服务。

在参观约翰斯·霍普金斯大学宣传教育中心时，吉林农安县计生局局长胡亚民走上讲台，介绍优质服务试点开展后计划生育宣传教育工作发生的变化。当着那么多国际知名的从事宣传教育工作的专家和教授的面，胡亚民一点都不怯场。他说："优质服务试点前，我们也给群众发放宣传品，那时叫传单，全是文字的，内容都是生育政策和规章制度。群众不感兴趣，也就随手放，有的给孩子折纸飞机玩了，有的让妇女卷纸烟烧了。后来村干部说上级要来检查这些传单，于是有的群众就把它们高高地贴在房梁上，孩子够不着，大人也看不清。"坦诚的语言引起同行们的关注。胡亚民接着说："试点开始后，我们改进宣传品，制作精美的彩色宣传折页，介绍生殖健康的知识和避孕方法。为了方便计生干部入户宣传，我们设计了宣传箱，把宣传品和避孕药具放进去，拎到群众家，与群众一起看。"胡亚民一边展示宣传箱一边说："后来我们又把宣传箱改造成宣传包，这样更方便了。"胡亚民又把宣传包拿了出来，说："计生干部带着宣传包入户让群众面对面咨询，介绍宫内节育器的避孕原理、手术流程和注意事项。"

短短十几分钟，胡亚民介绍了优质服务试点以来，根据群众的需求和特点不断改进宣传教育工作，宣传品的内容变了，宣传教育的方式也变了，大大提高了宣传教育的效果。美国约翰斯·霍普金斯大学宣传教育中心一位教授听完后说，听了你的介绍才知道中国计划生育的宣传发生了巨大变化，而我们资料室里收藏的中国宣传品还是 20 世纪六七十年代的宣传画和传单。中国代表团的主任们一听美国人提出要收藏中国计划生育宣传品，便纷纷把自己带来的计划生育生殖健康宣传品赠送给约翰斯·霍普金斯大学宣传教育中心。胡亚民把宣传箱和宣传包也送给了宣教中心，美国教授笑得合不拢嘴。

十多天的访美考察活动给我们留下了难忘的印象，更重要的是提升了我们做好计划生育优质服务试点工作的自信，提高了我们对外交流的能力，也为这一年 11 月在北京召开的"中国计划生育优质服务国际研讨会"做了一次实战演练。11 个试点区县代表在国际研讨会上的发言形成 11 种不同特色的试点经验，就像 11 朵不同颜色的花。

六　参与顶层设计

在认真总结中国计划生育优质服务试点工作的基础上，国家计生委不失时机地向全国全面推进计划生育优质服务。2000 年 7 月，国家计生委下发了《关于全面推进计划生育优质服务工作的意见》，标志着计划生育优质服务进入了全面的自上而下的拓展阶段。2002 年 6 月，国家计生委决定把"创建计划生育优质服务先进县（市、区）"作为落实"三个代表"重要思想的一面旗帜。优质服务的拓展搭上了高速行驶的列车。

时任国家计生委副主任兼优质服务领导小组组长赵炳礼要求我们项目办公室为计划生育优质服务先进县（市、区）的创建活动制定一个全新的考核评估体系，包括评估方案和评估指标。庆幸的是，我们项目办公室早于 2000 年就在福特基金会的资助下成立了"管理与评估改革"课题组。课题组引进了"逻辑框架法"，制定了项目工作计划和考核评估指标，这就为我们完成赵炳礼副主任交代的任务奠定了坚实的基础。也就是说我们项目办公室在制定考核评估指标体系方面，既有先进的理论框架，又有丰富的实践经验，还有一批中外专家组成的团队。

2002 年 10 月，优质服务领导小组在云南大理召开了部分省份计生委主任参加的"中西部地区优质服务座谈讨论会",时任国家计生委副主任兼优质服务领导小组组长赵炳礼和国际合作司司长赵白鸽参加并主持会议。我和冯庆才代表项目办公室介绍了优质服务先进县(市、区)评估指标和评估方案的初步设想,与会人员进行了认真热烈的讨论并提出修改建议。会后,又多次征求国家计生委各司局和各省份计生委的意见,最终形成了"优质服务先进县(市、区)评估指标体系"。

2003年2月,国家计生委印发的《优质服务先进县(市、区)评估指标体系》指出,这是按照目前国际、国内项目管理与评估中通常采用的逻辑框架法制定的。将优质服务先进县(市、区)创建活动的主要内容分解为目标、效果、活动和投入保障等四个层次,根据不同层次的工作内容提出相应的评价指标和评估方法。各级要按照该评估指标体系提供的基本框架,结合本地工作实际,在制定创建活动工作计划的同时设定评估指标和评估方法,把制定优质服务先进县(市、区)创建活动的规划、具体工作计划同考核评估结合起来,形成较为科学完整的工作计划和评估方案。这套评估指标体系既为各地开展优质服务先进县(市、区)创建活动指明了方向、规定了主要内容,也为评估验收活动提供了标准和方法。

自此,优质服务先进县(市、区)创建活动轰轰烈烈地在全国铺开。每年国家人口计生委都组织由政府官员和专家学者组成的评估验收小组,赴各地进行现场评估和验收,这项验收活动坚持了整整10年,我感到自豪的是这10年中每年我都参加了评估验收活动。截至2013年年底,全国共评估验收并表彰了1818个国家级优质服务先进单位,占全国2853个县级单位的63%左右。许多省份还评估了更多的省级先进单位,优质服务基本做到了全覆盖。

当优质服务试点经验在向国际合作项目移植时,国家人口计生委国际合作司十分注重项目的顶层设计。记得有一次在从广州回北京的飞机上,时任国际合作司司长赵白鸽把我和顾宝昌教授叫到她旁边坐下,一路上,她一边与我们讨论国际合作的重点领域,一边在一张广告纸的背面写写画画。飞机降落时,一张中国/联合国人口基金第五周期项目活动框架图,即所谓"4+X"模式被设计出来,项目办根据这张框架图编制了项目文本和活动计划，作为指导基层工作的指南。2003 年当优质服务向全国拓展时，赵白鸽被任命为国家人口计生委副主任并分管优质服务工作，她又提出了"三级放大"的概念，即第一级试点项目勇敢"探索"，第二级国际合作项目努力"建模"，第三级优质服务先进县（市、区）创建活动大力"拓展"。"三级放大"概括了中国计划生育优质服务的发展历程，为我们从理论上总结优质服务划分了阶段，提供了理论框架。"三级放大"还揭示了从试点项目到全面推广的一般规律，这也是中国社会改革实现渐进式软着陆的策略。

国家人口计生委不仅关注顶层设计，也重视自上而下的指导。在项目办公室的协调下，40 多名专家学者参加了优质服务先进县（市、区）的评估验收活动和现场检查指导。为了规范评估验收活动，每次评估前都对参与人员进行培训。记得在一次培训会上，分管领导赵白鸽副主任提出"三不准"（不准请客、不准送礼、不准游山玩水）的纪律要求。昆明医学院（2012 年更名为昆明医科大学）的张开宁教授举手提问："如果接待人员提出让我们顺道看看风景怎么办？"赵白鸽副主任手拍桌子严肃指出："告诉你，张开宁教授，不行！"此情此景也许在座的专家学者终身都不会忘记。

专家学者在现场指导中发挥不同专业领域的知识和技能，发现问题，总结经验。我曾经担任过一个评估验收组的组长，每到一地，我先把当地领导和干部组织起来座谈，这时评估验收组的其他成员悄悄地溜出会场，到服务站或到集镇去找当地群众访谈。上海市计划生育科研所武俊青教授最拿手的是装扮成"特殊顾客"，混在服务对象中，在接受服务中体会和评估当地的服务质量。

国家级优质服务专家不仅有来自不同高校或研究机构的学者，更有一批从事计划生育管理、富有实践经验的领导干部，如天津市原计生委副主任王铁明、青岛市原计生委副主任冯庆才、北京市原宣武区计生委主任郭新华等，他们始终参加评估验收活动。尤其是在对优质服务先进县（市、区）的"回头看"上，这些专家发挥了重要作用。记得 2005 年的评估验收活动中，发现河北某县曾是省计划生育红旗县，于 2003 年获得国家级优质服务先进县（市、区）的称号，但是，实际上服务对象没有感受到优质服务。

由于自上而下的政策推动，计划生育优质服务先进县（市、区）创建活动力度大，发展迅速，参差不齐，泥沙俱下，有的不合格区县也列进优质服务先进县（市、区）名单中来。

于是，国家人口计生委委派我和冯庆才、郭新华三人去该县进行调研。我们同当地领导一起一边看一边分析，告诉他们优质服务先进县不同于计划生育红旗县。优质服务先进县不注重是否达到上级人口控制的指标，注重的是怎么做的；不是看优质服务的形式和口号，而是重点看服务的内容、流程和群众的满意度。县领导在座谈时说出了心里话："我们的问题出在当年在创优时提出'大干三个月，争创国家级优质服务先进县'的口号，基层干部接过优质服务口号，贴上优质服务标签，而没有在真抓实干上下功夫。"最后，我们提出整改方案，并派专家学者给他们培训和指导。2006年，我在河北其他地区评估验收时，对该县进行了"回头看"，听取了该县整改方案的落实情况。后来，国家人口计生委把"回头看"作为一项制度，并要求各省份对"回头看"中不合格的先进县（市、区）进行黄牌警告，限时整改。

七 实践经验的理论总结

优质服务试点与拓展的成功实践为我们从事理论研究的专家学者提供了丰富的数据和生动的案例。2005年后，不仅国内的优质服务先进县（市、区）创建活动需要系统的理论指导，国际合作的对外交流和对外宣传也需要全面介绍中国计划生育优质服务。

2004年9月7～9日，为纪念1994年国际人口与发展大会召开10周年，"国际人口与发展论坛"在中国武汉举行，近500名代表与会，其中外国来宾近200名，包括20多个国家和地区部长级领导。为了在会上向中外来宾介绍中国人口和计划生育近10年来的变化，顾宝昌、郑真真、张开宁和我在联合国人口基金北京办事处的资助下到美国密歇根大学与露丝·西蒙斯（Ruth Simmons）教授一起讨论并撰写《国际人口与发展大会：中国的十年》。为了适应外国读者的阅读习惯，我们先用英文撰写，并请外国教授帮助修改，然后翻译成中文，附在书后以供参考。

这一年的 5 月，我们在美国密歇根大学北校区租了一幢公寓，为了省钱就自己开火做饭。用了一周多的时间完成了 7 篇文章，分别介绍了中国在过去的 10 年里在计划生育、生殖健康、反贫困、人口流动、社会性别、民间组织等领域发生的变化。临走前我们在公寓里宴请了外国教授，感谢他们的无私帮助，也为了犒劳我的同事们，我露了一手，做了十几道中国菜，让他们大饱口福。

我的任务是写 2 篇文章，介绍中国计划生育优质服务和计划生育与扶贫。对于如何让外国人理解中国计划生育的改革与创新，我与露丝·西蒙斯教授一起讨论外国人面对中国计划生育会提出什么问题。她说作为外国人，她首先会提问：在不改变现行生育政策的情况下，中国能否按照国际人口与发展大会的精神改革计划生育工作，改善其服务质量呢？在过去的 10 年里，许多国际组织、政府和非政府的代表团访问了中国，他们很高兴看到了中国计划生育领域发生的变化，但是，他们也担心生育政策不变会不会影响这些改革的成果。于是我就以"中国计划生育优质服务：渐进的全面改革"为题来撰文描述优质服务试点是如何稳步推动中国计划生育的全面改革的，并通过讨论中国计划生育改革的内外动力、推进过程以及产生的结果和影响来回答上述疑问。

我在文章最后指出：实施优质服务、尊重生育权利和选择自由，需要从思想观念上发生根本的转变，这在世界上任何地方都不是一件容易的事。然而，中国具有非凡的行政管理才能和组织力量，中国或许会令世界大吃一惊，她正在以外人意想不到的速度实现最新设定的优质服务和生殖健康的目标。2013 年中国政府终于启动了生育政策的调整，从"单独二孩"到"全面二孩"，计生与卫生两大部门的合并和重组，把计划生育服务纳入公共卫生服务，中国计划生育改革的目标正在全面实现。

2009 年年初的一天，接到时任国家人口计生委国际合作司司长胡宏桃的电话，让我组织专家学者为人口与发展南南合作伙伴组织撰写一篇英文文章，介绍中国计划生育生殖健康领域的最佳实践。这是一次向发展中国家介绍中国计划生育优质服务的机会，胡宏桃司长强调一定要写好中国故事。在这之前我们有过几次向国际组织介绍中国计划生育优质服务实践的经历。2007年，在应邀参加世界卫生组织拓展网站（ExpandNet）小组的活动时，我介绍了中国优质服务从试点到拓展的历程。2008年，福特基金会组织并赞助出版中国改革开放30年丛书，我与汤梦君合作用英文撰写了《从人口控制到生殖健康：中国计划生育的改革》，载于张开宁教授主编的《中国性与生殖健康30年》。

为了写好中国故事，我们组建了创作小组，有顾宝昌、郑真真和我，还有项目办的汤梦君和《当代中国人口》英文杂志的编辑梁颖，我们还邀请了一些专家学者参与文稿的讨论和修改。由于主创人员从一开始就参与了中国计划生育优质服务的试点和拓展的全过程，我们对这项社会实践有着天然的、深厚的感情，文章一气呵成。2011年5月，以"聚焦优质服务的中国计划生育"为题的文章，作为十大案例之一收录在《分享创新经验：应对人口与生殖健康挑战的经验》中。随着该书的正式出版发行，中国计划生育优质服务的故事也传播到了世界各国。

回顾中国计划生育优质服务的这段历史，我几乎把自己工作生涯中最好的时光献给了优质服务，我与优质服务结缘，优质服务则给了我丰硕的回报。2005年起，在时任国家人口计生委国际合作司国际合作项目协调员史远明的协调下，我们项目办先后组织专家编写了《中国计划生育优质服务工作指南》、《管理与评估工作指南》、《中国计划生育优质服务倡导手册》、《管理与评估工作手册》以及《优质服务培训提纲》等，有的正式出版，有的作为内部资料。这些都凝聚了我和众多优质服务老友们多年的心血，每当翻阅这些成果，一个个鲜活的人物和故事便浮现在脑海中，把这些回忆记录下来也算是了却了我的心愿。

4

从优质服务说开去

刘永良[*]

日前，接到顾宝昌教授给我发来的微信，邀约我为中国计划生育优质服务写一篇回忆文。我怕年事已高，加上老伴身体不好的牵累，难以从命。可是推托不过，加上当年共同参与和一起为之努力推进的激情又升腾上来，不顾一切，换上眼镜又坐到了电脑前。

说起优质服务，的确有不少故事可说。我是学医的，20 世纪 80 年代正值风华之年、临床医学工作处在上升通道，受命走上了行政管理岗位。1984 年当上上海市卫生局科研处处长，1990 年走得更远，走上了连想都不敢想的上海市计生委常务副主任的位置。上任当年，正值《关于控制我国人口增长致全体共产党员、共青团员的公开信》发布十周年，计划生育工作紧锣密鼓。不久我去北京出席全国计划生育工作会议，其间和各地计生工作的领导干部相遇，不少是身经百战的计生老干部，有时茶余饭后，他们会绘声绘色地讲

---

* 刘永良，1936 年生。1962 年毕业于上海第一医学院（1985 年更名为上海医科大学，2000 年更名为复旦大学医学院，2002 年更名为复旦大学上海医学院）医疗系，后成为中国科学院上海药物研究所副博士研究生。历任上海市传染病医院小儿传染病科主任医师，上海市卫生局科研处处长，上海市计生委党组副书记（主持工作）、常务副主任（正局级），上海市计划生育协会常务副会长。自 1995 年起参与计划生育优质服务项目试点工作，并且在上海积极推进实施。1997年退出行政岗位，积极推进幸福工程项目，在上海和全国各地建立援助贫困家庭的项目。参与和推进青春健康教育，构建了适合国情的、推进青春健康教育的理论框架。

一些在工作中出现的干群关系紧张、计生干部怎么被群众赶出门的故事，计划生育工作被称为"天下第一难事"……怕人（上海话的意思：吓人）。

我带着如何做好计生工作的困惑回到上海，开始进入新的工作角色，进行了深入调查研究。当时上海的计生工作环境，虽不能说是风和日丽，但至少群众与国家的计生政策和计生干部之间没有那么对立，形势没有那么紧张。为什么呢？这一方面是因为上海经济社会发展程度较高，更重要的是上海自20世纪70年代开始一直坚持宣传和服务先行，曾经宣传一个孩子少了，两个孩子正好，三个孩子多了。有了长期工作的积累，以后提出"一对夫妇只生一个孩子"的政策，群众的观念与计生政策之间差距就不会很大。在20世纪70年代，上海虽然没有优质服务的提法，可是当时在工作思路和工作方法上，已经孕育了优质服务的内涵，说明长期坚持必然会有好的结果，我知道自己努力的方向了。

全国优质服务试点是在1995年起步的，在此之前各地多少都有这方面的工作思路和工作方法的探索和实践。1990年，我上任后不久，发现上海计划生育率很高，每年都接近100%，可是上海人流率也很高。当年，我们组织了有关专家，立项进行"降低人工流产率对策研究"，对1万多名人流对象进行调查，结果发现一半人流案例是避孕失败引起的，避孕失败者中，又有许多是采取了稳定性措施上环的对象，这应该是我们计划生育管理部门的责任，说明没有保护好计划生育的育龄妇女。我们立即采取对策措施，一方面加强避孕方法的宣传教育，另一方面为上环的对象更换更有效的节育环，之后更发展为全程跟踪服务。这里我不是在回顾工作，我是想说优质服务不是一句口号，不是说只有在这一口号下去做的事才算优质服务工作。我认为群众困惑的问题、需要排忧解难的事，有时需要有心人才能发现，今天我在回忆优质服务时想起这件事，其实这样的事例不胜枚举。

计划生育工作的难点是存在国家利益和群众利益之间的矛盾，被认为是天下第一难事，工作发力点一直是朝向群众一头的。今天我们在回忆优质服务的时候，重点也是在群众工作这一头。我认为国家生育政策如果也能因地制宜、因时制宜地进行调整，矛盾也可以有所缓解，1990年上海市7个区出现人口负增长，第二年全市范围出现人口负增长。我不是人口学家，我查阅了人口发展的相关文献，人口增长率不是越低越好，人口负增长不是理想的社会人口状态，少子的家庭结构会带来很多麻烦。在人口负增长初露端倪的 1990 年，我感到有责任提出相应的对策建议，于是组织了人口学、社会学和相关方面的专家，开展"人口负增长对策研究"，从 10 个方面回答了大家困惑的问题，提出人口负增长下计划生育工作的走向，主编了《人口负增长与计划生育》一书。曾经提议上海可否先行开展生育政策调整试点，可否像经济特区一样分类指导，搞政策特区……但是我的一些想法在全国严峻的计划生育形势下是不合时宜的。高兴的是，25 年后在全国范围实现了生育政策调整。

我到计划生育系统后听得最多的一句话就是围着大肚子转，计划生育干部疲于奔命。多年来，国家计生委一直为改变这一局面进行探索，推广了不少先进的经验，如"三为主"、孕前管理……但是一直没有摆脱群众是计划生育工作对象的前提，没有真正站在群众的立场上想问题，群众的合法权益没有得到应有的重视，服务需求难以满足。直到彭珮云主任提出"两个转变"的总体要求，推动了优质服务的工作思路和工作方法的转变，才有了很大的突破。最重要的是指导思想上的突破，树立了以人为本、群众是计划生育主人的观念。

"优质服务"这一名称起得好。当时我还感到太平庸，没有特色，现在回忆起来，平凡中见特色。各行各业都在推行优质服务，群众对这一名称十分熟悉。要实现计划生育工作效益最大化是要缓解国家利益和群众利益之间的矛盾，计划生育工作服务的对象是群众，优质服务目标清晰，群众一听就明白。指导思想的改变导致工作方法的转变，计生干部的注意力不再盯着育龄妇女肚子看，围着大肚子转，转向开动脑筋，探索群众的合法权益有哪些，应该满足和可以满足的有哪些，开发出丰富多彩的服务项目。群众得益了，开心了，你的话也就让人相信了，听得进了，不该大的肚子群众自己就不让它大起来了，工作从被动转向主动，计划生育工作局面发生了很大的转变。

1995 年，上海市卢湾区被确定为计划生育优质服务试点区。我推荐卢湾区为试点，不是因为它计划生育工作各项指标完成得最好，而是因为对于工作有探索和改革的精神，优质服务没有现成的思路和工作模式，需要开创精神。卢湾区实施优质服务试点 10 年后，出版了《在机遇和挑战中前进——上海市卢湾区计划生育优质服务回顾（1995 ~ 2006）》一书，这一书名取得贴切。1994 年国际人口与发展大会和 1995 年世界妇女大会展示了国际人口和计划生育的新理念、新动向，向中国传递了生殖健康和生殖权利等信息，我国也接受了这一理念，为优质服务起步提供了良好的机遇，没有这个机遇，优质服务起不了步。而对机遇的深化理解和改变从以人口控制为中心转向以人为本、以服务对象为中心的工作方法更是一个很大的挑战，所以机遇和挑战并存，一路走来实在不易。优质服务起步时只是一个命题，一张没有答案的白卷。十年磨一剑，当我们打开上海市卢湾区 10 年回顾答卷时，有说不完的动人故事，硕果累累。这充分说明，将优质服务作为计划生育工作一项重要改革提到议事日程是一项明智的决策，具有很强的生命力。20多年后的今天，当我们回顾往昔时，眼前呈现的是各地一幅幅丰富多彩的优质服务画卷，更有把计划生育工作称为"甜蜜事业"的。从天下第一难事转向甜蜜事业，这里倾注着多少人的心血，正如彭珮云主任所说，我不相信中国人就那么"笨"。

20 多年后，当我们怀着深厚的感情回忆优质服务的时候，要不忘初心，虽然人口形势变了，计划生育工作的内涵也变了，可是以人为本的优质服务永远在路上。我离开计划生育行政岗位已经 20 多年，离开协会岗位也有 10多年了，可是我对青春健康教育仍然非常关注，乐此不疲。因为我认为青春健康教育至今还是处在薄弱的位置上，而客观形势却令人担忧。未婚人流比例在上升，青少年因性和生殖健康知识的匮乏，自我保护能力不足，各种意外时有发生，给家庭带来不少烦恼，甚至毁了一个家庭。所以优质服务中把青春健康教育列为重要内容是一项善举，深受欢迎。耄耋之年的我仍经常为推进青春健康教育摇旗呐喊，为坚持青春健康教育的工作者和志愿者点赞、献花（在微信上发鲜花照片）。在力所能及的范围，以身作则、不遗余力地参与其中。有一天，我 5 岁多的小孙儿随着他爸妈来看我们，他坐在我膝盖上跟我玩，我想这是对他开展性启蒙教育的好时机，我问他："你知道你从哪里来的吗？"他回答说："我知道。"我说道："说说看。"小孙儿说："我是我爸爸的精子和我妈妈的卵子交朋友，它们要好了把我生出来了。""你是怎么知道的？"我又问。"是妈妈告诉我的。"他答道。我感到很惊讶，虽然孩子还搞不清楚精子和卵子交朋友怎么会把自己生出来，可是幼小的他已经留下了记忆：精子和卵子交朋友会生孩子的。我既宽慰又汗颜，爷爷在外面大力倡导在中学生中开展青春健康教育，可是家里人已经把教育提前到学龄前儿童的孙儿身上了。同时我也很乐观，像我们这样会对孩子开展性教育的家庭一定不在少数，而且会越来越多，因为社会在进步。

从优质服务说开去，还有说不完的话题，我不能再说了，篇幅太长没人看。但是最后一句话我还得说，计划生育优质服务应该永远在路上。

5

为民维权　精心助民　以情执法

陈丽琴[*]

　　1995 年上海市卢湾区[①]被国家计生委选定为全国首批计划生育优质服务试点区，也是唯一的城区计划生育优质服务试点单位。1995 ~ 2006 年这 10 年间，卢湾区计划生育优质服务试点工作经历了探索起步、深化发展、完善体系三个阶段。我和大家一起见证并参与了这一段不平凡的历程，最大的成果就是促进了卢湾区人口计生工作的观念变化，确立了以人为本的工作理念，使国家根本利益和群众眼前利益统一起来，为民维权、精心助民、以情执法，让广大群众的切身利益在实行计划生育过程中得到保障，基本权益得到维护。卢湾区优质服务试点的实施过程就是不断提高对这一理念认知的过程，也是不断凸显这个理念的过程，并将理念转变成工作思路、方法、行动和措施，在传承中创新，在创新中发展。

---

[*]　陈丽琴，女，1956 年生。复旦大学夜大学行政管理专业毕业。1998 年 5 月任卢湾区计生委副主任，2002 年 1 月任卢湾区计生委党组书记、主任，2011 年 10 月任合并后的黄浦区人口计生委主任。曾参与计划生育优质服务卢湾区试点工作、中国/联合国人口基金第五周期和第六周期生殖健康/计划生育项目卢湾项目工作、全国人口和计划生育综合改革卢湾区试点工作。
①　卢湾区是上海市中心城区，2010 年全区人口 31 万。2011 年，上海市卢湾区、黄浦区两区行政区划调整方案获国务院正式批复，黄浦区、卢湾区两区建制撤销，设立新的黄浦区。

一　为民维权，时刻不忘为民解难

　　计划生育优质服务，不仅要求我们关注群众的生殖健康，而且重点是维护群众的生殖权利和利益。为此，我们建立了育龄群众生殖健康维权网络，为群众享有法律救济和法律援助提供了有效的保障。我们充分利用政府公务网、社区信息网、KP365科普网、社区报、宣传画廊等平台，通过发展广场文化、开展知识讲座、组织知识竞赛等形式，让群众知晓自己应享有的计划生育生殖健康的信息、教育和技术服务的权利。我们规范计划生育执法程序，修订行政执法监督制度，编制行政执法依据及流程图，建立行政执法评议考核制度，推进实体与程序并重。我们聘请社会监督员对群众的知情选择、生殖健康权益的落实情况进行监督，并在年终目标管理责任制工作考核中，加大维权工作考核权重，强化对依法行政、群众维权、保障措施等内容的考核。我们还较早建立了法律顾问制度。充分发挥常年法律顾问在部门决策、行政执法工作讲评和指导、参与信访疑难问题化解等方面的重要作用。

　　在工作中，我们意识到，优质服务不仅仅是为民维权，基层百姓遇到的问题也是具体和复杂的。人口计生工作因其服务领域和服务范围，往往能够发现生活在社区的一些育龄群众的实际困难。在这个过程中，我们的优质服务也体现在能够主动协调相关部门争取支持和协助，用心为百姓排忧解难，解决困难群体生活上的实际问题。

　　有一次，辖区某街道人口计生办在工作中发现当事人按照政策应当享受低保待遇，曾两次患大病住院，于是主动帮助其在政策范围内报销医疗费，并协调有关部门为其办理低保手续，令当事人非常感动。

　　某居委会外来媳妇王某，丈夫是上海人，以摆摊修鞋为生。2003年王某怀孕两个月左右时，来街道综合服务站办理外来人口生育联系卡。在办理过程中工作人员发现她神情忧郁，好像有难言之隐。出于对每一位育龄妇女身心健康的关怀，工作人员进一步询问了她的生活状况，得知其丈夫最近生病不能摆摊修鞋，本人又体弱无法工作，使本来就困难的家庭雪上加霜。王某到医院做孕期检查的钱都没有，更不要说增加营养了。得知王某的情况后，综合服务站及时与居委会联系，给她适当的困难补助，并且与街道医院联系，免费为她提供孕期检查，还把乳品公司提供的奶粉和孕期保健知识资料赠送给她。王某很感动，连声道谢说："在上海我没有什么亲人，你们就好像我的娘家人一样。"同时，综合服务站还与有关部门联系，寻求进一步帮助这个困难家庭的方法。

二　精心助民，帮扶困难人群

"取之于民，用之于民"是公共资源征集使用的原则。我们在依法征收社会抚养费的同时，也在思考能否将这些征收的抚养费用于有困难的独生子女家庭，以期对遵守国家政策法规的群众及其家庭起到鼓励作用。

为了精准帮扶困难人群，2003 年我们建立了区、街道两级定期收集、分析、利用、反馈群众需求信息的制度，定期组织开展社区群众需求分析。2004 年，在日常群众需求信息反馈的基础上，我们再次组织对独生子女低保家庭子女入学情况进行专项调查。调查显示，独生子女低保家庭有的虽已享受补助资金，但生活仍很困难；有的父母或子女有残疾，没有稳定的收入来源；有的子女考入高校，却无力承担学费。为保证与中央和地方相关政策的充分衔接，我们主动与市人口计生委及区财政、民政、教育、残联等部门多次沟通，了解到与市人口计生委即将出台的奖励补助政策并不重复，而民政、教育等部门虽有相关扶助政策，但对考入高校的独生子女低保家庭实行扶助是个空白。于是，我们在需求分析和专项调研的基础上，又通过多种渠道对涉及的资金底数进行了摸底测算等工作。2006 年，区人口计生委与区民政局、区财政局联合制定了《卢湾区享受低保的部分独生子女家庭扶助办法》，加大对低保家庭独生子女大学阶段的帮困力度。该办法规定对当年考入全日制高等学校（本科或高专、高职）且其家庭正在卢湾区享受低保者实行一次性扶助，对同时是残疾人家庭的再增加扶助金。截至 2011 年，已实现低保独生子女家庭助学扶助 662 人次。2007 年，又制定了《卢湾区享受低保的部分家庭孕妇产前检查扶助办法》，对本区享受低保的符合生育政策的怀孕妇女每人提供 1000 元的扶助，并出台计生手术并发症的扶助措施。上述扶助措施受到了广大群众的赞赏和拥护。

某居委会王同学是一个低保家庭的独生女。几年来，她在一位离休干部的资助下勤奋学习，高中毕业如愿考上了华东政法大学。作为第一批扶助对象，王某领到了一次性扶助金 4000 元，非常激动。她说，虽然家庭条件非常困难，由于政府、社会各界的关心和扶助，在精神上、生活上给予她无微不至的关心，使她重新燃起生活的信心和自强不息的勇气。她表示，要感谢政府对独生子女困难家庭的关爱，要好好学习，将来回报社会。

三　以人为本，探索相关政策改革

计划生育优质服务试点工作为卢湾区 2003 年起相继承担的中国/联合国人口基金第五周期和第六周期生殖健康/计划生育项目奠定了非常好的基础，而项目工作又进一步拓展和丰富了计划生育优质服务的内涵。根据国际合作项目的要求，自 2004 年起，我们就政策执行中群众反映的突出问题开展了工作调研。发现问题主要集中在以下两个方面。一是将符合再生育条件但未办理再生育手续的生育行为定为"计划外生育"。调研中我们发现，未及时办理再生育手续的原因很多，有的夫妇是确实不知道事先要办理再生育手续，有的夫妇在外地工作或生活，无法及时赶回户籍所在地来办理再生育手续。二是将未办理结婚登记的事实夫妻的生育行为定为"未婚生育"，未婚生育也是一种计划外生育。未婚生育行为与人们的观念、生活方式和居住条件等密切相关，既有主观原因，也有客观原因，大城市里未婚同居和生育已经不是个别现象了。以上这两类计划外生育从生育数量上来看并没有"超生"，并未违反《上海市人口与计划生育条例》相关的实体规定，只是违反了相关的程序或行政管理规定。

针对上述两个问题，在综合分析调研的基础上，我们设想对涉及违反程序，但不违反实体规定的对象进行政策试点。为了稳妥、有效地做好试点的实施工作，在上海市人口计生政策法规的框架下，我们确定了办理范围，制定了办理程序。明确限期补办再生育手续对象的范围，即符合《上海市人口与计划生育条例》规定的再生育条件但未办理再生育手续的夫妻从发现之日起限其三个月内补办再生育手续，通过再次向其宣传政策，使其充分知情，将柔性和人性化执法理念融入实际工作中。

相关政策试点受到了群众和基层人口计生干部的欢迎与肯定。不仅让群众得到了实惠，也缓解了基层人口计生干部在工作中遇到的矛盾，减轻了工作压力，更有利于基层人口计生干部集中力量做好依法行政和相关服务工作。试点工作总结专报提交市人口计生委，时任上海市人口计生委主任谢玲丽为此批示："该试点工作为全市推开此项工作打下了良好的政治、政策和实践的基础。"

10多年来，计划生育优质服务试点工作在历史的长河中只是短暂的一瞬，但在卢湾区人口计生事业的发展史上却留下了深深的脚印。在计划生育优质服务试点工作启动、实施、发展的10多年中，卢湾区人口计生委曾更替过三位主任，但计划生育优质服务工作不因人员的变化而中断。历任领导班子交接顺利，一棒接着一棒，不断前行。郁佩玲主任（1987年任卢湾区卫生局副局长，1993年任卢湾区计生委主任）开启计划生育优质服务试点工作的新路程，引入以人为本的服务理念；许宝铮主任（1990年任卢湾区计生委副主任，1998年任卢湾区计生委主任）坚持计划生育优质服务工作目标，开展计划生育管理服务评估方法的试点；我就任主任后把计划生育优质服务工作与中国/联合国人口基金第五周期和第六周期生殖健康/计划生育项目、全国人口和计划生育综合改革试点区工作融合实施与拓展，并把工作中好的做法提升固化为制度。三位主任在各级领导的关心指导下，与人口计生工作者一起，始终坚持既保持工作的连续性和开创性，继承发扬原有好的经验和做法，又在前人创造的良好扎实的工作基础上，以与时俱进、求真务实、开拓创新的态度不懈推进计划生育优质服务工作，谋求新的发展。卢湾区计生委曾荣获全国计划生育系统先进集体荣誉称号。卢湾区曾荣获全国婚育新风进万家活动先进区、全国计划生育优质服务先进区、第一批全国人口和计划生育综合改革示范区等荣誉称号。

优质服务——盐城计划生育的名片

刘高英[*]

我生在农村，兄妹五人，从父母拉扯我们长大的含辛茹苦中，我渐渐萌生了对"多子多福"这句俗语的迷茫，心想若是子女少几个，父母怎会如此地不堪重负。说不上是巧合还是宿命，年幼时的不解竟然让我的人生与人口和计划生育工作结下了不解之缘。

1970年我高中毕业回乡务农，村里安排我外出学习后当上了乡村医生。当时乡村医生的一项重要任务就是协助村委会抓计划生育工作。由于工作认真负责，被党组织培养入党，1975年担任村党支部副书记，专抓计生工作。那时我年轻气盛，激情澎湃，把计划生育工作抓得风生水起，年年先进。同时，我在政治上也不断进步，1978年担任公社革委会副主任，1982年任县计生委副主任，1990年走上县计生委主任领导岗位。

20世纪90年代初，本县属于全省33个重点管理县之一，计生工作备

* 刘高英，女，1952年生。1992年江苏省委党校专科毕业，1995年中共中央党校本科毕业。1970年至1978年2月，先后任盐城县潘黄人民公社福才卫生所乡村医生、福才村党支部副书记。1978年3月至1982年5月，任盐城县潘黄人民公社副乡长、革委会副主任。1982年6月至1999年3月，先后任盐城市盐都县（1983年更名为盐城市郊区，1996年更名为盐都县，2004年更名为盐都区）计生委副主任、主任。1999年4月至2012年1月，任盐城市人口计生委副主任。

受重视。抓计生工作我虽然不是新手，但面对计生工作的艰巨性和反复性，深感如牛负重。如何走出困境，摘掉帽子，跃上台阶？我深入调研，问计于民，经过集思广益，我提出了"一年新气象，三年大变样"的工作目标，围绕"强行入轨树形象，夯实基础上水平，改革创新登台阶"的总体思路，我团结和带领一班人卧薪尝胆，真抓实干，使全县计生工作年年有新招，年年迈大步，计划生育率从57%跃升至99.5%，很快甩掉了重点管理县的帽子，步入了全省计生工作先进县的行列。

作为一名计生人，我深知全县计生工作的突飞猛进主要是靠广大基层干部日夜奋斗取得的，当时没有过硬的技术服务水平和能力，只能靠一套强硬的行政管理手段和耐心细致的思想工作的组合拳来实现。当然，存在矫枉过正的问题，但如果没有一系列超常的措施和手段，人们强烈的超生愿望能遏制住吗？然而扪心自问，计生工作之所以被喻为"天下第一难事"，就是因为它关乎每个家庭每个人的生计利益，里面交织着传统习俗、生育文化和社会经济等因素。我在思考，仅仅靠运动式、突击型的活动能持久吗？这样下去，计生工作能够步入健康推进的良性轨道吗？20世纪90年代中期，我们东部地区的改革开放已经掀起高潮，以人为本、依法行政的理念日益深入人心，曾经为遏制人口膨胀立下汗马功劳的一些做法应该进行调整了，新时代呼唤着洋溢人文情怀的工作方法，计划生育工作必须革故鼎新。

恰逢其时，国家计生委决定在部分区县开展计划生育优质服务项目，让我看到了计划生育工作未来开展的方向。盐都县有幸成为国家首批、江苏唯一的计划生育优质服务试点区县。

我一头扎进优质服务试点区县的文件和资料里，认真学习，理解其基本要求、目标任务和精神实质，遇到弄不明白的，主动向上级领导和专家学者请教。我真切地感到试点活动针对性强、操作性强，计划生育工作方法确实应该吐故纳新了，应该适应改革开放的大环境，转变传统观念和管理方式，建立起针对群众需求来提供优质服务、吸引广大群众自觉参与的新的工作模式。

如何开展计划生育优质服务呢？国家级专家顾宝昌教授从理论上将其概括为：想服务、会服务、能服务。围绕"想、会、能"，我带领大家开展了一系列卓有成效的探索，在实践中提高了对"想服务、会服务、能服务"的认识。

想服务是认识问题。当初，在计生干部和技术服务人员中开展"想不想服务"的专题讨论时，常常是一阵阵面红耳赤的交锋。普遍认为，计划生育战线的同志特别是基层干部多年来为计生工作风雨兼程，吃苦受累，村干部要用80%的时间和精力来处理计划生育工作，效果却并不令人满意。这样下去，谁还愿意干这份吃力不讨好的苦差事？我苦口婆心地教育引导大家，过去那种简单地依靠行政命令的工作方法导致的干群关系紧张和对立的状况，正说明我们在思想深处并没有真正解决好"想不想服务"的问题，总以为我手握国策，你想超生，我就穷追不舍，各种手段都能上，不问过程，只要结果。现在我们要带着真情实感，换位思考，动之以情，晓之以理，让国策春风化雨，润物无声，让以人为本的服务理念变成化解工作矛盾的金钥匙。我还多次组织同志们反复总结计生工作的经验和教训，从中自悟得失，冲洗脑筋，转变态度，净化认识，真正树立起"想服务"的自觉性和责任感，从而较好地培育和营造了开展计划生育优质服务的思想基础和舆论氛围。

会服务是方法问题。一个周末的晚上，我突然想到了一个问题，原来的盐阜商场一直是全市商业系统的龙头老大，人气特旺，自从金鹰国际购物中心落户盐城之后，这个龙头老大每况愈下，被金鹰远远地甩到了后面。原因何在？带着好奇心，第二天我早早地来到了金鹰，眼前的场面让我意想不到：公司老总领着公司领导层成员分列在大厅门口两侧，笑容可掬地迎候着每一位走进金鹰的顾客。因为我与老总有过交往，所以一见面老总就热情地打起了招呼，还要请我上楼去接待室坐坐，弄得我很不好意思。我似乎一下子明白了许多，开展服务不光要有认识，方法也是极其重要的。试想，公司老总在周一的早上，亲自带队站列在大厅两侧热情迎候每一位顾客，向社会、向员工昭示的仅仅是个礼貌问题吗？远远不止是礼貌，而是一种人文情怀，一种一切为消费者着想的人文情怀。我深受启发：应该像金鹰一样，从干部队伍自身抓起，一切为育龄群众着想，把优质服务的温暖送到群众的心坎上。于是，我从盐都实际出发，着力在"三化"上强力推进，即"优化三支队伍，活化宣传教育，强化知情选择"。

一是优化三支队伍。队伍建设是能力建设的基础，我们重点抓好行政队伍、技术队伍和群众队伍这三支队伍的优化。

首先是优化行政队伍。通过竞聘上岗，推行绩效考核，调整镇、村两级计生队伍中的不合格人员。从县、镇、村（居）、组选派能力强、懂服务、善于做群众工作的人员充实计生队伍。

其次是优化技术队伍。从人口院校挑选大中专毕业生充实计划生育技术服务岗位；从现有在岗服务人员中挑选素质好、作风正的人员到南京人口管理干部学院带薪深造，到省人口院校委培，到省、市、县三级医疗机构进修。同时，鼓励在职人员参加自学考试，开展函授学习。踊跃参加国家和省级各类计生优质服务培训学习，每次都突破名额，尽可能多地安排人员跟班旁听。这些措施，使技术队伍有了突破性的改观。县、镇共有计划生育技术服务人员 130 人，平均每个镇 3~4 人。技术人员中高中以上文化程度的占90%，35 岁以下的占 78%，其中，具有初级职称的 97 人，中级职称的 15人，高级职称的 4 人。同时，每个村（居）都配备一名懂技术、会服务的业务人员，这既适应了优质服务的需要，也达到了一专多能的要求。计生服务队伍的年龄、性别、专业水平的构成有了明显的变化。

最后是优化群众队伍。县、镇、村相继成立了以育龄群众为主体的计生协会，同时在计生协会会员中聘请了 1800 多名计生志愿者和 650 多名维权宣传员，较好地发挥了自我教育、自我管理、自我服务的村民自治作用。

二是活化宣传教育。过去的计划生育宣传教育是我说你听，采取大水漫灌的方式方法。开展计划生育优质服务试点以后，我们以服务对象的切实需求和个人习惯为切入点，围绕"青春期、婚前期、孕产期、避孕期、更年期"的五期科普知识，多载体、多渠道地开展群众喜闻乐见的宣传教育活动。联合文化部门创作编排文艺节目，先后创作了《为了明天》《四大嫂看录像》《产房》等 100 多个不同形式的文艺节目，巡回演出数百场。在人群集中的街道路口设立四百多个公益灯箱，制作各类宣传展板 2300 多个。与县电视台、电台和报社联办专栏专版，联合摄制《同心曲》《邻里小组》《服务——希望之路》等 20 多部宣传片，定时定期播出刊载，连续不断，滚动推进。县计生委成立发行站，专门负责《中国人口报》《中国计划生育学杂志》等报刊和《江苏省人口与计划生育条例》宣传挂图、"计划生育基础知识丛书"等宣传品的征订发放工作。购买胚胎模型、生殖生理模拟教具等分发到各服务中心。

我们还通过对服务站的温馨化改造，让服务对象感受到计划生育工作形象的变化。将各级计生服务机构原来的"挂号处"改为"服务台"，"诊治室"改为"会客室"，"药具室"改为"展示室"或"生殖健康超市"。为尊重个人隐私，增设了"悄悄话室""二人包厢"。老百姓普遍反映，这些宣传教育的方式方法生动活泼，不像过去那样死板了。

三是强化知情选择。知情选择是优质服务的重点，是还权于民的集中体现，它牵一发而动全身。我们通过各种渠道和方法，让服务对象广泛知晓常用避孕方法的避孕原理以及适应症、禁忌症、使用期限、副反应、注意事项等基本常识。全县计生服务机构日常提供宫内节育器、避孕药（针）、皮埋、避孕套和外用药具共四大系列 20 余种避孕节育方法，在"双向知情"的基础上，共同商讨、选择合适的避孕方法。精心实施每一例手术，术后详细交代注意事项，并落实跟踪随访措施。登门随访或定期探视，对出现副反应的对象，视其症状给予积极的对症服务，若治疗三个周期效果不明显，则为其更换措施。对发现宫内节育器脱落、下移和意外妊娠的，及时落实补救措施，不断提高避孕节育方法的效率和服务对象的满意度。潘黄镇福才村 9 组育龄群众刘某说："现在不同了，（来服务站）像走亲戚一样，全程有人陪护，服务人员事事同我们商量着办，还听从我们的意见，让我们享受到了做人的权利和尊严。"

能服务是能力问题。江苏省人口计生委明确提出优质服务包括避孕节育全程服务、生殖保健服务和生产生活服务三个方面。我觉得这是对计划生育优质服务最亲民的诠释，前面两个服务是重点，后面一个服务是延伸。抓住重点服务需要能力，做好延伸服务更需要能力。

我做过乡村医生，深知一名好医生服务能力的发挥是离不开好的场所和装备的，在信息化建设日新月异的当下，当然也离不开网络的支撑。这方面，省、市综合医院的妇产科和妇幼保健院积累了丰富的经验，它们的服务能力无疑是我们开展优质服务学习的榜样。因此，我先后三次带领分管干部和技术服务人员赴南京市妇幼保健院、常州市妇幼保健院和盐城市第一人民医院妇产科学习取经，组织开展"如何提高服务能力"的大讨论，激发大家"知不足而后勇"的积极性和创造性，经讨论大家一致认为要排除一切困难，集中一切力量，突出"阵地建设、网络建设、综合服务能力建设"三位一体，努力打一场"能力建设"的翻身仗。

一是阵地建设。先后投入 1500 多万元，对县、镇、村计生服务阵地改造建设，使其焕然一新。建成县级计生服务站 1 个、中心镇服务站 5 个、一般镇服务站 20 个、村计生服务室 248 个，形成了以县站为龙头、中心镇站为纽带、一般镇站为依托、村服务室为基础的四级计生服务阵地。同时，根据工作拓展要求，不断提升和完善阵地建设服务功能。县、镇、乡计生服务阵地面积为 1000～2500 平方米，开设咨询门诊、专家门诊，设有"悄悄话室"、视听室、检查冲洗室、手术室、B 超室、化验室、药具超市、男性生殖健康咨询科室等，配有彩超、显微镜、阴道镜、乳腺检查仪、尿液分析仪、血红蛋白仪、红外治疗仪、宫颈癌筛查仪、人流电吸引器、触摸咨询台等相关器械设备，较好地满足了为群众提供全方位、多功能优质服务的需求。

二是网络建设。1994 年，多方筹措资金 100 多万元，县、镇服务站配备微机 30 台，宽行针式打印机 28 台，建微机房 27 间。从市人才市场和市拖拉机厂选调 2 名计算机专业本科生，培养微机操作员 43 名。用了 3 个多月的时间，将全县 15～49 周岁的育龄妇女的出生、结婚、怀孕、避孕等基本信息一一采集，录入"育龄妇女信息卡"近 30 万张。依据江苏省计生委开发的软件，县架设服务器，一步到位建起了"育龄妇女管理信息系统"。1997 年硬件升级，结合工作实际，将其更名为"育龄妇女信息系统"。1999

年再次进行硬件升级，在全省率先实现了单机版向网络版的过渡，为全程服务提供了极大的便捷。在妇女育龄期五期区分的基础上，又根据每期的特点，再细分出 36 类服务对象，区别情况，一人一策，既快又准地提升了工作效率和服务水平。也为中国/联合国人口基金第五周期和第六周期生殖健康/计划生育项目提供了强有力的信息支撑，为国际合作项目的实施发挥了巨大的作用，赢得了社会各界的广泛赞誉。

三是综合服务能力建设。我们以综合服务能力建设为抓手，探索创建了少生快富文明工程，坚持把少生快富文明工程作为计划生育优质服务的一项重要内容，具体实施了以扶贫致富为主体的涵盖致富、教育、服务、福利、邻里小组的五项子工程。通过发布致富信息，联系致富项目，实施结对帮扶，开展各种形式的经济活动，诸如劳务输出、生活服务、鱼蟹养殖等，育龄群众的生产生活水平较之前普遍有了提高，取得了明显的社会效益和经济效益。时任国务委员、国家计生委主任彭珮云同志亲临盐都县视察潘黄、青墩两乡镇时，欣然题词："实施少生快富工程，建设文明幸福新区"。

2001 年 2 月 2 日，美国《华尔街日报》头版头条刊载了一位美国记者来盐都县实地考察后撰写的长篇通讯，报道了我们开展计划生育优质服务项目的情况，在国际上引起了强烈的反响。面对西方世界对我国计划生育的说三道四，在接受美国记者采访时，我不无骄傲地说："我亲历了我国计划生育事业强行入轨、强化管理、利益驱动、科技导向、优质服务等发展阶段。今天的育龄群众享有充分的权利和尊严。今天的计生工作者已经成为服务对象的朋友和贴心人。"

伴随着计划生育优质服务的一路风尘，肯定和赞誉也纷至沓来。国家和省计生委领导，全国 20 多个省份计划生育专家学者近万人次，先后来到盐都县参观、考察，中央、省、市电视台，先后多次拍摄盐都县优质服务纪实片，省级以上新闻媒体经常报道盐都县计生优质服务的经验。盐都县被评为"九五"计生工作示范县、全国计生优质服务先进县。我本人曾被《中国人口报》以"苏北大地拓荒人"为题做过专题报道，多次受到各级党组织的表彰鼓励，连续七次被市委、市政府记功，二次晋级，被评为全国、省、市计生工作先进个人，省、市劳动模范，全国县计生主任"百杰"。

当我走上盐城市人口计生委副主任的领导岗位时，首先思考的是计划生育优质服务是一个来之不易的工作品牌，只有不断推陈出新，才能保持这一品牌的魅力。

服务与被服务是一个双向的互动过程，本质上是一种供给与需求矛盾的解决。计生工作的需求与其他消费需求也有相同之处，也需要不断地发现和挖掘新的需求，并为之不懈努力，激活潜在的服务市场，善于提供与新的需求相匹配的供给 。这就是继"想服务、会服务、能服务"之后，提出的"善服务"。

根据职责分工，我主要负责全市计生优质服务工作。几年里，围绕"善服务"，我在"深化"二字上绞尽了脑汁。比如，怎样深化知情选择？我指导建湖县人口计生委探索建立了以图文、声像、演示为一体的"6+1"服务模式，在县、镇服务站新辟"性文化天地"，让服务人群对性健康知识学习、知情、选择。一时间成为街谈巷议的话题。每逢农村集市，乡镇服务站"性文化天地"展室人潮涌动。我在全市及时推广了建湖县的做法，使知情选择这项工作在新的层面上实现了华丽转身。全市服务人群的知情选择率一直都在95%以上，满意率高达98%。

又比如，怎样深化生殖道感染综合防治工作？我指导盐都县人口计生委联合卫生部门探索开展"检测一人不漏，服务一跟到底"的示范工程，让每一位服务对象查有所获、治有所效，做到基本服务全部免费，倡导服务保本收费，特殊服务市场运作，为全市深化生殖道感染综合防治工作注入了新的活力。我老家村子里的育龄妇女孙某被筛查出早期宫颈癌，需转院治疗。我亲自为她落实转诊治疗等各项措施。康复后她专程来向我面谢，激动地说："原以为只是查查看，有问题也是自己去处理，想不到你这么关心我，真让我睡着也笑醒了。"我对她说："不要谢我，要感谢党的优质服务政策好，我只是做了该做的一点事情。"

是的，每逢工作中有人向我表达谢意时，我总是心怀感恩，心存敬畏。

是党组织把我这个农村姑娘逐步培养成一名处级领导干部，是党组织教育我做好人口计生工作必须端正工作态度，贴近群众需求，依靠集体智慧，一步一个脚印地勤勉努力，负重前行。我深知工作上取得的每一点成绩，个人成长中的每一点进步，无不凝聚着国家、省、市、县各级党政领导和人口专家学者以及同仁们的指导和帮助。唯有倍加努力，兢兢业业，才能不辱职责，不负众望。

2012 年，遵照上级领导的意见，市里决定筹建盐城市人口与计划生育展示馆，我虽然退休了，但还是欣然挑起这副担子。在上级领导和专家的指导下，经过各方共同努力，不到一年时间，一个内容翔实、鲜活生动、在全国独树一帜的盐城市人口与计划生育展示馆就呈现在公众面前。人们参观展示馆后纷纷留言，说这是不可多得的计划生育工作的宝贵财富，要倍加珍惜。

工作 40 多年来，我始终坚持刻苦学习，从不放过一次学习和培训的机会。除坚持系统自学外，平时总是不忘随身带着本子、相机，分门别类地随时记录学习心得和所见所闻，回家学习研究后，将有用的东西整理编辑，每年都汇编成册。有一次出差登机前，我发现机场服务大厅的展示柜非常人性，极其温馨，立即用相机将其拍照记录，回来后运用到计生服务阵地的建设上，效果十分显著。1996 年随团赴泰国考察学习，因为语言不通，我就通过拍照来保存资料，以便回国后学习和消化，整整用去了 22 个胶卷，引进了泰国避孕套花的做法，在所有服务窗口我们都摆放自己扎制的避孕套花。

有人说我是一个工作狂人。平时工作中从未休过一次公假，周末假期也没有多少完整的休息日。去南京开会或办事，总是早去晚回。在工作紧张的时候，常常是通宵达旦。有时病了，就趁行车时在车里吊点水；困了，在行车中打个盹。父亲 80 大寿，家人们都到齐了，唯独自己在外开会不能到场。父亲病重后就一直住在我们家里，自己却一次也没有陪父亲看过病，都是兄弟姐妹承担。家里的衣食住行都由丈夫包揽，大学毕业的丈夫成了名副其实的"贤内助"。1987 年刚过周岁生日、才会走路的女儿突然失踪，丈夫发动亲友找遍盐城大街小巷，5 个小时后我才从乡下赶回来，联系了全城的派出所，最后从城西派出所把女儿领回。

退休了，每每想起这些往事，内疚之余也并不后悔，因为我没有虚度岁月，没有愧对事业，缺失了儿女情长，但在"拓荒人"的美誉里收获了终生难忘的美好回忆。优质服务成为盐城计划生育的一张名片，我为能置身其中而感到自豪。

有了知情选择才有优质服务

邵慧敏*

浙江省湖州市德清县是国家计生委 1995 年第一批优质服务试点区县之一，也是浙江省 2000 年第一批综合改革试点区县之一。当时我担任德清县计生委党组书记、主任，见证了德清县计划生育工作的变迁。有人说我是工作狂式的计生局长，在任职的 10 年间既接受了国家级试点又承担了省级试点。其实我也是一位江南水乡的柔顺女子，以激情、责任和毅力亲历了计划生育优质服务 10 年的洗礼，目前已到了即将退休的年龄，在心中仍然保留着令人难忘的记忆，尤其是最具德清特色的避孕方法知情选择试点的经历。知情选择是指育龄群众在接受避孕节育服务时应享有的知情权、选择权和自主权，这在 20 年前的德清简直是天方夜谭。现在回想起来，当时我还真是有点"初生牛犊不怕虎"。

一 不怕失败，勇挑试点工作重担

1995 年 7 月，组织上决定把我由德清县城关镇党委委员、纪委书记调

---

* 邵慧敏，女，1959 年生。中共中央党校经济管理专业本科毕业。1995 年 7 月至 2007 年 4 月任浙江省湖州市德清县计生委（局）党组书记、主任（局长）。2007 年 5~8 月任湖州市人口计生委主任助理。2007 年 9 月至 2015 年 11 月任湖州市人口计生委副主任、市计划生育协会副会长。2015 年 11 月至 2018 年任湖州市卫生计生委副调研员。曾参与计划生育优质服务德清县的试点工作。

任为县计生委党组书记、主任。当年我 36 岁，接到调令又是兴奋又是担心。从乡镇的副职（主任科员）直接提拔为县级部门的正职，这说明组织上对我的信任。但是，当时社会上都说"计划生育工作是天下第一难"的工作，而且部门党政一肩挑更是难上加难，可以想象一位弱女子肩上担子有多重。

现在看来，我当时之所以敢于接受组织的安排，主要有三个有利条件：一是省、市计生委全力支持试点和德清县委、县政府领导的勇气与魄力，记得国家计生委优质服务选点小组到德清调研时，时任县委书记鲁善增说过，"我们要把开展优质服务作为计划生育工作的第二次创业"；二是德清县的计划生育工作基础比较好，是浙江省"八五"（1991～1995 年）时期计划生育工作先进县；三是县计生委班子比较强，我们班子中的副职都能独当一面，懂技术、能宣传、会管理，可称为"最佳组合"。但是，当时计划生育政策非常严格，考核排名动真格，还有不少乡镇年年有计划外出生，即使是省级计划生育工作先进县，计划生育工作也不能放松。俗话说，"松一松、三年功"，我一点儿也不敢掉以轻心。

刚一上任我就接到通知，国家计生委确定我县为首批全国计划生育优质服务试点区县（全国只有 6 个区县为首批试点）。试点项目要求：树立"以人为本，以服务对象为中心"的理念，通过开展与避孕方法知情选择等相关的生殖健康服务，全面提升计划生育管理和服务水平，既要稳定低生育水平，又要提高人口的健康素质。

试点工作的通知犹如一声惊雷，它提示我，不仅要放弃传统的、强制性的、以管理为重点的计划生育工作思路和工作方法，而且要求我们通过试点摸索出一条"让群众满意、让领导放心"的新的计划生育道路。尽管省、市、县领导表态说：试点工作必须成功，不许失败！但我知道这只是决心，既然是试点，必然会有风险存在。

记得当时来选点的国家计生委规统司司长张二力说，试点区县的生育指标由国家计生委直接下拨，万一试点失败，不影响你们年度的考核成绩。他还鼓励我们大胆尝试，不要害怕失败。我就这样被推着往前走，"赶鸭子上架"，正如邓小平同志所说的那样，"摸着石头过河"。

二 深入调查，把握改革创新机遇

听说我们县要开展计划生育优质服务试点，还要进行避孕方法知情选择的试点，一些乡镇党委书记炸开了锅，议论纷纷。

有的说："我们现在的这个计划生育基础是各级党委、政府通过十几年努力才取得的结果，是通过强有力的行政命令和严格执行浙江省生育政策好不容易才取得的结果，形势大好，为什么要改呢？"

有的说："现在育龄群众基本上能接受我国现行的计划生育政策，又要我们响应国际人发大会号召，跟国际接轨，开展生殖健康优质服务，开展避孕方法知情选择。这些理论上说说是可以的，真要做起来，会不会使计划生育工作滑坡、翻船？"

有的甚至认为国家计生委领导是否"右倾"了，让育龄群众自己选择避孕方法，万一选择不当，计划外出生一个一个冒出来怎么办？万一"三胎"冒出来怎么办？谁负得起这个责任？

基层干部的担心不是没有根据的。我县试点方案推出的第一项改革就是"避孕方法知情选择"。也就是让群众自主选择避孕方法，取消"放环、绝育"的押金。方案一经推出就掀起了一场轩然大波，不少计划生育干部说，押金取消了，育龄群众谁还会来听你的话？一时间有些干部消极对抗、等待观望，都在看我的态度和行动。

重压之下，我没有却步。我和县计生委一班人深入基层走村串户，了解乡镇干部和村干部的真实想法、育龄群众的真实想法、基层计划生育干部和计划生育技术服务人员的真实想法。

通过调研分析，各级领导和计生干部都存在"三怕""三担心"的思想。"三怕"即怕试点失败担风险，怕上级领导专家来找问题添麻烦，怕年度考核"一票否决"。"三担心"即担心计划外怀孕难以补救，担心出了问题负不起责任，担心多年计划生育成果毁于一旦。

我们仔细分析了各种思想状况：各级领导和计生干部比较熟悉高生育

率下的以人口数量控制为重点的计划生育工作，就计划生育抓计划生育，不太熟悉低生育率下的以服务对象为中心的生殖健康优质服务；比较熟悉运用行政手段和经济手段（比如罚款）去做工作，不太熟悉运用市场手段和法律手段去做工作；比较熟悉完成上级下达的各项指标和任务，不太熟悉对群众负责，把完成上级指标与维护群众权益相结合。但是，广大育龄群众欢迎和支持计划生育改革，大多数县领导、乡镇干部尤其是村干部是拥护支持开展计划生育优质服务试点的，这是开展工作、打开局面的坚实基础。

三　创新破旧，首创避孕药具展示柜

在开展计划生育优质服务试点工作以前，我县同全国许多地方一样，也是采取"一胎放环、二胎结扎"的做法。要求生育一孩妇女在孩子出生三个月内必须放环，并且交纳押金200元，三个月内完成放环就退回押金。对生育二孩夫妇必须实施男扎或女扎。这种"一刀切"的做法在工作中遇到很多困难，也存在不少弊端。它忽视了育龄群众的合法权益，忽视了育龄群众避孕节育的合理需求，加上部分群众缺乏相应的避孕节育知识，有的育龄妇女不适应放环的也放了环，出现了一些不利于育龄群众生殖健康的并发症问题。这种"一刀切"的做法，也影响了党群、干群关系，挫伤了群众主动参与和自觉实行计划生育的积极性。

推行避孕方法知情选择，一上来就想改变以往"一刀切"的做法，这谈何容易！这涉及省级相关的政策规定，涉及上级对我们的考核指标，也涉及我们技术服务人员的工作方法，还涉及群众的理解配合。怎样破解这个难题呢？

先易后难，先从我们的技术服务人员能够做得到的地方做起。为了让育龄群众在选择避孕方法前对避孕药具有直观的了解，我们就在县计划生育指导站的大厅中央放置了一个很大的展示柜，里面展示各种避孕药具实物，有避孕套、避孕药，还有各种各样的宫内节育器，每一种药具旁边都标注出详细的使用方法。服务人员主动引导来服务站的夫妇前去观看，并主动当好义务讲解员。有的夫妇说："我们以前不知道有这么多避孕方法。"有位使用宫内节育器的妇女说："我到今天才知道我上的是什么环！"这一小小的举措受到群众的欢迎，也鼓舞着我们积极创新。后来，许多外地同行前来学习我们的做法，有的区县的展示柜比我们的还要好，又促使我们不断地改进和完善。

在推广避孕套使用的过程中，我了解到许多夫妇领到免费的避孕套后，很不珍惜它，用得少，浪费得多。我打算每只避孕套收取一元，让用户养成珍惜它、认真使用它的习惯。我的想法虽然很好，但是免费避孕套是由国家投入的公共卫生服务项目，不允许再收费了。这件事使我懂得，做事一定要符合国家政策。后来我们就兴办了避孕药具服务门店，进了多个品种质量好、避孕效果好、可以出售的避孕套和避孕药供育龄群众选择购买，受到广大育龄群众好评。

在我们力所能及的范围内，可以做的事情还有很多，比如改进服务站的流程，让服务对象进站后既能保护隐私又方便接受服务；改进服务站的宣传氛围，换上色彩温馨、印有生殖健康知识的张贴画，让服务对象有"育龄妇女之家"的感觉。同时，我们还配备了意见箱，进一步了解育龄夫妻对技术服务的满意程度和改进意见。

四　注重细节，确保项目试点成功

为了顺利推行避孕方法知情选择，确保实际效果，我们根据"先点后面"的原则，先从一个村的试点入手。1995 年 12 月，我们在下舍镇环桥村开展了避孕方法知情选择试点工作，由于计划周密、准备充分、宣传到位、指导得当，试点工作进展顺利。当时我们把育龄群众细分为四个不同群体：一是当年生育了一孩或二孩的夫妻；二是女方正在怀孕的夫妻；三是新婚而推迟生育的夫妻；四是对现用避孕方法不满意和因使用避孕方法失败而需要更换方法的夫妻。

针对不同群体，我们分别动员，开展有针对性的培训。运用避孕药具实物介绍不同避孕方法的有效性和适用人群，特别说明使用中有可能出现的不适和副反应以及避孕失败率。并根据不同人群的生育愿望和避孕需求，在正确掌握三种以上避孕方法知识后，再与县乡计划生育技术服务人员进行面对面咨询，做出初步选择。最后，根据身体检查结果，确定适合的避孕方法，需要手术的，约定时间给予落实。

开始我也非常纠结，知情选择后避孕和生育的主动权真正掌握在群众自己手中，群众的自主权得到了维护；但是，如果有强烈生育意愿的夫妻避孕失败、违反政策生育怎么办？当时参加知情选择试点的育龄妇女 37 人，愿意选择放环 16 人、结扎 20 人、服药 1 人。实际上落实放环 19 人、结扎 15 人、服药 1 人、计划怀孕 2 人。37 名育龄妇女在知情的情况下，绝大部分育龄妇女仍选用了长效避孕方法，即放环或结扎。看到试点结果，我纠结的心也放下了，说明群众是非常理解和支持知情选择的。

在一个村的试点取得成功后，我们制定了《德清县避孕方法知情选择规范》，并制作了"德清县避孕方法知情选择登记表"。进一步明确了开展避孕方法知情选择的实施条件、工作要求、服务对象、方法步骤和工作目标，为避孕方法知情选择实施的规范化和制度化、为"由点到面"的逐步推行奠定了基础。

五　坚持原则，以服务对象为中心

从 1996 年起，我们在全县全面推行了避孕方法知情选择，知情选择的开展极大地推动了计划生育优质服务试点工作的进程，没有知情选择也就没有优质服务，知情选择"牵一发而动全身"。在以知情选择为重点的优质服务试点工作中，我们强调以人为本，以服务对象为中心，特别强调坚持以下原则。

一是坚持双向知情原则。一方面是育龄群众的知情或基本知情，另一方面是计生服务人员的知情。对于育龄群众来说，第一是了解、掌握常用避孕方法及有关知识，第二是了解计划生育有关政策、法律法规和人口国情知识，第三是懂得自己有权选择适宜、有效和满意的避孕方法。对于计生服务人员而言，不仅需要了解参与知情选择的服务对象的健康、婚育、避孕意愿、个性需求等方面的信息，而且还应掌握各种避孕方法及应用的相关知识。双向知情后，计生服务人员更加耐心地提供咨询服务，服务对象也更加自觉地使用避孕方法。

二是坚持自主选择原则。强调育龄群众在参与知情选择、落实避孕节育措施过程中，享有知情权、选择权，绝不允许采取任何形式的强迫措施。在实践中要防止两种倾向。一种是不负责任，采取撒手不管的态度。服务对象说选什么就是什么，而不考虑选择的方法是否适宜，没有给予应有的技术咨询、指导服务。另一种是包办代替，计生服务人员说了算。计生服务人员要充分尊重和尽可能满足服务对象的避孕意愿和个性化需求，还要考虑育龄群众心理、生理等特点。

三是坚持安全有效原则。实行避孕方法知情选择，计生服务人员要把关心育龄群众的健康和提高人民的生活质量放在重要位置。对计生服务人员来说，不是对工作和要求放松了，而是提出了新的更高要求。我们要求计生服务人员根据服务对象的具体情况介绍避孕效果好、避孕保护时间长、副作用小、简便易行的避孕方法。在落实避孕节育措施时，要确保服务对象的安全和避孕措施的有效。对已落实避孕节育措施的对象，要开展周密的随访服务工作，突出及时性和个性化服务，减少和防止非意愿妊娠，保障育龄群众的生殖健康权益。

六 针对需求，加强服务能力建设

在全面开展避孕方法知情选择过程中，我明显感受到县计划生育指导站技术服务能力不能满足需求。当时县计划生育指导站只有 7 名医生，副高职称医生没有，连主治医生也没有，都是初级职称。当时全县只有 2 个乡镇计划生育服务站，服务人员没有职称，只是查环查孕和发放避孕药具。在这种情况下开展避孕方法知情选择工作确实存在一定的难度。针对这个情况，我及时召开班子成员会议,对县、乡两级计划生育指导站及其技术服务配置情况与承担全国计划生育优质服务试点任务的要求进行了综合分析,形成书面情况报告,提交分管领导,并上报相关部门。还多次主动向有关领导汇报,争取支持。功夫不负有心人,我们提出的建议得到了领导的重视和支持。县编委给予县计生指导站定编 22 名,从县卫生系统等部门选调了一批业务骨干到县计生指导站工作,增强了县计生指导站的技术服务力量,并且配备了必要的器械设备,提高了服务水平。乡镇计生服务站从试点前的总共 2 个,发展到 21 个乡镇都建立了计生服务站;服务人员从试点前的总共 2 名,通过选调和公开招录增加到 39 名(当时县编委定编 43 名),并且在工作用房、器械设备等方面进行了标准配套建设。

为了提高村级的服务能力,我们完善了全县村级计划生育工作队伍建设。对全县村级计生服务人员进行了考核和重新选配,要求村级计生服务人员年龄在 35 岁以下,文化程度在高中以上,并做到人员、职责、报酬"三落实"。

在推行避孕方法知情选择过程中,计生服务人员的业务培训是至关重要的一环。试点初期,我县在省计生委科技处黄鑫楣处长的支持指导下,引进了联合国人口基金 P35 项目中有关"面对面咨询技巧"的教材,邀请绍兴市参与项目的专家为我县、乡两级计生服务人员进行了人际交流技巧的培训,对村计生服务人员进行了专题培训。培训采取参与式、角色扮演等方式,每两名学员为一组,根据辅导老师讲解要求,分别扮演计生服务人员和育龄妇女,模拟如何进行知情选择咨询。其他学员在观摩后做出评论和提出建议,并由辅导老师进行点评。严格认真的培训使计生服务人员和基层计生干部基本掌握了知情选择的咨询内容和方法步骤。他们运用统一编制的工作指南,向育龄群众展示常用避孕药具的实物或图片,规范地介绍常用避孕方法的知识和信息,确保了知情选择服务的质量。

七 群众满意,试点工作效果显著

自从 1996 年开展知情选择以来,德清县没有出现一例节育手术的并发症，综合避孕率稳定在 92% 以上。作为知情选择的效果之一，避孕节育措施的使用构成发生了显著变化。在开展避孕方法知情选择工作后，14339 对夫妻中选择放环的比例为 44.8%，结扎的比例为 12.2%，使用避孕套的比例为 31.2%，使用避孕药或避孕针的比例为 10.5%，使用其他方法的比例为 1.3%。避孕方法构成更加合理，男女结扎的比例有所下降，放环和使用避孕套的比例明显上升，避孕有效率在 98% 以上，人工流产率下降，群众的满意度明显提高。

10 年计划生育优质服务的历程，也是我县各级干部解放思想、转变观念、开拓创新的历程。优质服务项目试点的成功开展，拉开了我县计划生育综合改革的序幕。

第一，干部思想认识的变化。计划生育优质服务工作的不断深化，避孕方法知情选择的开展，进一步激发了广大干部勇于改革、大胆探索、创新破难的积极性。各乡镇领导干部的思想认识发生了可喜变化，从"被动接受"转变为"主动抓好"试点工作，有效地解决了优质服务试点工作起步时的顾虑。

第二，工作目标的变化。改革了生育管理制度，1996 年开始对人口出生计划进行改革，具体做法是：县政府不再向各乡镇下达人口出生计划指标，各乡镇可按照《浙江省计划生育条例》的规定，根据育龄夫妇的情况，安排本地的生育计划。取消了生育一孩的审批手续，群众按政策生育。废止了各种落实避孕节育措施保证金、押金制度，并退返了已收取的所有保证金和押金。

第三，服务内容与方式的变化。建立健全了全县计生服务网络，调整和充实了计生管理和服务队伍。着力为广大育龄夫妇及家庭提供多方面的服务，包括提供力所能及的生产生活服务。立足于最大限度地方便群众，开展上门服务，建立同人民群众的良好关系。强调服务内容的合法性、规范性，注重服务条件和服务手段的改善，用科学的方法提高工作效率和效益。不断规范和加强宣传教育、技术咨询、定期随访、综合服务，改变了计划生育工作的形象。

第四，考核评估的变化。首先是浙江省计生委明确表示在三年试点中对德清县不进行考核检查，以保证我们集中精力开展优质服务试点工作。为了支持基层放开手脚搞改革，我们在对基层的考核评估方面进行了有益的探索与实践。在坚持年终目标管理责任制考核的同时，注重平日的检查，特别是指导工作。把对上级负责与维护育龄群众的合法权益、满足群众的需求有机地结合起来，把群众"满意不满意、赞成不赞成"作为衡量工作的主要标准。

八　增添才干，伴随优质服务成长

我们的优质服务试点工作得到国家、省、市计生委的大力支持。浙江省计生委把德清县以"三项改革"（即取消层层下达人口计划、推行避孕方法知情选择、改革考核评估体系和指标）为主要内容的计划生育优质服务试点的经验上升到政策层面向全省推广。

我们的一些做法也得到国内外专家的肯定，并且在不少地方进行了介绍和推广。1999年7月，我作为计划生育优质服务试点代表团成员赴美国访问和交流，介绍了我县开展避孕方法知情选择的情况。同年11月在北京召开的中国计划生育优质服务国际研讨会上，我做了题为"通过试点逐步开展避孕方法的知情选择"的发言。2001年4月，国家计生委避孕方法知情选择项目研讨会在我县举行，在会上介绍交流了我县的经验和做法。同年5月，从全国各地来参加在杭州举办的国家计生委避孕方法知情选择项目培训班的170名学员到我县进行考察。同年6月，国家计生委避孕方法知情选择咨询技巧培训班在我县举办。

优质服务项目试点的成功引来了许多国际、国内合作项目落户德清，如中国/联合国人口基金生殖健康/计划生育、社会性别视角、艾滋病检测、青少年与生殖健康教育、安全套社会营销、避孕方法知情选择、中英合作干血点检测等十多个项目。在我任职期间接待了来访的美国国务卿代表、美国国会议员、联合国人口基金官员、美国福特基金会官员、美国密歇根大学教授专家、美国《芝加哥论坛报》记者等。英国、泰国、印度、越南、朝鲜等国和一些国际组织的专家学者和官员纷至沓来，考察德清县的计划生育工作。记得在上海参加"99《财富》全球论坛年会"的美国著名影星简·方达（Jane Fonda）也专程到德清县考察计划生育工作。前任联合国人口基金记者唐·瑞奇森专程到德清县实地考察中国/联合国人口基金项目实施情况。他说："中国的计划生育优质服务项目实施得非常好，选择德清作为一个示范点，这是非常正确的，我在这里特别希望的是能够把这里的经验推广到其他的发展中国家去，变成他们文化背景中可以接受的经验。"

我这个南方水乡的弱女子也成长为中国计划生育优质服务的"土专家"，成长为中外讲坛上和国际交流中不再怯场的斗士。在这 10 年中，我被国家人口计生委评为"全国人口和计划生育系统新时期最可爱的人"，被人事部、国家人口计生委评为"全国计划生育工作先进工作者"。获得中共浙江省委、浙江省人民政府颁发的"计划生育工作突出贡献奖"，湖州市人民政府授予的"市劳动模范"等荣誉。这些奖项是身外之物，而优质服务为我增添的才干使我受益终身。

8

在思路和方法的转变中不断创新发展

陈德广 *

我本人经历了计划生育优质服务从 1995 年试点启动到全国全面推广的全过程。按照计划生育优质服务项目办公室的要求，2005 年由我主持编写了《路在探索中延伸——农安县计划生育优质服务回顾（1995～2005）》一书，"路在探索中延伸"的书名由时任国家人口计生委主任张维庆题写，时任吉林省副省长李斌为该书作序。农安县计划生育优质服务试点工作画上了圆满的句号。

1994 年 3 月我从农安县卫生局调入县计生局任副局长，2000 年 10 月任局长。从 1995 年优质服务试点开始我就一直分管计划生育优质服务试点工作，多年来，每每翻开《路在探索中延伸——农安县计划生育优质服务回顾（1995～2005）》和触及优质服务试点相关资料文件时，我总是心潮起伏，思绪万千。

---

* 陈德广，1955 年生。在职大学本科学历，临床医学专业。1970 年参军从事无线电通信工作，退伍后先后就职于吉林油田、农安县委组织部、人事局、县卫生局等单位。1994 年从农安县卫生局调入县计生局任副局长。1995 年农安县被国家计生委列为计划生育优质服务试点县后，分管计划生育优质服务试点工作。2000～2008 年任农安县计生局局长，其间被评为全国计划生育系统优秀工作者、全国计划生育科技工作先进个人，被长春市政府授予"全市人口计生干部标兵"称号。2008 年 10 月任长春市计划生育技术服务中心主任兼长春市生殖健康中心医院院长。

回顾计划生育优质服务所走过的路程，我与同事们一道付出了巨大的艰辛和努力，在计划生育工作思路和工作方法的"两个转变"中不断冲破各种阻力，克服许许多多困难，根据上级优质服务的要求结合本地实际不断创新发展，脚踏实地探索出了一条政府认可、群众拥护、工作好做的路子。

一 转变思路和方法，从宣传教育的改革入手

（一）从宣传教育者抓起，提高服务队伍的综合素质

在开展计划生育优质服务试点之前，计划生育宣传教育工作往往就是发传单、写标语。计生干部自身对生殖健康知识掌握甚少，不太讲究宣传的方式方法，更谈不上咨询技巧了。优质服务试点启动后，在国家计生委组织了基线调查后，我们又通过大样本量的问卷调查，总结归纳了我县群众对计划生育工作需求的"十个之最"。我们有针对性地将提高计生干部队伍素质作为突破口，提出了"宣传干部懂技术，技术人员会宣传，人人都是宣传员，项项工作先宣传"。对计生干部的宣传咨询技能制定了"两懂""两会"的标准，即懂知识、懂技巧，会沟通、会咨询。我们通过举办乡、村计生干部培训班，开展现场示范讲演、面对面示范咨询等活动，以及组织技能竞赛和基础知识考试等多种形式，来提高全县计生队伍的宣传教育能力。每项活动都采取了先点后面、先易后难的原则。为了改变以往流于形式的工作作风，从制定培训方案到具体实施包括出题考试、判卷，我都直接参与，到现场观摩或监督。我们把培训、竞赛、考试的成绩纳入考评乡镇整体工作质量和计生干部个人年度工作目标中，实行绩效挂钩。这些举措极大地调动了全县计生干部的学习积极性。有婆婆和儿媳妇一同参加培训班，儿媳妇参加学习婆婆看孩子的，也有丈夫带着孩子陪着媳妇参加竞赛的。通过多元化的培训，迅速提高了全县计生干部队伍的综合素质。随着优质服务试点的不断推进，培训内容、方式和形式也在不断更新。

（二）从满足群众的需求入手，使宣传教育活动产生吸引力

农安县优质服务试点首先在 3 个乡镇启动，各项工作取得了经验就在全县推广。有一天，我们计生局宣传教育示范讲演组下乡来到了万顺乡顺山村，许多群众一开始还是以往常的态度对待宣传教育，或者不愿参加，或者勉强参加。村支部书记的老伴已经退出育龄队伍可以不参加。正在地里摘辣椒的她边劳动边旁听村里人口学校高音喇叭播放的讲演，被传出来的讲课内容深深地吸引了。她不由自主地停下了手中的活儿来静听，听着听着干脆扔下手中的篮子直奔人口学校来到听课现场。听课结束后，大家立刻围着讲课的计生干部问这问那，就她们刚学到的生殖保健知识畅谈自己的收获。村支部书记的老伴也在现场讲述了她被讲课内容所吸引来到现场听课的情形。由于宣传教育活动改变了内容和方法，我们的示范讲演每到一处在结束之后，听课的群众都是没完没了咨询与自身相关的各种问题，久久不愿离去。针对群众的需求开展宣传教育活动，拉近了我们与群众的距离。

（三）把宣传板上的内容装进宣传包，个性化服务受到计生干部和群众的欢迎，美国官员和专家对宣传包爱不释手

为了有效地开展个性化服务，我们制作了生殖保健知识图文宣传折页。这在当时，在我们本地也是极其新颖的。为了开展好知情选择，我们制作了图文并茂的各种避孕方法宣传板，结合实物放在村级人口学校和计生服务中心进行展示。在开展活动时，由计生工作人员向服务对象进行讲解，直观易懂，效果非常好。

不久我们召开座谈会，一些基层的计生工作人员建议，如果能带着这些图文并茂的宣传板以及实物入户，面对面地向服务对象宣传就更好了。于是我们开始研究制作宣传箱，宣传箱系木质，折叠后变成手提箱，其规格与笔记本电脑20英寸的显示屏相当。把宣传板上的内容装进宣传箱，方便了基层计生工作人员入户时面对面直观的咨询指导。经过一段时间的使用之后，效果评估显示，基层计生干部的生殖健康知识水平及咨询技巧有了很大进

步，服务对象的生殖保健及知情选择知识的知晓程度有了很大提升。我们没有满足于现状，不断地发现新情况，研究新问题。

宣传箱由于空间有限，所装载内容必然受限，宣传箱展开后只有两个观看面，而且只能隔着玻璃看实物，大而笨，无论是骑自行车还是摩托车携带都不太方便，我们又设想将宣传箱升级改造，使之内容更丰富、携带更方便，于是开始设计制作宣传包。

有了想法，就在当地四处寻找制作商，由于本地制作加工业比较落后，无人能够制作。我独自去了全国最大的箱包基地——河北白沟。我在白沟的小旅店一住就是一周，与制作商边研究边设计，耐着八月的高温，忍受着蚊子、臭虫的叮咬，吃面包、泡方便面，几经反复终于制作成功。宣传包外表与大公文包类似，其规格分为大小两种，内容更加丰富、更加直观。各种避孕药具塑封成袋，在包中既有固定位置和文字说明，又可随意取放，拿在手中可全方位观察。生殖保健及知情选择知识彩页被制作成如同台历般的活页，被所设计的固定活页夹子卡在包中如同一本杂志，既方便翻阅又可取下单页拿在手里阅读。宣传包拿回来后，大家看了喜出望外。批量制作后，县、乡、村计生干部及乡镇政府分管计生领导人手一包随身携带，无论是走村入户还是在田间地头，都可随时随地向服务对象面对面地进行宣传，受到计生干部和群众的欢迎。

有一天，一位乡计生干部领着一位40多岁的妇女来到县计生局，说是三宝乡的一位中学教师，想买一个宣传包。此前，这位教师曾听身边的姐妹说计生局制作的宣传包非常值得一看。她特意去乡计生办见识见识，果然喜欢上了这个宣传包。她说周围的许多姐妹都落实了避孕方法，但没见过宣传包中展示的这么多种类的宫内节育器，不少人认为就是一个"圆环"，对避孕原理及相关知识掌握的也不多，对于宣传包展示的保健知识大家知道的也很少。她很想得到一个宣传包与家人及同事们分享其中的知识。因为计生干部每人只有一个宣传包，为了满足她的愿望，乡计生干部就带她来到县计生局，我们免费送给她一个宣传包，满足了她的心愿。

1998年6月11日，美国驻华使馆官员费贝女士、美国驻沈阳总领事馆官员辛嘉玲女士在原国家计生委汝小美司长的陪同下，来到农安县三宝乡考察计划生育优质服务试点工作。美国客人对农安县的计划生育宣传教育工作大加赞赏，对宣传包爱不释手，我当即表示可以赠送一个，美国客人说，"早就想要一个，没好意思开口"。1999 年县计生局局长胡亚民随国家计生委访问团出访美国，他随身携带的生殖健康宣传包得到了约翰斯·霍普金斯大学宣传教育中心专家教授的赞赏，宣传包被收藏于宣传教育中心的宣传品展厅。

农安县在计划生育优质服务发展过程中对宣传教育工作勇于探索、不断创新，计生干部真正达到了想服务、会服务、能服务的标准，推进了全县育龄群众生殖健康知识的普及，保证了知情选择的健康开展。每年的调查统计显示，当年婚育及落实避孕方法的服务对象都能够熟知四种以上的避孕方法及相关知识，基本掌握与自己年龄段相关的生殖保健知识。

二 转变思路和方法，推进技术服务管理的综合改革

在推进计划生育优质服务的过程中，计划生育技术服务的滞后制约着优质服务的发展。随着优质服务的不断深化，须加紧技术服务管理体系的建设。

2001 年，全国人口和计划生育综合改革试点正式启动。我决心抓住这个机遇开展综合改革。于是从解决体制问题入手，建立了以县生殖保健医院为龙头，以中心乡镇服务站为重点，以一般乡镇服务站和村服务室为基础的技术服务网络。

经过认真调查研究，反复论证，拿出了《农安县技术服务机构综合改革方案》。经过多方面努力沟通协调，首先得到了县政府分管领导和主要领导的认可和支持，分别批示同意实施。

体制和机制的改革必然要打破原有的格局，必然会触及部分人的利益。最终我们以对改革的决心和信心、科学的运行措施、缜密的工作态度坚定地推行了这项改革。

改革方案是县技术服务站挂牌为生殖保健医院，保留技术服务站的名称，实行院站合一。挂生殖保健医院的牌子是为了拓展服务项目，保留技术服务站的名称是为了保证计划生育技术服务的基本职能和保留财政供养事业编制。实施改革的基本原则是稳定和发展。

在改革中坚持了四个不变：一是国有事业单位的性质不变；二是老职工的国家职工身份不变；三是优质服务的方向不变；四是国家规定的免费服务项目不变。

实施了四项改革：一是打破了固有的用人制度。面向社会招聘院长和技术骨干，全体职工一律竞聘上岗，实现了由过去的身份管理向岗位管理转变。二是打破了旧的工资分配制度。执行档案工资保底50%，其余部分按岗位浮动，绩效挂钩，上不封顶。三是建立了全员风险机制，院长及全体职工按岗定责，上岗前一律按岗位缴纳不同数额的风险保证金，外聘院长及技术骨干加倍缴纳。四是建立了计生、卫生、民政联手一站式联合服务中心。与此同时建立了一整套常态化的质量评估管理办法和监督约束机制。

通过改革，技术服务工作显现了前所未有的生机和活力。用人机制的改革，树立了职工的竞争意识，真正做到了能者上庸者下，职工有了危机感；分配机制的改革，极大地调动了职工的积极性，激发了主动服务意识和热情；风险机制的建立，增强了全员的风险意识和集体责任感，促进了优质服务的精心化。

计生、卫生、民政联手一站式联合服务是改革的一项创举，既方便了群众又强化了服务和管理。改革后的生殖保健医院全面拓展了生殖健康的服务项目，增设了男性科、妇科、产科、泌尿科、出生缺陷干预检测中心、不孕不育科。形成了与县医院妇产科、县妇幼保健院三足鼎立的格局，竞争促使了全县医疗机构的妇产科及男性科的医疗收费标准纷纷下调。

生殖保健医院的改革社会效益明显，同时也带来了丰厚的经济效益。改革的第一个年度业务收入增至100多万元，职工的工资收入比改革前普遍翻了一番，比卫生部门的同职人员工资收入高出一倍多。业务骨干年收入最高者其收入超过20万元。生殖保健医院的成功改革一时成为省、市计生系统和农安县相关部门的热议话题。在全县机关干部和乡镇领导大会上，主要领导对此给予了高度评价和赞扬。生殖保健医院改革 10 年后，到 2011 年，生殖保健医院当年的业务收入已超过 500 万元。

三 转变思路和方法，要有开拓者的勇气和担当

农安县计划生育优质服务试点经验证明：有思路才能有出路，转变思路和方法是关键。改革创新不会一帆风顺，要承担一定风险，要克服种种困难，更要处理和解决好各种矛盾。

改革与稳定必须做到统一。要稳定就必须尽快地见到改革成果。由于经费紧缺及优质服务任务繁重，在时间上没有缓冲的余地，更不允许失败。我在改革中绞尽脑汁想办法破解面临的难题，预测可能会出现的各种问题并筹划应对策略。经过努力，我们闯过了一道道难关，取得了成功。

改革之所以成功，得益于县委县政府主要领导和分管领导的大力支持，得益于县计生局班子的齐心协力。农安县生殖保健医院挂牌的同时就拿到了卫生部门颁发的医疗机构执业许可证和产科准入证，不久与全县卫生部门医疗机构同步纳入新农合定点医院。1996 年 5 月时任国家计生委副主任王国强来农安县调研后说，"计划生育综合改革中许多困惑的问题在农安县有了答案"。

改革创新的过程是艰辛的，更是充满激情的。这一切说明：只有干才是出路，只有努力才能成功。幸福是靠奋斗出来的！

回顾农安县计划生育优质服务试点十年所走过的路程，这是改革创新的十年，是在不断探索、不断提高和不断发展中走向优质服务试点成功的十年。在这十年中，我们与兄弟试点区县一道在新时期全国计划生育工作前进道路上起到了示范引领作用。同时在实现工作思路和工作方法的转变中也锻炼培养出一批干部。

一大批农安的县、乡、村计生干部及分管领导在优质服务试点过程中显现了他们的才干，得到了提拔重用。优质服务试点最初启动的三宝乡长山堡

村，计生员温桂荣和由怀亮在优质服务试点工作中充分发挥了他们的才智和干劲，试点成效显著，长山堡村成为我县优质服务试点的村级先进典型。温桂荣在村级改选中一举当选村党支部书记，由怀亮被选聘到镇政府工作。县计生局局长胡亚民被提拔为副县长，我作为分管计划生育优质服务试点工作的副局长被提拔为局长，后来被提拔为长春市计划生育技术服务中心主任，也是得益于优质服务试点。优质服务十年间农安县计生局领导班子历经三次变动，前后三任局长均是参与过优质服务试点的人员，提拔的三名副局长全是参与优质服务试点的骨干，改写了农安县有计生机构以来，本局不产生局长、副局长的历史。每当想到这些，我不由得从心底涌起作为计划生育优质服务亲历者的自豪感。

9

优质服务推动计生卫生融合

郭新华 *

我叫郭新华，1991~2001年任北京市宣武区计生委主任。人们都说计划生育是甜蜜的事业，又是艰辛的事业，对此我深有体会。

1991年，我在街道办事处任主任，干得正红火时，区委决定调我去计生委工作。当时大家都在喊"计划生育是天下第一难"，我很不情愿地服从了组织的安排。刚一报到，就遇到了棘手的问题，市计生委开始半年考核了。考核指标一大串，计划生育率、出生率、独生子女率、各种避孕方法的使用率等，看得我眼花缭乱，我的压力更大了。怎么办？我下决心从严格目标管理抓起，追求"完成指标高标准，抓好工作保先进"。

宣武区是首都原四个主城区之一，约有55万人口，其中育龄妇女14.86万人。从"八五"（1991~1995年）时期开始，人口增长率连续5年出现负增长，计划生育率高达99.92%。长期以来，区委区政府十分重视计划生育工作，坚持将每年第一次政府常务会的第一个议题定为研究计划生育工作，区长与各街道、局、处、公司的一把手签订计划生育责任书，保证了人、财、物

---

* 郭新华，女，1949年生。大学本科学历。1991~2001年任北京市宣武区计生委主任，2001~2003年任北京市计划生育协会秘书长，2003年起被聘为计划生育优质服务项目办公室专家，参与课题调研、培训交流、检查指导和评估验收等工作。1998年被国家计生委、人事部授予"全国计划生育系统劳动模范和先进工作者"称号。

的落实，在综合考核中实行计划生育一票否决。从 1986 年北京市计生委考核开始，宣武区计生委连续 11 年被评为北京市计划生育红旗单位，1994 年还被国家计生委、人事部评为全国计划生育先进单位。面对荣誉我不敢有丝毫懈怠，要求自己做到"站在排头不让，扛着红旗不放"。

作为城市中心区，在基本实现生育政策落实的同时，如何提高人口素质和生活质量成为摆在计生工作面前的主要难题，也是我经常思考和亟待解决的问题。正当我十分困惑的时候，1997 年 5 月市计生委推荐宣武区参加计划生育优质服务试点。十分荣幸，我由此参与了计划生育优质服务试点工作。宣武区优质服务试点工作的探索与成效是中国计划生育优质服务的一个缩影，也是中国城区计划生育改革与转型的典型代表。

一 优质服务探索计划生育改革之路

面对新的机遇和挑战，如何解放思想，实现当时国家计生委提出的工作思路和工作方法的"两个转变"？在接待国家计生委来宣武区选点时，我精心准备了一堆目标管理的材料，请区长汇报了落实目标管理责任制、严格计划生育管理和实行计划生育一票否决的经验，结果却没有得到与会领导和专家的认可，还受到一通批评。至今我还记得张二力司长很严肃地说："我不需要你们这些，我要你们探讨管理和服务的结合。"

批评就是动力，会后我立即组织区委机关干部和街道计生办主任开会讨论什么是计划生育优质服务。会上大家意见很不一致，有人说我们干得那么苦，材料准备得那么充分，领导一点不表扬，真让人委屈；有人说各行各业都搞优质服务，我们为什么也要跟风；有人劝我，咱们别参加试点了，免得费力不讨好。当时我的态度是坚决的，参加计划生育优质服务试点，提高我们的服务和管理水平，这是难得的机会。不懂就问，不会就学嘛。于是我请示区政府，经研究决定聘请顾宝昌博士为我区开展优质服务的顾问。顾老师在全区优质服务动员大会上给我们介绍了 1994 年国际人口与发展大会的精神，讲解了计划生育优质服务的六要素，传达了国家计生委实现工作思路和工作方法"两个转变"的总体要求。听了他的报告,全区领导和计生干部收获很大,有了新的工作方向。

把握时机,我又组织了全区计生专干进一步深入研究,结合区情,反复学习讨论,大家提高了认识,统一了思想,纷纷建言献策。有的提出要在全区开展"我为计划生育优质服务进一言"的活动,有的建议全区开展问卷调查,了解群众的需求和工作改进的意见。顾老师参加了我们的研讨,在大家讨论的基础上,他提出了"想服务、会服务、能服务"的要求,让我们围绕这一要求开展计划生育优质服务工作。

我们结合宣武区自身的实际,针对中心城区的特点,开始了计划生育优质服务的试点工作。确立优质服务的总体目标——以人为本,以服务对象为中心,提供优质的计划生育和生殖健康服务,稳定低生育水平。在实践中,我们紧紧抓住"想服务、会服务、能服务"这三个目标,续写了新的内容,提出"转变观念想服务,提高技能会服务,创造条件能服务",将其作为试点项目的具体任务。

(一)转变观念想服务

1997年7月,宣武区在全区范围内开展了"我为计划生育优质服务进一言"的活动,目的如下:一是广泛宣传,让广大干部群众转变观念,理解优质服务的理念和内容;二是充分调动群众出主意、想办法,参与优质服务工作。活动期间共发出问卷10303份,回收率为92%,全区各单位共收集意见、建议4894条,参与人数达16751人。

我们对调查问卷进行了详细的汇总和分析,认为当前我区计划生育工作存在三方面问题:一是宣传不到位,没有固定的宣传阵地,宣传材料单一;二是咨询服务不落实,"五期"(青春期、新婚期、孕产期、育儿期、更年期)教育不深入,知情选择缺少指导;三是群众强烈要求简化办事程序,解决"办证难"等问题。

我及时向大家反馈了意见,召集计生专干集思广益,找差距,提出改进措施。我们自觉查找了四个与优质服务理念不适应的问题:一是工作思路不适应，过去工作总是围着数转、围着"大肚子"转，一切为了完成考核指标，只要指标完成就能当先进，很少考虑群众的利益、群众的需求和群众的感受；二是工作方法不适应，过去只强调管理，忽视服务，没有将二者紧密结合；三是工作能力不适应，我们只会管理，不懂技术，缺乏生殖健康的知识；四是工作模式不适应，过去只管辖区内单位，不管中央市属单位，只管户籍人口，不管流动人口。

由于要解决的问题太多，我们遵循"先易后难"的原则，先解决群众意见大的、我们有能力办好的事。我们改革做的第一件事就是取消生育一孩必须办理"三联单"（"三联单"也就是"准生证"）的规定。这是群众最反感的问题：就生一个孩子，手续还那么繁杂！1998 年 1 月，在反复调研探讨后，经市计生委批准，我区率先把持续多年的生育指标管理办法改革为"生育服务证"制，推出了融一孩生育管理和服务于一体的新措施，生育服务证的小红本里既有生育申请，又有孕期保健的内容，实现孕前发证、全程服务，把"让我计划"名副其实地变成"为您服务"，既方便了群众又提高了工作效率。实行生育服务证制度不是简单地换个名称，而是一个质的变化，实现广大群众从管理对象到服务对象的转变。1997 年 12 月 31 日《中国人口报》在第一版刊登了《小红本本新年亮相——北京宣武区开展优质服务改革生育管理》的报道，指出"生育服务证将取代以往刻板的管理办法，这是该区开展计划生育优质服务以来的又一项具体措施"。

改革让我们尝到了甜头，增强了我们开展计划生育优质服务的信心。我们组织了"如何树立公仆意识和服务意识"的大讨论，重点讨论三个关系，即管人和为民的关系、1%和99%的关系、对上负责和既要对上又要对下负责的关系。

如何实现以服务对象为中心呢？我用切身例子教育大家。一次我开会回到办公大楼，看到楼道里基层科一名干部正和一位小伙子大声争吵，小伙子大喊："我都跑了三趟了，为什么不给我办？"那名干部也不甘示弱："这是你的问题！"我立刻把小伙子请到办公室，和蔼地问他怎么回事。他说："办理独生子女证，第一次是单位证明不全，第二次是你们说外出开会不办公，第三次又说没居委会盖章。我都向单位请了好几次假了，能不急吗？你们还规定办完证才能领独生子女费，以前的还不补，你们讲理吗？"听了他的诉说，我心里很不是滋味，要是过去我会解释很多理由，但现在换位思考，如果我遇到此事不也会着急吗？于是我诚心地向小伙子道歉："对不起，都是我们的工作没做好，也没有耐心地和你交流，给你添麻烦了。"我的真诚感动了他，小伙子消了气，答应补完章再来办理，他走后我立刻召开办公会议，开展一事一议，讨论今天的事我们的问题在哪里，要怎么改，并提醒大家不许强调客观原因，从自身找差距。经过反复的争论大家终于统一了认识：是我们没有事先告知群众办事程序，是我们不该开会不留人值班，是我们没有耐心听取和回应群众的意见，我们应立即改进。

会后，组织干部及时编写了一本小册子《生殖健康指南》，书中介绍了服务内容、服务程序、办事时间、办公地点、联系电话等，并把这本小册子放在民政局婚姻登记处发放给新婚夫妇，他们称赞"一书在手，信息全有"。时任国家计生委主任彭珮云高兴地为《生殖健康指南》题词："优质服务，一心为民。"

（二）提高技能会服务

观念的变化促进了工作的开展，通过"两个转变"的学习，干部的积极性更高了，主动要求把管理和服务融为一体。但是新的矛盾又出现了，同志们都说：我们有多年计生管理的经验，但缺乏生殖健康的知识；有想服务的理念，但没有服务的能力、服务的技巧；有不怕吃苦的工作作风，但不懂人际关系的交往策略，总体的感觉是力不从心。

为了解决这些矛盾，宣武区加大了培训的力度，拓展了培训的内容。首先编印了三种读本：《领导应学》、《干部应会》和《群众应知》。制订了"三多"的培训方案：一是多层培训，区街局处、公司、居（家）委会、驻区各单位层层抓培训；二是多次培训，培训不是一次完成，培训后上岗，对工作中遇到的问题有针对性地再培训；三是多项培训，结合工作进行知识、技巧、方法多项培训。

为了提高计生专干的专业知识和服务能力，我们请专家讲青春期教育，讲妇女病防治，讲更年期保健，讲咨询技巧，讲人际交流方法等。组织主管领导和计生专干到外地参观学习，用"走出去、请进来"的方法开阔眼界，还用以会代训的方法召开现场会、测评会。大家印象最深刻的一次培训会是我当主考官，考"避孕套的使用方法"。我拿出一只避孕套，让一名计生专干到讲台上演示使用方法。上台后她捂着脸害羞地说："请大家看说明书吧！"招得满堂大笑。我又问她避孕套大小有几种。她干脆地回答："一种。"我告诉她分大、中、小号。她却不以为然地回答："我怎么知道他用什么？"又是一片笑声。我压住怒火、语重心长地对大家说："可笑吗？我们计生干部如果面对群众咨询，这样做就是不负责任的态度，就是没有服务能力的表现。虽然避孕药具使用是个人隐私问题，但我们也应知应会。"我给他们分了小组，进行角色分工，互相答疑，很快他们都掌握了使用方法。实践使我们体会到，要想搞好计划生育优质服务，必须建立一支"懂政策、会管理，想服务、会服务"的干部队伍。

2000年10月30日《人民日报》海外版发表了题为"宣武计生委：优质服务，一心为民"的报道。文中写道："该区计生干部，坚持以人为本，以人的全面发展为核心，以育龄群众为服务主体，把管理和服务融为一体，在控制人口数量的同时，注重提高人口素质，改善人口结构，促进了人民健康全面发展，家庭文明幸福，社会经济的协调和可持续发展，为当地的社会稳定和经济发展做出了贡献。"

（三）创造条件能服务

要想提高计划生育优质服务的水平，必须落实宣传和服务阵地，这是一个重要载体。宣武区作为试点区必须从北京大都市的实际出发，建服务站的起点不能低，一切体现精品意识，做到"高起点、重服务、创优质、上水平"。

在开展优质服务试点前，宣武区没有计划生育宣传服务中心，为了落实载体，我四处奔走，争取政府的支持。仅用2个月时间，在繁华地段筹建了270平方米的区级计划生育宣传服务中心，并定为全额拨款的事业编制。随后各街道也逐步建立具有一定规模、设备齐全的宣传服务中心；依托各居委会文体活动室建立计划生育活动站；各街道还在原有基础上进一步健全完善了人口与计划生育学校，建成率达 100%；各局、处、公司也因地制宜，利用卫生室建成计划生育宣传服务室；在区民政局办事大厅里，计生委专设了66 平方米的咨询服务室。为了不摆花架子，扎实推进工作，强调建站不是给领导看的，而是给群众用的，我们制定了区、街道和社区三级服务站的服务规范：各项服务有专人负责、有日常活动、有考核办法、有群众评估。区计划生育宣传服务中心成立不到一年就举办优生培训和孕早期培训 143 期，培训 5000 多人次。

与此同时，区政府还投资 154 万元为区、街道两级配齐了信息网络设备，1998 年年初，全区约 15 万育龄妇女信息系统数据库已全面启动使用，为开展新婚体检、孕产检查、避孕失败人流、避孕措施变更、更年期调理等技术服务提供了准确信息。

作为北京市中心城区，我们的技术服务主要是借助卫生部门的阵地和人员来开展，为此，我们走出了一条具有宣武特色的计卫联手服务的新路。

二 优质服务开辟计卫联手的新路

改革开放以来，宣武区居民物质文化生活有了很大提高，人们越来越注重优生优育、避孕方法知情选择和生殖健康服务，要求提高生育质量、生活质量、生命质量的呼声越来越高，在服务方式上要求多样化、个性化。如何满足群众的需求，这是我们开展优质服务的切入点，也是工作面临的新课题。

面对新形势新考验，大家经过分析认为，区计生委虽然有几名部队转业的护士，但开展技术服务还是难以胜任。这时我大胆提出和区卫生局联手，产生了借台唱戏的想法。理由有三：一是过去我们有合作的基础，经常请大夫来讲课，请医院为流动人口孕检；二是现在开展生殖健康服务，这和卫生部门的工作目标一致、工作内容相通，共同的责任是联手的前提；三是宣武区医疗资源极为丰富，辖区内有 14 个中央、市、区属大医院和 28 个社区卫生服务站，著名的宣武医院、北京友谊医院、广安门医院等都坐落本区，这是我们搞好优质服务的技术资源优势。

我把这一想法向区领导汇报，得到了重视和支持，区政府召开专门会议，统一思想认识。我又主动多次拜访卫生局领导，共同制订联手方案。卫生局局长表示，计划生育是社区卫生服务"六位一体"工作中的一项，也是他们分内的事，计生卫生是一家人，都要以社区为载体，发挥各自的优势。有了领导支持，有了部门共识，宣武区开始了"计生卫生相联手，优质服务在社区"的探索。

（一）制度规范联手服务

为了把计卫联手工作落到实处，我们和卫生局多次研究，反复修改，共同制定了"计生卫生相联手，优质服务在社区"的"十大职责"和"十有要求"。

"十大职责"包括：一是开展新婚优生指导；二是举办与开展孕早期优生培训班和专家咨询服务；三是开展优生医学检查；四是提供足够选择的避孕方法和避孕药具；五是开展妇女"五期"保健服务；六是进行妇科病普查，建立健康档案；七是对不孕症夫妇提供帮助；八是开展儿童心理健康咨询；九是开展预防意外妊娠的宣传，指导紧急避孕；十是对疑难技术问题向上级医院转诊。

"十有要求"包括：一有计卫联手工作职责；二有服务站标志；三有"三育五期"服务程序；四有热线电话、"悄悄话室"；五有知识展板、科普宣传品；六有宣传柜、药具展示柜；七有师资库、培训计划；八有咨询访视、培训、服务记录；九有计卫联席会议制度；十有群众需求采集分析制度。

"双十制度"的建立和实施，保证了计生卫生联手的制度化和规范化，突出了服务的针对性和实效性，也为两个部门对医院和医生的检查、指导和考核评估提供了依据。

（二）优势互补拓展服务

在中心城区依托社区卫生服务站开展计划生育技术服务投资少、效果好，既发挥了卫生部门的技术、设备、资源丰富的优势，又发挥了计生部门基础网络健全、群众工作经验丰富的优势，实现了"资源共享、优势互补"，共同为社区育龄妇女提供切实服务，这是计划生育工作与社区发展相结合的成功探索。

以广外街道三义里社区为例，开展计卫联手一年内，避孕知识宣传咨询130余人，紧急避孕指导12人，优生优育指导250人，免费为230名育龄妇女做了妇科病检查，发现子宫肌瘤11名，卵巢囊肿6名，可疑宫颈癌1名，分别转上级医院实施手术治疗。门诊的妇女中常有带环脱落、带器妊娠、环移位、早孕、中孕、合并症等生殖健康问题，他们不仅给妇女详细检查，还积极将病人转诊上级医院，从而大大缩短了治疗时间，减轻了患者的痛苦和不必要的经济损失。

姜丽霞是一名社区卫生服务站的妇产科大夫，她被三义里社区居民称为"知心人"，群众夸她"知人知情知心，解疑解忧解难"。她不仅开展门诊服务，还建立了社区"悄悄话室"，为服务对象提供难以启齿问题的倾诉场所。有三位患"尖锐湿疣""淋病"的未婚女青年，曾到大医院诊治但备受冷落，费用昂贵，治疗断断续续，半年之久未见好转。姜大夫认真为她们检查，耐心地为她们讲解性知识和性保健方法，针对不同病情对症治疗了1~2个疗程，全部治愈。她们激动地道谢，感谢姜大夫为她们除去了病魔，还替她们保护了隐私。在这个小小的社区卫生服务站得到的是态度好、花钱少、治病快的服务。她们多次来重谢，都被姜大夫谢绝了。姜大夫总结的"悄悄话、轻轻语，为您生活添乐趣"的爱心服务，让社区群众赞不绝口。

宣武区诸多的好医院、好大夫给本区开展计划生育优质服务工作增光添彩。宣武医院儿科、妇产科多年来一直负责本区病残儿鉴定，他们坚持严格、公正的标准，从未错批，得到市计生委的好评。北京友谊医院妇产科刘宝华、胡玉泉主任是宣武区开展计划生育优质服务的技术顾问，多次对社区大夫、计生专干进行专业知识培训，医院负责为本区做优生五项筛查。区妇幼保健院建立了孕妇学校，建立了宣武区"少男少女生殖健康诊所"，还承担了全区流动人口生殖健康检查。广内医院已退休的秋季南大夫主动提出利用家中的电话开通"育儿热线"，北京电视台对此进行了专访和报道，中国计生协特别给他颁发志愿者荣誉证书。大栅栏街道东琉璃厂社区卫生服务站站长胡乃让大夫在社区优质服务工作中悉心探索，总结了"六结合"宣传培训法，即"专兼职、上下、录像与咨询、门诊与热线、典型与一般、普通与个性"相结合的经验，两年内为 10 个居委会 3400 人举办了健康讲座，满足了群众对健康知识的需求。

（三）联手服务效果显著

"计生卫生相联手，优质服务在社区"硕果累累，也使宣武区优质服务的开展有了长足的进步，赢得了广大群众的好评。通过计卫联手，给育龄群众带来了方便，周到的服务为他们解决了生殖健康方面的困惑，这是计卫联手的出发点和归宿。

为此，《人民日报》1998 年 12 月 14 日于第 5 版发表了题为"计生与卫生联手 管理与服务结合，北京宣武区计生工作上水平"的专题报道，指出，"以社区服务体系为载体，计生、卫生联手，对群众实行全程、全方位计划生育优质服务，是宣武区一大特色。二者联合不仅提高了资源利用率，还多方面地使群众得到实惠。社区群众反映'优质服务好，老百姓从这些实事里得到了方便和实惠'"。报纸还在"编余短论"专栏中谈了两点启示：一是要搞好计划生育优质服务必须做到"转变观念想服务，提高技能会服务，创造条件能服务"，宣武区做到了，果然一抓就灵；二是计生卫生两部门联手，采取行之有效的资源共享、优势互补、工作互促的工作方针，卫生部门具有人才、技术和设备的优势，计生部门具有网络健全的优势，两部门优势互补形成合力，避免了重复建设和人、财、物的浪费，强调了结合的双方都获得了成倍的效益，而群众也从中得到了方便和实惠。

现在回想，为什么宣武区在当年计生卫生两个部门并没有合并的情况下能够联手开展计划生育优质服务？关键的因素主要包括以下几个方面。一是有区委、区政府对计卫联手的领导和支持。二是有按章可循的联手方案和"双十制度"，这是联手服务的规范与标准，也是检查、指导和考核联手服务的依据。三是有经费保障，一事一费，保证了联手服务不落空。四是有广大服务对象的拥护与欢迎，联手服务扩大了医院的影响，增加了医院的病源。五是计生卫生两个部门有传统的友谊和良好的人际关系，这可能在有的城区并不具备。当年我们两个部门经常在一起召开联席会和现场经验交流会，发现问题马上就改，有了成功的经验大家共享，立即推广。今天计生卫生机构已经合并了，我相信一定会做得更好。

宣武区当年创造的"计生卫生相联手，优质服务在社区"的经验，受到了国家计生委和北京市计生委的肯定和表扬。在宣武区召开的现场会上，时任国家计生委副主任赵炳礼称赞说："宣武区计划生育优质服务工作是北京的示范、全国的领头羊。"我也曾三次代表中国基层组织在国际研讨会上发言，特别是在人口理事会纽约总部组织的交流会上介绍了"计卫联手"的做法，得到了与会人员的好评，也使他们了解并理解了中国的计划生育事业，会后就有八批外宾先后前来参观考察。

宣武区为在北京中心城区开展计划生育优质服务探索出了一条可行的道路，为中国计划生育转型发展提供了经验。全区各级领导、计生专干为此辛勤耕耘，努力付出，不断创新，取得了可喜的成绩，1999年宣武区计生委被北京市政府评为"人民满意的公务员集体"，我也光荣地被国家计生委、人事部评为1998年度"全国计划生育系统劳动模范和先进工作者"。

十年宣武区计生委主任的经历让我有苦有乐，既艰辛又甜蜜。

忆往昔，拼搏奉献，优质服务结硕果；看今朝，开拓创新，甜蜜事业再登攀！

优质服务服务世代　服务生命全周期

张春延*

一　"计划生育优质服务框架"引入记

江苏省计划生育工作起步早，20 世纪 60 年代我们就开始尝试将妇幼保健、血吸虫病防治与计划生育结合起来的做法，并在全省积极推广；70 年代我们全面推行"晚、稀、少"的计划生育政策，使多孩生育得到有效的控制；80 年代我们大力提倡和认真落实"一对夫妇只生一个孩子"的政策，有计划、按政策的生育观念已逐渐被越来越多的育龄群众所接受。

（一）优质服务提出的历史背景

20 世纪 80 年代中后期，由于生育政策的波动和工作基础的薄弱，苏北大部分地区计划生育工作出现了滑坡。面对严峻的形势，90 年代初期，江苏省委、省政府先后召开 5 次全省计划生育工作会议，全面贯彻落实党中央提出的

---

* 张春延，1952 年生。1980 年毕业于南京师范大学地理系，2004 年 7 月江苏省委党校研究生毕业。1983～1995 年，历任丰县计生委主任、徐州市计生委副主任、江苏省计生委政策规划处副处长、江苏省计生委规划统计处处长兼省人口情报研究所所长、省计生委办公室主任。1995～2012 年任江苏省计生委副主任，自 2003 年起兼任国家人口计生委南京人口国际培训中心主任。

"坚持党政一把手亲自抓、负总责"的要求。经过全省上下共同努力,工作局面很快得到改观,全省计划生育工作整体水平明显提高。但是我们清醒地认识到,在思考计划生育工作时,主要是或仅仅是从严格控制人口数量出发,以采取行政手段为主,往往无力顾及或忽略计生工作和其他工作之间的关系,无力仔细斟酌或忽视达到目的的途径和方法。这些工作在一定历史条件下有它的合理性和有效性,但在严格控制人口增长取得相当成效并呈现巩固发展态势之时,我们不能忽略在取得成绩的同时伴随出现的一些新问题,诸如强制措施带来干群之间的对立情绪等。为此,我们在全省范围开展了"计划生育工作如何走出严格控制、强迫命令的怪圈""如何实现既要抓紧又要抓好的要求""计划生育工作怎样才能上新水平"的大讨论。

大讨论引起全省基层党政干部和计划生育干部的关注。苏北地区的同志认为:严格控制人口增长的任务还没有完成,稍有放松工作就会滑坡,怎么可能做到既要抓紧又要抓好。苏南、苏中地区的同志认为:计划生育工作取得现在的成绩已属不易,巩固成果还需要我们付出很大的努力,哪有精力和时间去考虑上水平的问题。更有一些基层的党政干部认为:计划生育部门的同志想入非非,"天下第一难"难就难在群众的生育意愿和生育政策之间的矛盾,这个基本矛盾不变,就没有办法走出严格控制的思路。针对基层这些想法,江苏省计生委的各位主任带着处长们分头奔赴各市、县,与他们交流沟通,并多次召开不同形式的座谈会听取意见。

(二)优质服务工作思路的形成

在深入基层调查研究的基础上,1993 年 11 月,我们在苏州市召开了"全省计划生育工作上新水平"的研讨会。会上各市县就如何应对新形势、从实际出发上水平的探索做了积极发言。太仓市介绍了在逐步建立和完善社会保障体系的基础上,又将现代化的信息管理手段引入计划生育工作,进一步拓宽了计划生育服务领域;如东县介绍了在"育小养老"等社会服务基础较好的情况下,全面开展优生优育系列服务工程;宜兴市介绍了发展村级卫生室,把文明服务的网底建到了基层;盐城市提出了以"少生快富"为核心内容的文明工程；无锡市提出了建立计划生育工作大格局的思路；南通市提出了教育服务管理一体化；南京市提出了促进城市社区发展的想法；徐州市提出了"打基础、抓提高"两手抓的设想。这些符合实际、很有见地的想法，产生了不凡的反响。

时任国家计生委主任彭珮云同志自始至终参加了这次会议，并就贯彻落实既要抓紧又要抓好的方针、促进计划生育工作上新水平做出了全面而又具体的指示。她语重心长地对我们说："江苏今天做的是全国计划生育明天要做的工作，江苏计划生育工作要给全国看到计划生育工作的出路在哪里、希望在哪里！"

时任省计生委主任陈惠仁同志在会上做了"江苏计划生育工作上新水平的思考"的重要讲话。他强调，这个时候提出计划生育工作上新水平的思考是适时的，从理论和实践的结合上至少有三点理由。

首先是计划生育工作发展的内部需要。就计划生育工作而言，我们过去主要是做了控制人口数量的工作，尽管取得了很大成绩，但随着计划生育工作的深入开展，在诸如优化人口结构、提高人口素质、提供优质服务、体现群众意愿等方面，我们还有很多工作要做。任何"可歇一歇"或者"工作到顶"的想法都是没有根据的。

其次是改革开放现代化建设的客观要求。经济快速发展势必引起上层建筑包括人们思想观念的深刻变化。计划生育工作要适应改革开放的新形势，与中央全方位开放的格局相一致，就要逐步提高开放度，这既有利于计划生育事业的发展，又有利于在世界上树立文明形象，为改革开放创造更好的环境。这是客观形势对我们的要求。

最后是坚持社会可持续发展，提高人民生活质量，这是人类社会所希望的也是为之奋斗的永恒主题。我们通过开展计划生育及其关联工作，既控制人口增长又优化人口结构，既提高人口素质又促进人口均衡发展，既实行国家指导又体现群众意愿，既符合我国国情又能够面向世界，归根结底就是要达到社会可持续发展、提高人民生活质量这个目的。

会上全省上下达成共识，会后我们下发了《"八五"规划及后三年江苏省全省计划生育工作思路的通知》，明确提出从大人口观念出发，全面贯彻人口政策，始终坚持党的群众路线，服从服务于经济建设，协调好人口与社会经济资源环境的关系。

在工作内容上我们提出：全面执行人口政策，不仅要控制人口数量而且要提高人口素质，不仅要少生优生而且要优生优育，不仅要为现代化建设创造一个好的适度的人口环境，而且要为现代化建设培育一代代推进事业发展的现代人才。

在工作方法上我们提出：要始终体现全心全意为人民服务的宗旨，不仅是按照人口政策和目标要求群众做到什么，更为重要的是能为群众做些什么，要根据各自条件更好地为群众提供生育、生产、生活服务，引导组织群众参与，逐步真正走上自我教育、自我管理、自我服务的路子，使计划生育事业真正成为亿万群众积极参与的事业。

在管理机制上我们提出：要正确把握时机，适时转换机制，要从以行政管理为主的机制向管理和服务相结合，进而逐步向以服务为主、寓管理于服务的机制转化；要从以依靠约束机制为主转向约束与激励相结合，进而逐步向以激励和利益导向为主的机制转化。

在工作手段上我们提出：要依靠科技进步，逐步推广现代化信息管理手段，把信息管理与服务管理结合起来；逐步推广避孕节育新技术新方法，试行避孕方法的知情选择，做到每个避孕对象及时选择自己满意的安全可靠的措施；逐步推行以避孕节育全程医学监护为核心的优质服务。

（三）"计划生育优质服务框架"的引入

"以人为本、优质服务"的工作思路形成后，我们进一步思考提供怎样的服务和怎样提供服务才能真正体现以人为本的理念。这在当时国内计划生育工作大背景下找不到答案。我们想，既然确立了计划生育要适应改革开放的新形势，逐步提高开放度，在国际社会中逐步树立具有中国特色的计划生育形象，那么国际社会认可的计划生育服务是什么、做什么、怎么做？我们找来了江苏省人口情报研究所凌援宁研究员，和她一起讨论，请她帮我们查找资料。她接到任务后马不停蹄地跑了全省大小图书馆，最终在南京大学人口所翻到了人口理事会朱迪斯·布鲁斯的《计划生育优质服务框架：六个基本要素》一文。在征得人口理事会同意的情况下，废寝忘食地将其摘译成稿，送交中国人口情报信息中心解振明主任审核。

当我们看到这篇文章时，真是太兴奋了，朱迪斯·布鲁斯的这篇文章是在总结了100多个发展中国家关于计划生育服务资料的基础上，提出了通过计划生育优质服务，使育龄群众满意，避孕率得到提高，从而实现生育率下降。作者提出优质服务由六个基本要素组成：①足够选择的避孕方法，②避孕知识和服务内容，③胜任的技术能力，④良好的人际关系，⑤周密的后续机制，⑥适宜的综合服务。这篇文章让当时困惑的我们找到了差距，明确了方向，看到了希望。

我们当即决定创办《世界人口之窗》期刊，时任省计生委主任陈惠仁撰写了创刊词。在"编者按"中提道：当前江苏不少市、县已经按照大人口观念，逐步建立起了计划生育社会服务体系，在推动优质服务、引导群众参与、注重社区发展等方面，开始做了一些具体工作，在原有水平的基础上都有不同程度的提高。朱迪斯·布鲁斯所指的计划生育优质服务六要素，正是我们大服务体系中的一个方面。尽管各国的经济状况、文化背景、生活习俗不一样，但服务的基本要素还是有借鉴意义的。我们希望各地在建立和完善各自服务体系的过程中，从朱迪斯·布鲁斯的文章里得到一些有益的启示。

计划生育优质服务基本要素和优质服务理论框架的引入，对江苏省以及全国计划生育优质服务试点工作的启动和推进发挥了重要的引领作用。计划生育优质服务项目办公室根据朱迪斯·布鲁斯的理论框架结合中国具体实践编制了试点工作的主要活动和项目文本，试点区县则把"朱迪斯·布鲁斯六要素"绘制成广告画张贴在服务站显要位置。我们尝到了对外开放、学习引进国际先进理念的甜头。

二　"世代服务"创建记

计划生育工作的实践使我们深刻体会到，开展优质服务必须不断发展壮大计划生育的服务网络。尽管我们的技术服务队伍为我省人口和计划生育工作做出了巨大贡献，积累了相当丰富的群众工作和技术服务的经验。但在进入稳定的低生育水平阶段后，随着社会经济快速发展，广大育龄群众对避孕节育和生殖健康服务的需求日益增长，原有的服务体系与新形势新任务的要求不相适应，结构性、功能性矛盾日益尖锐。突出表现在：不具备非医院化的专业特色，不具备职业化的专业队伍，不具备完整的系统的管理体系。

2003年11月，时任江苏省计生委主任张肖敏同志随国家团去澳大利亚考察，参观了英国玛丽斯特普国际组织在墨尔本设立的服务机构，很受启发。回国后在全省计划生育工作会议上，她把录像放给市、县主任看，引发了大家的思考。随后我们联系了英国玛丽斯特普国际组织总部中国代表处的刘丽青老师，与她进行了深谈，并随她一起赴英国伦敦总部进行学习考察。2004年6月，双方在达成共识的基础上签署了合作协议书，确定开展"优质和可持续发展的生殖健康服务项目"，将目标定位在"提高计划生育服务机构的服务质量和可持续发展能力"上。

（一）品牌设计

"世代服务"的品牌设计是我们在启动"优质和可持续发展的生殖健康服务项目"时首先要考虑的问题。我们当时之所以思考为计划生育服务机构建立一个新的品牌：一是有利于对现有的计划生育服务机构的改造，激发大家的创新动力。通过引入国际组织的先进理念，实行统一的技术服务标准、操作细则、培训规划、监督评估等系统管理机制，可以大大提高我们的服务质量，增强我们的自信心。二是有利于重塑服务机构的新形象。通过对品牌的宣传推广，可以让服务对象重新认识我们的服务机构，提高群众对计划生育服务的认知度，逐步形成对我们品牌的信任和依赖。三是有利于帮助我们拓展服务人群。立足健康和亚健康人群的需求，开发多层次多样化的计划生育、生殖健康、家庭保健服务，使我们的服务机构有可持续发展的源泉。为此，我们和英国的玛丽斯特普国际组织中国代表处一道，邀请南京大学、河海大学的专家教授和当时国内知名的媒体策划公司以及品牌管理公司一起密切合作，多次拿出方案反复征求基层和相关部门的意见，历时半年多，精心打造出"世代服务"这一计划生育服务机构的新品牌。

"世代服务"品牌的愿景是打造生殖健康领域第一服务品牌；提出的核心价值观是"健康人生、幸福家庭、和谐社会"；提出的理念是"以人为本，以服务对象为中心"，采用服务对象最愿意接受、最方便获得的方式，努力提供服务对象最想得到的服务，达到群众最满意的效果；提出的模式是构建立足于社区和家庭，面向健康和亚健康人群，致力于计划生育、生殖健康、家庭保健服务的健康促进模式；提出的口号是"为了世世代代、呵护生殖健康""世代服务、服务世代"。在此基础上，我们合作开发了"世代服务"的《品牌形象手册》《建设标准手册》《管理操作手册》《服务规范手册》。

（二）试点遴选

品牌架构确定之后，我们就开始着手选点工作。为了调动各地参与品牌建设的积极性，我们改变了由领导决定的选点方法，发出通知，在全省范围内组织各地报名参加遴选。在遴选过程中我们请分管党政领导、市县乡计划生育部门领导、技术服务带头人分别进行陈述答辩，专家和领导综合评议。最终南京和宜兴、溧阳、兴化、涟水等5个市县脱颖而出，成为首批试点单位。5个试点单位分布在苏南、苏中、苏北，代表着不同计划生育工作基础的地区，分别进行了不同管理服务模式的探索。城市模式：南京计划生育指导所，其任务是创建市指导所和社区、事业单位、学校等联动模式。农村模式：①溧阳、涟水计划生育指导所，其任务是创建县级指导站和乡镇中心服务站的两级服务站联动模式；②宜兴、兴化中心服务站，其任务是创建乡镇中心服务站和村级服务室联动模式。

（三）机构改造

原有的计划生育服务机构在框架结构、功能布局、服务流程、技术规范等方面沿袭着医院"以服务提供者为中心"的管理模式。为了把"以服务提供者为中心"的模式转变为"以服务对象为中心"的模式，我们按照《建设标准手册》的要求，对服务机构的软硬件进行了全方位的改造。在服务环境上，采用以淡绿、粉红、浅蓝为主色调的设计风格和轻柔悦耳的背景音乐，使每个服务对象来到这里都能够感受到家庭般的温馨、宁静、放松。在服务流程上，将"围绕服务者转"转变为"围绕服务对象转"，服务人员微笑式引导陪伴、恰当的疏导服务使每个服务对象都能够感受到亲切关怀。在服务过程中，手术中有护士的心理疏导相伴，手术后有舒适的躺椅休息。在收费方式上，将多次收费变为一次性代收费，免去服务对象跑上跑下交费的麻烦。在服务时间上，按照服务对象预约的时间实现"全天候"服务。这些改变令服务对象感到新奇和满意。

（四）宣传推广

在"世代服务"品牌宣传推广上，我们将传统宣传方法和市场营销策略结合起来。一是利用会议、简报等各种形式和机会，宣传"世代服务"品牌，使各级党政领导了解"世代服务"品牌建设的必要性、重要性、可行性，积极争取各级党政领导对"世代服务"品牌建设的政策、环境、投入等方面的支持。二是通过培训、观摩、研讨等形式和手段，树立计划生育部门的干部以人为本的理念，逐步增强以服务对象为中心、以服务对象满不满意为唯一评判标准的意识，逐步提高为群众提供持续性的、方便快捷的、平等尊重的优质服务能力。三是利用报纸杂志、网络、广播电视、户外广告等进行广泛宣传，让群众了解"世代服务"品牌的服务内容、服务理念、服务特色。有的服务中心通过制作电视专题片、组织联谊会、邮寄明信片等一系列营销手段，扩大和提升"世代服务"的知名度。有的服务中心还推出会员制和贵宾日服务，开展每周一次的"幸运服务日"活动，为固定客户和潜在客户提供绿色通道，不断提升育龄群众对"世代服务"的认识度和忠诚度。

（五）服务类型

我们将改造后的"世代服务"机构提供的服务定性为公共服务。具体分为公益型服务、倡导型服务、特需型服务。公益型服务主要是指政府投入的基本免费的计划生育技术服务项目。包括开展知情选择和随访服务、普及避孕知识、发放避孕药具、实施避孕节育手术、更换避孕节育措施等。公益型服务是我们的主业，必须做大做强。倡导型服务主要是指政府倡导、政府支持、适当补偿、向群众低额收费的生殖健康项目。包括生殖道感染综合防治、出生缺陷的一级预防、孕前检查等。我们要求在依法服务的范围内把倡导型服务做精做细。特需型服务主要是指面向家庭和群众的需求、个人支付费用的生殖健康和家庭保健服务。包括儿童早期开发、青少年心理咨询、家庭营养指导、抗衰老保健等。对于特需型服务，我们要求一定要从各地实际出发，选择性尝试服务，在探索中要做到"做优做特"。

（六）培训考察

我们按照依法执业和建设服务体系的新要求，在世代服务机构内部科学制定岗位标准，实施职业资格准入制度，开展新的职业培训。根据《计划生育技术服务管理条例》等法律法规的要求，我们将服务人员分为管理员、技术员、咨询员三大类，明确各类岗位要求、所需资格、发展方向，对从事各类服务的人员进行科学定岗、资格准入、持续培训。

试点期间，我们针对各类人员制订了详尽的培训计划，我们请来了英国玛丽斯特普国际组织的专家和国内知名学者专家为大家授课，采用开放式探讨式的授课方式，让大家围绕"现有的服务机构为什么要改造""为什么要按照世代服务的品牌改造""改造后的服务机构做些什么""我能为世代服务机构做些什么"等进行讨论，从而逐步统一认识、转变观念、改进服务、提升质量。

为进一步解放思想、学习国际先进经验，我们于 2005 年 7 月组织省辖市人口计生委主任、试点区县人口计生局局长赴英国考察玛丽斯特普国际组织，并访问了英国卫生部和计划生育协会，接受英国剑桥大学国际管理中心的有关计划生育生殖健康、公共卫生保健体系和非政府组织活动的培训。这次考察学习活动使大家进一步开阔了视野、坚定了信心。

（七）初见成效

从"世代服务"试点运行一年的情况看，服务量增长近30%，服务投入增长超过20%，群众满意度上升到90%，实现了社会效益和经济效益双赢。2006年"世代服务"品牌建设荣获全国人口和计划生育软科学奖二等奖。国家人口计生委的各位领导多次来江苏省考察指导，对"世代服务"体系建设给予了高度评价。"世代服务"的模式也得到了各省、市计生部门和社会各界的广泛认可，全国各地来江苏省参观的人数超过13000人次。中央电视台第七套农业节目、江苏卫视等为"世代服务"制作了新闻纪实片，《中国人口报》《人口与计划生育杂志》等报刊相继进行了专题报道。

自2006年起，我们和中国社会科学院人口与劳动经济研究所联合组建了"江苏群众生育意愿和生育行为研究"课题组，历经6年的调查（基线调查、跟踪调查）结果显示，育龄群众的生育观念已经发生了很大的转变，生育政策对于生育决策人而言已经不是唯一的决定性因素，人们的生育决策受到经济、文化、社会因素和生育政策的共同作用。以"世代服务"为统一品牌、融管理和服务于一体的人口和计划生育服务体系实现了城乡全覆盖。以"避孕节育""优生优育""生殖健康""家庭保健行动计划"为内容的计划生育优质服务在全省各地普遍开展，取得了实实在在的工作效果，育龄群众得到了良好的服务，受到了广大基层干部的拥护和赞赏。

为此我们在《江苏省人口和计划生育事业"十二五"发展规划》中明确提出：全面实行人口和计划生育工作体制和机制转型，让广大育龄群众普遍享有优质的计划生育、优生优育、生殖健康、家庭保健服务。并提出：①实施"世代服务"体系提质工程，以城区和流动人口集聚地为重点，积极推进"世代服务"体系建设，形成城乡一体的人口和家庭公共服务体系，建设江苏"世代服务"网络，整合"世代服务"有限资源，全面建成"世代服务"数字工作站，实现省、市、县、乡服务管理信息互联共享。②推行"优生促进工程"，建立政府领导、部门协作、社会联动、群众参与的优生促进机制。在全省全面开展孕前优生促进，建立以家庭和社区为中心，以村级初筛、乡镇筛查、县（市、区）检查为主要模式的孕前优生指导服务。③开展"幸福家庭健康促进工程"，积极开展创建幸福家庭活动，大力推行以孕前优生促进、儿童早期发展、青春健康援助、避孕节育服务、不孕不育防治、生殖道感染防治、老年健康保健、家庭营养指导等为主要内容的幸福家庭健康促进服务。

2013 年国务院决定计划生育部门与卫生部门合并组建"国家卫生和计划生育委员会"，2018 年国务院决定组建"国家卫生健康委员会"。江苏省在计划生育、优生优育、生殖健康、家庭保健服务等方面的探索，为新时代我国基层开展健康中国建设提供了有益的参考，这也是我撰写这篇回忆录的初衷。

编者按：江苏省在 20 世纪 90 年代初就开始探索如何实现计划生育工作既要抓紧又要抓好，并形成了"以人为本、优质服务"的工作思路。他们学习并借鉴国际人口和计划生育领域的先进理念，翻译《计划生育优质服务框架：六个基本要素》，引进优质服务的理论框架。并通过"世代服务"的品牌设计，在全省实现了统一的技术服务标准、操作细则、培训规划、监督评估等计划生育生殖健康服务的科学管理机制，为全人群开展生命全周期的计划生育生殖健康和家庭保健服务。本书收录张春延同志有关如何引入"计划生育优质服务框架"、如何创建"世代服务"品牌的回忆录，从中我们可以看到省级计划生育部门的领导在推进计划生育优质服务、促进计划生育改革和转型中所做出的努力。

11
亲身经历计划生育工作的转变

张春延*

    1983 年 2 月，按照革命化、年轻化、知识化、专业化的要求，我被选调到江苏省徐州市丰县计生委担任刚组建后的第一任主任。1985 年 5 月，徐州市计生委的老主任们多次向组织部门推荐，调我到市计生委去接班。徐州地处江苏省的最北部，是江苏省经济欠发达地区，也是计划生育工作最困难的地方。记得在徐州市工作期间最怕也最想的就是去省里开会。怕去是因为工作排位总在全省末位抬不起头来，汇报工作也没有底气；想去是因为能听到其他各市汇报的情况，他们介绍的如何制作各种类型的宣传品、如何发放避孕药具、如何坚持孕前管理、如何组织基层干部培训等经验和做法对我启发很大。回去以后我把这些好的做法结合本地实际做了一些尝试，也很有收获。

    1990 年我调入江苏省计生委工作。当时全国第四次人口普查刚结束，数据表明江苏省人口出生率处于全国的平均值，这引起了省委、省政府的高

---

  * 张春延，1952 年生。1980 年毕业于南京师范大学地理系，2004 年 7 月江苏省委党校研究生毕业。1983～1995 年，历任丰县计生委主任、徐州市计生委副主任、江苏省计生委政策规划处副处长、江苏省计生委规划统计处处长兼省人口情报研究所所长、省计生委办公室主任。1995～2012 年任江苏省计生委副主任，自 2003 年起兼任国家人口计生委南京人口国际培训中心主任。

度重视。省委、省政府多次召开全省计划生育工作会议，贯彻1991年中共中央、国务院《关于加强计划生育工作严格控制人口增长的决定》精神。实行党政一把手总负责，全面推行人口目标管理责任制，并将人口出生率高于全省平均水平的县（市、区）列入重点管理。记得实行重点管理时，南京五县也成为重点管理单位，这是南京市委、市政府不能接受的。南京市委分管领导胡序建书记亲自上门找到陈惠仁主任和我，责问我们为什么仅仅以人口出生率划线将南京五县列入重点管理。这件事对我们的触动很大。我们认真进行了反思，各地市的人口结构不同，城区中流动人口多、年轻人比例高，仅仅以人口出生率来判断计划生育工作成效的好坏是不恰当的。经过慎重研究，我们在目标管理责任制指标设立上，取消了人口出生率、总和生育率指标，突出了计划生育率，增设了节育措施落实率、及时率、有效率等反映工作质量的指标。

1993年，国家计生委提出了"计划生育工作既要抓紧又要抓好"的指导方针，这给我们指明了工作方向。我们在全省范围内组织开展了"贯彻好抓紧抓好指导方针，计划生育工作上水平"的大讨论。同年11月，我们召开了"全省计划生育工作上新水平"的研讨会，会上提出了"全面贯彻落实抓紧抓好的指导方针，在坚持'三为主'的基础上，确立一个大人口观念，建立一个大服务体系，努力实现优质服务、群众参与、社区发展三方面突破，把计划生育工作推上新水平"的要求，并就如何上新水平的思路、内容、方法、机制、手段等提出了明确的要求。

但是优质服务从哪里入手？育龄妇女的需求是什么？这是我们当时亟须了解的问题。1993年年底，我们组织了对苏南、苏中6个乡镇已婚育龄妇女避孕节育的现状、意愿、需求等的问卷调查。调查结果显示，89.2%的已婚育龄妇女采取了各类避孕措施，97.26%的已婚育龄妇女对目前使用的避孕方法感到满意。但可悲的是，有95.6%的已婚育龄妇女对目前使用的避孕方法的类型、可能出现的副反应及其解决的方法全然不知。由于措施落实不及时或服药不按要求，哺乳期以及带环、脱环造成的意外妊娠的比例较高。调查结果提示我们的工作还仅仅停留在落实已婚育龄妇女避孕措施，但对落实何种措施、落实后情况怎样却很少过问。仅以上环为例，该妇女究竟上了什么型号的环、何时上的环、上环后有何反应、这种环在体内放了多少年、有效期超过了没有、需不需要更换其他措施等都不清楚，从生孩子后到度过育龄期近30年的时间里，几乎没有或没有系统地进行管理和服务。而计划生育技术服务综合管理的主管部门是计生委，我们不仅没有全面履行好国家赋予的职责，更重要的是忽视了广大育龄妇女的身心健康。

同年年底，时任国家计生委副主任蒋正华和规划统计司司长张二力亲自主持，由我牵头，上海、浙江、江苏三省市派员参与研制开发的"县级育龄妇女信息管理系统"在江苏省太仓市试运行成功并通过鉴定，准备在面上推广。这使我们想到，收集育龄妇女完整的婚、孕、产、避孕信息难道仅仅是为了加强管理吗？还能做些什么呢？我们能不能对以往为育龄妇女提供生育、节育服务过程中的一些不规范不科学的行为加以改进，避免盲目性，增强科学性？我找来规划处处长孙靖华和科技处处长董光华，与她们商议。经过多次沟通协调，我们把育龄妇女婚、孕、产、避孕各个时点的服务要求整理出来，量身定制了一套规范服务的程序，提示基层按时间和规范为育龄妇女开展服务，让管理和服务合拍运作，真正寓管理于服务之中。

1994年在开罗召开的国际人口与发展大会上，提出了"以人为本"和"生殖健康"的新概念，更坚定了我们围绕育龄妇女开展科学规范的生育保健和避孕节育服务的信心。我们在当年年底召开的全省计划生育服务工作会议上，下发了《关于做好避孕节育全程医学监护和生育保健服务的实施意见》和流程图，推动面上工作的全面开展。

1995年国家计生委正式提出了计划生育工作思路和工作方法的"两个转变"，这为我们的工作注入了强大的动力。为推动"两个转变"的实施，国家计生委启动了计划生育优质服务项目。记得当时选择试点区县的时候，我曾向主持计划生育优质服务项目办公室工作的张二力司长请示，能不能让江苏全省参加试点。张二力司长对我们说："我们也是摸着石头过河，你们自己先干着，选一个县参加试点就可以。"我们经过认真研究，推荐了盐都县，盐都县地处苏北，是全省计划生育重点管理县之一。盐都县党政领导十分重视，更重要的是有一位一心扑在工作上的县计生委主任刘高英。如果盐都县工作能跟上全国优质服务的步伐，全省优质服务工作的推行就没有问题了。

我们按照计划生育优质服务项目办公室的要求，做的第一件事情就是在全省范围内将准生证改为服务证。长期以来，育龄群众要备孕生育必须先领准生证，否则视为计划外怀孕。生孩子去医院要凭准生证接生，生完孩子去派出所也要凭准生证申报户口。对此育龄群众很不满意，群众来信来访反映此类问题很多。但是，准生证又是当时我们管理和控制育龄群众生育行为的一个重要手段，要取消它必然引起基层干部的顾虑。记得我们当时召开座谈会征求基层意见时，会上一片反对声，参会的同志反对把准生证改为服务证。我们反复做基层的工作，强调将准生证改为服务证不仅仅是名称上的改变，更重要的是我们工作思路和工作方法的转变；不仅仅是为了掌握育龄群众孕产信息，更重要的是我们要思考围绕育龄群众的孕产信息如何开展适宜的服务，真正在思想上把育龄群众从管理对象转变为服务对象，让育龄群众真正成为计划生育的主人，让育龄群众更加自觉地参与计划生育的各项活动。在经过上上下下几轮反复征求意见统一思想后，我们下发了《关于在江苏全省范围内将准生证改为服务证的通知》。

接着我们又对目标管理责任制做了相应的改进。首先，对市级的目标管理责任制期限由 1 年改为 5 年，更着重考察工作稳定性，同时考虑各市由于经济社会发展不平衡，计划生育水平不同，在指标值的设定上对各市体现实事求是的差异性原则，从而调动各市工作的积极性。其次，省里不对市级工作排名，不对县级工作考核，把县级目标管理责任制的管理权交给市里，一级管一级，一级对一级负责。省计生委在县级开展以 5 年为周期的计划生育合格县、先进县、示范县创建活动，让市、县不是忙于应付考核，而是腾出精力来抓基层基础工作。最后，我们在指标设立上增设了知识普及率、知情选择率、随访服务率、群众满意率，以体现指标的导向作用，让基层在抓好稳定低生育率工作的同时，下力气抓好为育龄群众提供优质服务的工作。目标管理责任制的改进，对调动和释放基层工作的积极性和创造性发挥了积极的作用。

　　在计划生育优质服务项目办公室的指导下，我们紧紧围绕"以人为本、优质服务"的指导方针，"九五"期间开展了"避孕节育全程服务"，"十五"期间实施了"避孕节育服务和生殖健康促进系列工程"，"十一五"期间推出了"避孕节育、生殖健康、家庭保健"行动计划，全省计划生育优质服务工作如火如荼地开展起来。

　　回想起来，我从1983年调入计划生育部门到2013年退休离开，整整30年光景。30年间我在县级、市级、省级、国家级（曾任国家人口计生委南京人口国际培训中心主任）不同层面、不同职级上工作过，亲身经历了计划生育部门从卫生系统划出成立计生委到与卫生系统合并组建卫生计生委的机构演变过程，亲身经历了从鼓励和提倡"一对夫妇只生一个孩子"到全面放开二孩的政策调整过程，亲身经历了从对育龄群众生育行为的严格管理到为育龄群众全方位提供优质服务的工作思路和工作方法的转变过程。我与计划生育工作真有缘。很多人都问过我，靠什么精神在这个不起眼的部门坚守着。扪心自问，我也认为计划生育部门工作性质单一、接触面窄，但我们那一代人，党叫干啥就干啥，干一行就要爱一行，干一行就要钻研一行，干一行就要干好这一行。

优质服务项目是我教学科研不竭的源泉

孙晓明 *

我 1982 年到南京人口管理干部学院（以下简称南院）当教师，长期从事人口和计划生育教学和科研工作，直接见证了中国计划生育干部培训工作的发展历程，自己的研究也一直聚焦在计划生育和生殖健康服务领域，跟踪中国计划生育服务可持续发展之路。

南院是原国家计生委直属的一所高校，联合国人口基金对其给予了长期支持，早期主要任务是对全国地市级计划生育管理干部进行在职培训，经常有联合国人口基金官员来访，国际学术交流的机会比较多。因此，南院的教师们接受国际社会人口和计划生育服务的新理念也比较早。

记得是 1992 年，联合国人口基金和国际人口方案管理委员会在南院召开计划生育管理国际研讨会，来了很多国际知名学者和发展中国家的计划生育项目管理者，我在这次研讨会上第一次全面接触有关计划生育服务质量的国际前沿理论，接触计划生育优质服务"六要素"学说。该学说是人口理

* 孙晓明，1952 年生。1984～1986 年由联合国人口基金派往美国加州大学洛杉矶分校进修人口与行为科学。1995 年复旦大学人口研究所研究生毕业，获法学硕士学位。1982 年起在南京人口管理干部学院（2013 年并入南京邮电大学）工作，先后任助教、讲师、副教授、教授，1998～2012 年任副院长，兼任国家人口计生委南京人口国际培训中心副主任。自 1998 年起参与计划生育优质服务项目试点工作。

事会著名学者朱迪斯·布鲁斯根据 100 多个发展中国家的计划生育服务实践而创立的，但是不包括中国。会议期间，我随与会代表赴江苏太仓实地考察计划生育优质服务项目，看到他们能在如此严格的生育政策下（江苏城乡都是一孩政策）把计划生育优质服务工作做好做实，很受启发。

"六要素"学说认为，尽管各国的社会人口政策不同，提供的服务资源有差异，可是要达到人口控制目标的计划生育服务管理要素是相对恒定的，把难以量化的计划生育服务过程的管理运作分解为六个基本要素，并按照重要性和逻辑顺序排列为：避孕方法的选择、避孕信息的提供、提供者的服务能力、提供者和接受者的人际关系、鼓励避孕方法续用的机制、恰当的综合服务。在计划生育服务过程中，育龄人群的避孕需求能不能得到满足取决于计划生育供给侧的服务质量，这六个要素是提高计划生育服务质量的六个重要方面，直接影响了育龄人群的避孕接受率和避孕续用率，从而影响妇女生育率。该理论框架发现了世界各国在计划生育服务管理过程中的共性要素，因此被许多发展中国家接受，并用来评价当地的计划生育服务质量。显然，我们遇到了能否借鉴和怎样借鉴国际通行理论来进行中国计划生育服务质量研究的十分重要的理论与实践问题。

20 世纪 80 年代到 90 年代初，为了迅速降低生育率水平，全国计划生育管理总体上处在行政高压阶段，从国家和省级层面上看，离国际社会倡导的优质服务还有很大的距离，可是江苏太仓的计划生育工作已经走上提高服务质量的道路，却没有合适的理论框架给予归纳总结。我就对主持会议的萨迪亚博士说，自己想用计划生育优质服务"六要素"学说分析一下江苏太仓的计划生育服务管理个案，他听了之后很高兴，支持我试试。于是，我就尝试用"六要素"学说定性分析了中国计划生育服务太仓案例，受到与会者的好评。文章经萨迪亚博士推荐，于 1994 年发表在国际人口方案管理委员会（ICOMP）的内部刊物上。

之后，我就把教学和研究的重点放在了中国计划生育服务质量方面，给全国各地市计生委主任培训班讲课的内容里有了太仓案例，但是基层计生干部的接受程度很低，特别是经济欠发达地区的同志说，"太仓经验好是好，就是我们学不了"，有的同志在课堂上就站起来与我辩论。因为受限于没有国家层面的优质服务先进典型，给全国各地市计生干部讲课只能停留在理论介绍和理念引进上。

1995 年，国家计生委张二力司长一行数人到南院调研，院内给全国各地市计生委主任培训班讲课的老师都应邀参加了这次会议，在会上我高兴地得知国家计生委准备启动国家级计划生育优质服务项目，正在全国范围选点。南院的每位老师都发了言，我也谈了自己的一些想法和看法，觉得计划生育工作不能一直靠行政命令，在严格的生育政策背景下更要把计划生育管理工作转变到提高计划生育服务质量上来。我记得张二力司长问了我若干问题，临走时还把我的一篇发表在《南京人口管理干部学院学报》上的文章《中国计划生育服务质量研究的理论探讨》要去了，后来他告诉我在飞机上仔细看了这篇文章。

不久，我被吸纳为计划生育优质服务项目办公室专家组成员，开始参加计划生育优质服务项目的一些活动和会议，更加深刻地认识到国家启动计划生育优质服务项目对中国计划生育工作的重要战略意义，思路更加开阔了，对自己后来的教学和研究帮助极大。我在全国各地市计生委主任培训班上开设了"中国人口发展与计划生育优质服务"课程，课堂教学从此有了计划生育优质服务县区级案例的支撑，介绍全国各地的优质服务典型，说服力更强。结合计划生育优质服务试点区县一些创造性做法，重点阐述在现行计划生育政策指导下，充分尊重育龄夫妇的生殖健康权利，全心全意为育龄人群提供计划生育优质服务的重要性，引起学员们的深刻反思，收到了很好的教学效果。

1998 年起，我开始分管干部培训工作。南院拥有一支贴近计划生育工作实际的优秀教学科研师资队伍，我们组建了专门的干部培训教研室，定期召开教学工作会议，要求所有的任课教师认真学习全面理解国家有关人口和计划生育工作的方针政策，介绍国际先进理念，结合中国计划生育实际，用各自研究领域最新的科研成果更新教学内容，将参观考察计划生育优质服务品牌项目"江苏世代服务"纳入教学计划，与时俱进地开展教学，深受学员们的欢迎。截至 2013 年年底，仅南院校本部就培训了来自全国各地的基层计生干部 52260 人次，有力地促进了基层计生干部接受计划生育优质服务的先进理念，投身到实现计划生育工作"两个转变"的实践中去，他们亲切地称南院是计划生育系统的"黄埔军校"，南院成为最受基层计生干部欢迎的国家级培训基地。有一位省计生委主任曾经调侃地对我说，他那里的基层干部到南院培训回来之后有点不听指挥，可是他却明确要求全省地、市、县基层干部要到南院培训，拿到南院培训的结业证书，因为优质服务是计划生育工作的发展方向。

参与计划生育优质服务项目试点工作以后，1998 年下半年的项目快速评估给我留下了深刻的印象。计划生育优质服务项目办公室确定我担任江苏省盐都县优质服务评估组组长，评估组主要成员有青岛市计生委冯庆才副主任和浙江省计生委科技处姜建鸿处长，还有一位来自美国的计划生育服务专家希瑞女士。计划生育优质服务项目办公室严格制订了调查方案，规定每个点要选两个乡镇，一个乡镇由当地推荐，另一个则由评估组随机抽取，行政村都是随机抽取，采用抽查计划生育档案资料、访谈干部群众、实地观察计划生育服务机构等国际通用的调查方法。

第一次接受计划生育优质服务评估组的评估，时任盐都县计生委主任的刘高英同志难免有点紧张。我们按调研程序随机抽取一个村，恰巧村支书到镇上赶集去了，刘主任要求换一个附近的村子取而代之，我们没有同意，坚持要按照既定的方法执行，直接到了这个村子。2 个小时之后，那位村支书匆匆从集市上赶回来接待了我们评估组，全面介绍了村里计划生育服务工作。随后，我们按照调研要求召开了干部座谈会，访谈育龄群众，实地考察了计划生育服务室，发现村里计划生育服务到位，育龄群众反映比较满意，评估结果很好。

我当时就问刘高英主任，我们随机选到这个村，你为什么显得有些犹豫和不安？她说主要考虑到这个村的计划生育服务室比较简陋，还没来得及更新改造，以往上级的评估非常注重硬件，选到这个村有点担心影响评估结果，换一个硬件好的村可能评估效果会更好。

计划生育优质服务项目快速评估打破了以往传统的评估方法，既考察硬件的基本达标情况，更注重考察计划生育服务室功能是如何发挥的、优质服务是否体现在日常工作当中、是不是以育龄群众为本提供优质服务、是否能够满足群众的避孕节育需求等质量指标。评估中我们看到计划生育优质服务"六要素"学说的框架图张贴在每一个服务站和服务室，十分感慨，深刻体会到计划生育优质服务项目对基层实现计划生育工作思路和工作方法的转变起到了重要的推动作用。为此，我在总结会上代表评估组高度赞扬了盐都县实施计划生育优质服务项目取得的成绩和进步，也提出了一些需要改进的建议，当时感觉到刘高英主任和盐都基层计生干部是很激动的。

那次我们这个评估组还有一位美国专家希瑞女士，她是一位很有经验的计划生育工作者，我担任她的翻译。在潘黄镇计划生育服务站，她和我扮演一对夫妻到计划生育服务站寻求服务，服务站的年轻同志乔志云作为服务人员接待我们。希瑞提出了很多问题，乔志云都一一给出满意的回答，给我们评估组留下了深刻的印象。乔志云是江苏省计划生育学校的早期毕业生，在潘黄镇计划生育服务站勤勤恳恳兢兢业业工作了20多年，不仅计划生育服务工作做得好，还协助我们完成了多项国家级和省级计划生育生殖健康研究课题。

2000年春天，我到美国洛杉矶参加一年一度的美国人口学会年会。会上有一个计划生育生殖健康专题分会，顾宝昌教授报告了中国计划生育优质服务项目试点启动与发展情况，引起与会者极大兴趣，有赞赏，有质疑。赞赏者认为中国计划生育服务在进步，质疑者则基于平时听到的中国计划生育负面信息，提出了很多尖锐的问题，关键在于育龄群众对计划生育优质服务的获得感和满意度。作为中国计划生育优质服务评估的亲历者，我立即站起来予以回答，详细讲述了自己在山东省即墨市项目点评估时和美国密歇根大学西蒙斯教授一道进村入户随机访问农村独女户家庭的亲身体会，用实际案例告诉与会者，在生育政策暂时不能改变的背景下，中国计划生育优质服务改变了干群关系，提高了服务质量，受到了育龄群众的广泛欢迎和支持。这次国际会议使我深深体会到，加强国际学术交流对世界了解中国计划生育真实情况和正在发生的改变非常重要。

2011～2014 年，我先后主持了国家社科基金研究课题"农村中老年妇女生殖健康服务需求和服务机制研究"与国家卫生计生委妇幼健康司委托研究课题"农村围更年期妇女计划生育优质服务研究"，江苏省盐城市盐都区是全国 7 个区县调研样本点之一。我们的调研结果显示了优质服务项目推行计划生育优质服务的长期效果和长远影响，盐都区计划生育服务站为绝经妇女提供的安全取环优质服务在全国 7 个调研点中做得最好，全国上环妇女绝经后未取环的比例为 23.5%，盐都区只有 9%，而且都是常年在外务工的妇女。我问刘高英主任，盐都区为什么能做得这么好？她归纳了三点：一是当年的计划生育优质服务理念已经深深扎根在历任计生委主任头脑中；二是为育龄群众提供生殖健康全程优质服务已经成为各级计划生育服务人员的自觉行为；三是当年优质服务项目开发使用的育龄妇女管理信息系统仍然在发挥着重要的基础性作用。

20 多年来，计划生育优质服务项目充实了我的教学和科研工作，促使我的思考更加贴近中国计划生育工作实际，密切关注中国计划生育服务管理改革的发展方向，侧重回答中国计划生育服务转型过程中的热点难点问题。计划生育优质服务项目是我教学和科研工作不竭的源泉。

13
我和计划生育优质服务的渊源

温　勇*

1981 年我高中毕业，从南京考入北京工业学院（1988 年更名为北京理工大学），专业是应用数学。1985 年年初，得知中国科学院应用数学研究所准备为国家统计局培养我国统计部门首批数理统计专业研究生，便报名参加了考试，同年 7 月被录取。在读研究生期间，一个机缘巧合使我接触了一些人口研究工作者，由此开启了我长达 30 年的人口学研究生涯。下面我从三个方面来介绍我和计划生育优质服务的渊源。

一　走上人口学研究的道路

我的研究生导师是中科院应用数学研究所的王寿仁研究员和安万福副研

---

* 温勇，1962 年生。1985 年毕业于北京工业学院（1988 年更名为北京理工大学）应用数学专业，理学学士。1988 年毕业于中国科学院应用数学研究所数理统计专业，理学硕士。1988 年研究生毕业后到国家统计局工作。1988～2013 年任南京人口管理干部学院副教授、教授。2013 年 10 月至今在南京邮电大学理学院工作。曾任中国/联合国人口基金第六周期、第七周期项目专家组成员，国家卫生计生委国际合作“生殖健康家庭保健服务能力建设项目”专家组副组长。先后主持国家社科基金项目 1 项、国务院第六次全国人口普查领导小组重点科研项目 1 项、国家人口计生委科研项目 4 项、国家卫生计生委科研项目 3 项、省市人口发展战略研究课题 20 多项。主编教材《人口统计学》，参与编写《管理与评估工作手册》《家庭保健服务指南》《“新家庭计划——家庭发展能力建设”项目实施与督导指南》等。

究员。记得是 1987 年下半年，王老师和安老师带我去参加国家科委组织召开的一个学术研讨会（好像在 720 所），在那里我见到了马宾、于景元、毕大川等领导和学者［后来和顾宝昌老师聊起，他也是那次（些）会议的参加者，还有肖振禹老师等］，会议的议程是讨论如何应对生育政策"开小口子"带来的人口快速增长问题。我感觉多数专家对"开小口子"的政策很不满。这是我第一次接触人口学家和人口问题，第一次听说"生育率"、"死亡率"和"人口增长"等概念。在随后的毕业论文选题时，安老师即安排我做有关生育率的研究，我的毕业论文题目是"生育函数的估计"。

1988 年 6 月 30 日，我毕业后到国家统计局报到。当时出于家庭的原因，我想返回南京工作，而国家统计局同意我自己联系南京的工作单位。一次和家人饭后散步，我在南京锁金村看到了南京计划生育管理干部学院（1991 年更名为南京人口管理干部学院），当时便想：我的毕业论文是研究生育率，是否可以到这个单位工作？回到北京后，在导师的帮助下，我去中国人口情报信息中心见到了肖振禹老师和李伯华老师，他们给学院领导写了一封信，我带着这封信来到了南京计划生育管理干部学院，先是在统计教研室当老师，讲授的第一门课是"人口分析方法"，后又教授过"人口统计学"等课程。1990 年上半年，学院人口研究所所长陶勃教授带着我和其他几位老师到江苏常熟计生委开展育龄人群计划生育服务需求调查，随后又到山东曲阜进行中国计划生育协会的扶贫项目调研；1990 年 7 月我随孙晓明教授参加了国家计生委国际合作避孕药具有效性调查。陶教授和孙教授是我走上计划生育研究的领路人。1990 年下半年，张二力司长来江苏调研，学院推荐我去参加，这是我第一次见到张二力司长。当时我的工作调动手续学院拖着迟迟没有解决，张二力司长知道后亲自和学院领导打招呼，我终于在 1991 年 4 月正式入校工作。

二　和计划生育优质服务的渊源

1991 年，国家计生委在南京连续举办了三期统计人员培训班，我担任查瑞传教授的助教,向查教授学到许多。随后我开始独立承担每年两期的地市级主任培训班"人口统计"课程的授课任务,从这时开始接触计划生育统计,熟悉了晚婚率、晚育率、计划生育率、出生人口性别比、人工流产率等指标,也了解了计划生育工作"三为主""三结合""利益导向"等内容。

1993 年前后,在一次地市级主任培训班上,来自呼和浩特市计生委的刘主任在班级讨论发言时介绍他们那里开展了一个项目,内容是计划生育与妇幼保健、寄生虫预防相结合,给老百姓家里改水、改厕,给他们的孩子检查是否有寄生虫,后来知道这个项目是国家计生委国际合作司与日本国际协力财团合作开展的国际项目,以下简称"结合项目"(Integrated Project,IP)。我当时听得很新鲜,但没想明白计划生育工作为什么要做这些事情。1996 年 8 月,国家计生委国际合作司要南京人口管理干部学院(以下简称南院)派 1～2 名教师参加"结合项目"的培训活动。我和周长洪教授在陶教授的支持下赴江苏太仓参加了"结合项目"第四周期的一次培训班,从此我和"结合项目"("结合项目"每 3 年一个周期,一直持续到 2005 年的第七周期)结缘,理解了什么是"合情合理的计划生育",如何开展"健康教育"。后来,我又陆续参加了中国/联合国人口基金第六周期、第七周期项目,中日合作家庭保健第一周期、第二周期项目等。

在 1996 年前后,我从孙晓明老师那里第一次听说了"计划生育优质服务",知道优质服务有一个"六要素"学说,但一开始体会不深,也没有关注。1999 年 8 月,学院派我赴约翰斯·霍普金斯大学参加一个培训班。有一天下午,培训班的负责人莫斯利教授告诉我,有一个中国考察团来到了约翰斯·霍普金斯大学,邀请我参加晚上在港口游船上的聚会。我十分兴奋,因为有一段时间没有机会说中国话了。晚上,我随莫斯利教授来到游船上,首先见到了我唯一认识的张二力司长,经介绍认识了顾宝昌教授、解振明教授,见到了第一批计划生育优质服务试点区县的主任们,有盐都的刘高英主任、德清的邵慧敏主任等。在船上听他们聊起了优质服务试点工作的一些情况,给我留下了很深的印象。回到国内后,我开始关注计划生育优质服务的相关工作,了解到它的一些理念和做法。

从 2003 年开始，国家人口计生委在全国开展优质服务先进县（市、区）创建活动。2003 年，我参加了江苏和浙江的优质服务先进县（市、区）的验收评估活动（评估组组长是汝小美司长，这可能是我第一次随汝司长参加活动），2004 年我去了山东，后来有一年又去了贵州。在优质服务评估现场，我能感受到各级领导对优质服务的高度重视，感受到计生干部发自内心的对优质服务的渴望和激情，感受到群众开始意识到开展优质服务的计划生育和以往的不同。几年的评估活动使我越来越深刻地认识到：计划生育优质服务是利国利民的好事，是计划生育工作转型发展的必由之路。从 2003 年开始，我在地市级主任班、各地在南院举办的培训班、我应邀到各地上课的培训班上，逢课必讲优质服务，讲优质服务的理念，讲优质服务的 33 个评估指标。可以说，我可能是全国讲授优质服务评估指标最多的人。

三 对计划生育优质服务的理解

我理解的优质服务的核心理念，就是坚持以人为本（国家计生委于 20 世纪 90 年代中后期率先提出"以人为本"的理念），坚持以服务对象为中心；工作方法强调以群众需求为导向，注重群众需求的调查、分析和应用，将群众需求作为决策和服务的主要依据；优质服务的两大重点或抓手，一是开展优质的相对需求的服务，二是在服务和管理中注重维护群众权益；计划生育优质服务涉及计划生育工作的方方面面，既涉及服务也涉及管理，是对计划生育整体工作水平的评价；优质服务是理念，更是行动。

第一批计划生育优质服务试点区县为中国的计划生育转型发展做出了重大贡献。在试点工作中探索的主要活动包括：①推进避孕方法知情选择；②改进宣传教育的内容和形式；③提供优质的技术服务；④拓宽服务领域，扩大服务对象；⑤开展群众维权活动；⑥建立良好的人际关系；⑦改革行政管理措施等。这些试点区县遵循优质服务的理念开展的这些探索性活动给整个计划生育系统带来震撼，起到了很好的带头作用和示范效应。

在总结了优质服务试点区县成功经验的基础上，张二力、解振明、顾宝昌、王铁明等领导和专家，应用逻辑框架法研究制定了我国计划生育优质服务评估指标体系，国家人口计生委从 2003 年开始采用这套指标体系对全国计划生育优质服务先进县（市、区）创建活动进行验收评估。

我第一次接触逻辑框架法是在 20 世纪 90 年代末期（具体时间记不住了），一次张二力司长（可能还有其他专家）来江苏讲授逻辑框架法，我从外地调研赶回来旁听了授课，当时没有完全听懂。后来在参加中国/联合国人口基金第六周期项目"管理与评估改革"课题组活动时，又仔细聆听了王铁明主任、解振明教授、冯庆才主任的课，才算将逻辑关系弄懂。后来在参加中日合作家庭保健第一周期、第二周期项目和中国/联合国人口基金第七周期项目时，我成了逻辑框架法的主讲教师。甚至在学院组织的支部书记培训班、团校培训班里，我都讲授过逻辑框架法。我觉得逻辑框架法非常重要，也非常实用。它是一种由问题分析入手、提出问题、解决问题并最终实现目标的科学思维方法。

2003～2007 年的优质服务评估指标体系就是应用逻辑框架法制定的。根据逻辑框架法，计划生育优质服务的内容包括：实现"三大目标"、达到"四个效果"、开展"六项活动"、落实"三大保障措施"（我把其简称为优质服务的"三、四、六、三"）。其中，要实现的"三大目标"分别是：①实现计划生育工作"两个转变"；②稳定低生育水平；③满足群众需求。要达到的"四个效果"分别为：①公民合法权益得到维护和尊重；②出生性别结构适宜；③公民获得规范的避孕节育服务和基本的生殖保健服务；④基层干部和育龄人群的能力、知识得到提高。要开展的"六项活动"包括：①依法行政，正确执法，文明执法；②创建"先进服务站"，开展以"三大工程"为重点的生殖健康推进活动；③按群众需求开展宣传教育活动和婚育新风进万家活动；④改进管理制度，加强信息化建设；⑤协会积极发挥作用；⑥政策推动。要落实的"三大保障措施"包括：①人员、机构、设施；②经费投入；③领导责任。

围绕着逻辑框架法制定的优质服务的"三、四、六、三"评估内容，一共设计了 33 个指标。其中，评估"三大目标"是否实现的指标有 3 个，评估"四个效果"是否达到的指标有 10 个，测量"六项活动"是否开展的指标有 13 个，衡量"三大保障措施"是否落实的指标有 7 个。

从第一次优质服务评估到现在已经过去了十几年，但即便从今天来看，当年制定的 33 个指标中，许多指标也非常具有先进性，可以说颠覆了传统的计划生育工作模式，极大地推动了计划生育工作的拓展转型。有些指标很有前瞻性，即使放到今天也有很强的指导意义。部分指标定义如下。

指标 3：群众满意率在 85% 以上。

指标 6：开展规范的避孕方法知情选择的村占比在 90% 以上；计划生育手术全面做到规范的知情同意。

指标 10：规范的术后和药具随访服务率达 95%。

指标 11：育龄妇女接受规范的基本生殖健康服务率达 80%，参与生殖保健活动和服务的人群中男性占比在 20% 以上。

指标 13：育龄群众对应享有的计划生育基本权利知晓率达 90%。

指标 14：执法规范、文明，程序合法，案卷齐全；信访渠道畅通，初信初访结案率在 95% 以上。

指标 15：实行流入人口与常住户籍人口同管理、同服务，服务率达 80%。

指标 18：尊重服务对象，保护个人隐私。

指标 19：提供规范的计划生育与生殖健康综合咨询服务。

指标 21：县以下不再下达人口计划，按政策生育。

指标 22：建立、实行定期汇集、分析、使用群众需求信息的制度，将群众需求作为决策的主要依据。

指标 23：实现管理信息与服务信息的连通，通过信息系统引导开展服务。

指标 25：村（居）协会定期评议计生工作，反映群众意见和需求。

指标 31：乡、村计生工作人员报酬落实率达 100%。

指标 32：坚持党政主要领导亲自抓、负总责，将人口与计划生育工作纳入本地区国民经济和社会发展计划。

2008年，国家人口计生委简化了优质服务评估指标，由原来的33个指标缩减为10个指标，由原来的对计划生育工作的全面评价改变为侧重于计划生育技术服务的评价，但指标体系中仍然保留了一些承袭之前考核内容的重要指标，例如，指标5：经常开展形式多样的宣传教育活动，群众应享有的基本权利知晓率达90%，避孕方法基本知识知晓率在85%以上；指标7：避孕方法知情选择率在90%以上；指标8：建立以群众需求为导向的决策服务机制和人口信息管理服务平台；指标10：群众对计划生育服务和作风建设满意率在90%以上。

卫生计生机构整合、生育政策调整后，国家卫生计生委于2016年开展了新一轮全国计划生育优质服务先进单位创建活动，围绕着"落实党政责任、加强部门协作、做好宣传倡导、依法规范管理、提升服务水平、完善扶助保障、强化信息支撑、巩固基层网络"等工作内容，设计了24个评估指标。其中，与2003～2007年的优质服务评估指标体系中出现过的指标定义类似的包括：指标8：创建活动形成良好氛围，群众满意度较高；指标11：对群众诉求及时协调处理，无信访积案，无重大违法行政行为；指标16：全面落实自主知情选择，避孕药具保障供应；指标24：妥善解决好村级计划生育专干的报酬待遇、养老保障等问题。

在三个版本的计划生育优质服务评估指标体系中，我最欣赏的还是2003～2007年的指标体系，其逻辑性、科学性、先进性和前瞻性都更强。虽然现在我讲述这个指标体系的机会少了，但还是会经常翻出来看看，有机会还想再讲一次。这恐怕就是在教学科研生涯中一直致力于人口研究、计划生育工作研究的一名教师的优质服务情结吧。

14

从围着"数"转到围着"人"转

王铁明[*]

我是个老"计生"啦。20 世纪 70 年代初，按照周恩来总理建议，在中西医结合工作会议期间讨论了计划生育工作，会后，1971 年 7 月 8 日，国务院转发了由卫生部军管会、商业部、燃料化学工业部送报的《关于做好计划生育工作的报告》，并由国务院批转。报告确定了第四个五年计划期间的人口自然增长率指标，提出了做好计划生育工作的几项主要措施。其中有一条是，卫生部门要在现有编制内设一个小的办事机构。为此，卫生部门有一批人被陆续调到计划生育部门工作了。当时我正在河北省武安县卫生局工作，也从武安县卫生局调到武安县计划生育办公室工作。再后来，我先后被调到河北省计生委、天津市计生委工作，直到 2004 年退休，一干就是 30 多年，一直从事计划生育工作，没改过行。

计划生育工作在很长一段时间被称为"天下第一难"的工作，真是费了老劲了。党中央、国务院多次下发关于计划生育工作的文件，有 10 多年，每年在召开"两会"期间，都要召开计划生育工作座谈会，中央政治局常

* 王铁明，1943 年生。1988～2004 年先后任河北省计生委副主任、天津市计生委副主任，自 2000 年起被聘为计划生育优质服务项目办公室专家，任中国/联合国人口基金生殖健康/计划生育项目"管理与评估改革"课题组组长。

委和各省份党政一把手都要参加，党和政府将控制人口增长指标纳入国家计划，制定了生育政策，将计划生育列入国家的根本大法。1980 年党中央发出《关于控制我国人口增长问题致全体共产党员、共青团员的公开信》，1982 年党的十二大报告正式把实行计划生育确立为我国的一项基本国策。要求党政一把手亲自抓、负总责，层层签订计划生育工作目标管理责任书。好多部门都羡慕我们计划生育部门，领导重视、工作力度大。实际上，上至各级领导，下至基层干部，包括广大育龄群众都付出了艰辛的努力和巨大的代价。成绩是明显的，但是我们付出的代价也是巨大的。当时衡量计划生育工作成效的有两个重要指标，一个是人口出生率，另一个是计划生育率。而且有一种错误看法，认为人口出生率越低越好，而且还要逐年下降，计划生育率越高越好，而且还要逐年上升。在这种背景下，违背人口规律的指标随之而来，弄虚作假、统计不实成了常见病、多发病，以行政干预为主的工作方法和强制性手段致使干群关系日趋紧张。

实际上，人口出生率不可能逐年下降，计划生育率也不可能无限制上升。计划生育走到这一步，后面的路怎么走，成为计划生育实际工作者必须认真思考的问题。就在这时，1995 年，国家计生委规划统计司司长张二力开始筹备优质服务试点的选点工作，听说这一消息后，我很兴奋，很希望天津市和平区能成为试点，在国家指导下探索出一条新路来。但终因试点区县名额有限（第一批只有 6 个区县），没能如愿，情急之下，冒出一句 "不带我玩儿，我自己玩儿" 的话来。虽然是句玩笑话，却引起计划生育优质服务项目办的重视，1997 年天津市和平区被选为第二批试点区县，我也加入了计划生育优质服务项目办的专家组，一直参与 "管理与评估改革" 课题组活动，受益不少。

在探索计划生育管理与评估改革时，我们把研究重点放在管理的首要环节——制订工作计划上，提出的第一个问题就是：依据什么制订工作计划？为此，我们做了一个问卷调查，根据制订工作计划的依据，设计了 11 个要素，要求被调查的 5 个试点区县按照自己的实际，对 11 个要素的重要程度进行排序，结果被调查的 5 个区县惊人的一致，把 "人口目标" "上级要求""本级政府要求"排在前三位。而"群众需求"都没有被放在重要的位置，2个区县把它放在第六位，2个区县把它放在第七位，1个区县把它放在第十位。

国家计生委在启动优质服务试点时强调，优质服务的根本目的是满足群众在计划生育和生殖健康方面的需求。为此，必须树立"以人为本，以群众需求为中心"的理念。制订工作计划，首先必须把握群众的需求，了解群众在想什么，需要什么，如何才能使群众满意。可当时的实际情况是关注怎么把人口过快增长的势头尽快降下来，重点是人口出生率和计划生育率，而且对指标的制订存在误区。很多地方计划生育率的实际水平在60% ~ 70%，可有的地方急于求成，有的地方盲目攀比，把计划生育率定在80%以上，甚至90%以上。而且年终按此考核，兑现奖惩。考核是个"指挥棒"，各项工作都要围着"指挥棒"转，年初定计划，计划生育率是硬指标，基层干部一年到头就把主要精力放在可能影响计划生育率的计划外怀孕的人身上。尽管如此，追了一年的"大肚子"，忙乎了一年，年底也未必能完成人口计划。完不成人口计划是要挨批的，甚至是要丢"乌纱帽"的，所以，出现弄虚作假、虚报、瞒报增多的局面也就可想而知了。年底考核时，有的人还跟我保证说："王主任，您放心，我们宁肯丢掉'乌纱帽'，也不说一句瞎话。"我说："谁也不想丢掉'乌纱帽'，应该改成'实实在在上水平，不用说一句假话'才对。"现在还要加上一句，盲目追求高指标，脱离实际，互相攀比，害人害己。计划外怀孕终究是少数人，把主要精力放在少数人身上，反而忽略了为认真执行计划生育的大多数人服务。

计划生育工作思路和工作方法"两个转变"的提出，标志着以人口控制为中心的计划生育开始转向以服务对象为中心，也就是说以单纯完成人口计划、控制人口过快增长为主要内容的计划生育工作应该过渡到为育龄群众提供全面、优质服务的轨道上来。必须从围着"数"转，转变到围着"人"转、围着"人的需求"转。

围着"人的需求"转，就不能单纯把育龄群众作为管理对象，而应该作为服务对象。这是个管理理念问题。当时有件事我至今记忆犹新。有个区计生委主任带领一个检查组到基层检查避孕节育措施的落实情况，进村后，村干部用大喇叭广播招呼育龄妇女到村活动室接受检查，有位妇女进门后随意说了句："不是前两天刚检查完了吗，怎么大喇叭又喊呀！"在场的一名村干部听后不乐意地说："你哪儿那么多事，叫你来，你就得来，叫你什么时候来，你就得什么时候来。"这引起了我们这位区计生委主任的反思，他向我讲述了这件事并问我："这个村干部这么说对吗？"我听了之后很高兴，这事儿反思得好！说明我们的干部观念在转变。

围着"人的需求"转，就是以服务对象为中心，为满足他们的需求开展服务，而不是从管理的需要出发搞服务，用管理的方式开展服务。当时有个地方宣传教育搞得很认真，建立了培训教育制度。我们和老百姓座谈，征求他们还有什么意见，他们说这样的培训课他们都听了好多遍了，不听了行吗，最反感的是，每次听了课还得考试。通过座谈了解到，有的村规定，听课要记考勤，缺勤扣分，考试有要求，必须达到多少分。这不就是为了管理搞服务，用管理的方式开展服务吗？搞优质服务，这样的培训教育就得改。讲大课、集中培训的方法可以搞，但培训什么内容、采取什么讲授方式、授课人和育龄群众如何互动，事前都应该有周到细致的考虑，应该避免一个人讲大家听和考试记分的方式。最好的办法还是一对一地讲解，以单个咨询的方式，有的放矢地解决育龄群众遇到的问题。不少地方这样改了以后，很受群众欢迎。

以服务对象为中心，必须牢记育龄群众是计划生育的主人，作为管理者考虑更多的应该是如何规范自己的行为，而不是为育龄群众制定各种行为规范。知情选择是开展优质服务的核心内容，但一些地方怕避孕节育措施不落实，人口失控，制定了一些制约措施，如交押金、签协议、写保证书、找担保人。开展知情选择群众是欢迎的，但如果又增加了一些制约措施，就回到老路上去了。反倒是应该为管理者制定好行为规范，作为管理者和技术服务人员应该思考怎么做才能保证育龄群众在真正知情的基础上自主地选择适合自己的避孕措施。

以人为本，以服务对象为中心，必须充分尊重和维护广大育龄群众的合法权益，保护好他们的隐私。在开展优质服务以前，我们往往忽视群众的合法权益，侵权的事时有发生，群众的隐私也不能得到很好的保护。建立"悄悄话室"是开展优质服务以后出现的新事物，本意是为育龄妇女和服务人员倾谈创造一个良好的环境，但使用效果并不理想，建立"悄悄话室"仅仅成为开展优质服务的一个标志。咨询室内往往是挤着一群人，反而让有些想说的话难以启齿，何谈保护隐私。村务公开是实行民主监督的好办法，但公开什么、如何公开要认真研究。有的地方把育龄妇女的避孕节育措施公开上墙。有位育龄妇女避孕方法采用体外排精法，公开上墙后，小孩子们见她就喊"×××体外排精"，弄得她特别尴尬。所以避孕节育措施上墙真不是个好办法，这是开展优质服务之前，从管理的需要出发，让管理者看的、让领导看的。开展优质服务以后，很少有地方再搞这种公开上墙了。

实现工作思路和工作方法的转变，关键是观念的转变。优质服务的核心是以人为本，建立这种理念的基础是关心人、理解人、尊重人，应该"将心比心""己所不欲，勿施于人"。要以优质的服务来赢得群众的拥护，使他们高兴和满意。而且要把优质服务的理念贯穿到管理的全过程，将群众满不满意作为衡量我们工作的唯一标准。

在开展优质服务以前，对计划生育工作的评估考核是和目标管理责任制挂钩的，当然，也是和奖惩紧密挂钩的，因此，评估考核成为推动工作的"指挥棒"，往往造成考核什么就重视什么。因为评估考核关系领导荣辱升迁，关系"一票否决"，考核者与被考核者形成对立面，双方坐不到一条板凳上，考核氛围紧张，过分计较得分，问题不易暴露，数据容易虚假。另外，省、市、县、乡层层都要搞考核，特别需要指出的是，为了应付上级的考核，还要用层层考核保考核，接受上级考核前先要对下级考核一遍，心里才能踏实，结果是苦了最基层。而且，在认识上还有误区，认为工作年年有进展，指标就应该年年有提高，还有的地方为了确保完成上级的要求，加大"保险系数"，指标层层加码。在考核方法上的习惯做法是清点设备、问卷调查、核对数据、查验账卡，对考核结果注重横向比较、缺乏分类指导。关于评估考核存在的以上弊端成为我们改革路上的拦路虎。要改，但是要怎么改？正当我们为此发愁的时候，计划生育优质服务项目办公室聘请的中外专家发挥了作用。计划生育优质服务项目办公室为我们课题组聘请的外国专家有国际人口方案管理委员会执行主任萨迪亚博士，中方专家有国家计生委规划统计司司长张二力，中国人口与发展研究中心副主任、研究员解振明。当解振明研究员了解到我们"管理与评估改革"课题组遇到难题以后，及时与张二力司长和萨迪亚博士研究如何帮助我们解决难题。可巧的是两位专家都给我们推荐了逻辑框架法，张司长从他弟弟张三力（清华大学教授）那里拿来了张三力编著的《项目后评价》一书，萨迪亚博士及时给我们课题组培训了逻辑框架法及其应用。既给我们解决了改革中的难题，又使我们增长了知识，真是受益匪浅。国家计生委这种专家、学者和实际工作者相结合组建课题组、搞试点的办法真是个好办法。关于逻辑框架法，经过一段时间的学习和实践，对它的理解和认识越来越深了，后来，我们看到有的县、乡在制订计划、评估考核中都能很好地对这种方法加以应用。

逻辑框架法是国际组织常用的一种开发项目设计、编制工作计划和考核评估的工具，或者说是一种科学思维方法。它提供了一种综合、系统地研究和分析问题的思维框架，揭示了项目或工作的目标、效果、活动和投入保障等层次的纵向逻辑关系。同时，它又展示出各层次的具体内容、客观测量指标、测量手段、风险假设等横向逻辑关系。开始，我们对有些概念搞不太清楚，后来，在专家的指导下，通过实践摸索，才逐渐搞明白。在对逻辑框架法有了初步认识和基本了解后，我们就大胆实践，在应用中不断提高，练习得多了，我们和专家有了共识，逻辑框架法确实是个好方法。我们的体会是：在编制工作计划、进行评估考核和从事课题研究时运用这种逻辑思维方法，考虑问题会比较全面、比较周到，不容易漏掉一些细节；对各层次的关系比较清晰，做事情目标更明确；用这种方法把编制计划与评估考核紧密联系起来，不会再形成工作和考核两张皮，使评估考核真正成为发现问题、研究问题、解决问题的过程，实现了评估考核的本来意义。

总之，开展优质服务使我们眼前豁然一亮，这不就是我们要找的新路子吗！这样干下去，群众欢迎，老百姓高兴，只是对我们计划生育工作者提出了更高的要求，还是我们常说的那句话，不仅要想服务，还要会服务、能服务。你觉得你的知识、能力和水平能适应开展优质服务的需要吗？如果不适应，那就赶紧缺什么补什么。你心里装着群众，你的付出就会换来群众的满意和拥护。

15
推进优质服务的曲折经历与体会

冯庆才[*]

1985 年，我由青岛市人民政府文教卫生办公室调到青岛市计生委任副主任。1985～2010 年，我一直工作在计划生育第一线。其中，2002 年，根据青岛市人民政府的有关规定，我可以离岗待退。这时，时任国家计生委国际合作司司长赵白鸽、规划统计司司长张二力和中国人口与发展研究中心研究员解振明都邀请我加入计划生育优质服务项目办公室工作。

到计划生育优质服务项目办公室以后，我最深刻的感受就是，从一只坐井观天的青蛙变成了一只在天空飞翔的海鸥。过去我也参加过国家计生委组织的优质服务培训，也到过一些优质服务试点单位参观学习，但毕竟视野很窄，看问题的深度有限，因此，思路也很局限。到计划生育优质服务项目办公室以后，在国家计生委专家和领导的具体指导下，参与了国家计生委优质服务有关文件的起草、实施和对全国优质服务开展情况的调研、培训、检查、评估验收以及有关优质服务书籍的编写等工作。我跟着张二力、解振明和顾宝昌老师学到了许多理论和知识，视野不断拓宽，思路不断创新，因

* 冯庆才，1946 年生。1981 年毕业于山东医学院（1983 年更名为山东医科大学，2000 年并入山东大学）医学系。1985 年由青岛市人民政府文教卫生办公室调到青岛市计生委任副主任，1995 年后主要负责青岛市计划生育优质服务试点工作。2002～2010 年被聘为计划生育优质服务项目办公室和中国/联合国人口基金生殖健康/计划生育项目专家组专家。

此，我亲切地称他们为老师。在他们的精心指导下，我从一名知识贫乏的普通计划生育工作者，逐步成长为优质服务项目的专家。

在从事计划生育工作的过程中，我经历了青岛市乃至全国计划生育的时代变迁和风风雨雨。目前虽然退休了，但是每当想起在计划生育优质服务项目试点和推广中感触最深的几件事，仍觉历历在目，时常唤起我终生难忘的回忆。

一　接受试点任务

1995 年年初，以时任国家计生委规划统计司司长张二力为组长的计划生育优质服务试点选点小组来到青岛市选点，经青岛市计生委党组研究，决定推荐当时被评为省级计划生育红旗县的即墨市作为候选单位。在汇报会上，面对国家计生委选点小组的领导们，我心里直纳闷。我到计生委工作 10 年来，也接待过国家计生委的不少领导，从来没见过这么多人、这么多司局级领导组成的调查组，心里不免直犯嘀咕。我重点汇报了青岛市和即墨市计划生育重点指标的完成情况，还没等汇报完，就被张二力司长打断。他当时的谈话主要意思是：计划生育工作不能只围着考核指标转，不能只考虑对育龄妇女如何实施严格的管理，今后你们的工作能不能考虑为育龄群众做点什么，能否为育龄群众提供点服务。当时我听完后虽然不太明白，但国家计生委想选一部分地区搞计划生育改革的意图十分明显。

汇报会后，我和当时的青岛市计生委主任李曰坤召集即墨市副市长梁友全和计生委主任衣服平开会进行了反复研究，当时大家都意识到搞优质服务试点存在很大风险。即墨市党委政府经过慎重研究，决定接受计划生育优质服务的试点工作。青岛市计生委党组同时决定由我全面负责计划生育优质服务试点的规划制定、工作实施、经验总结和全市推广，李曰坤主任在试点最艰难的起步阶段对我的工作给予了大力支持。当时陪同国家计生委选点小组的是省计生委副主任孙爱玲，她当时就说，坚决支持即墨市承担试点任务。如果即墨市试点成功了，不但可以为山东省提供经验，还可以为全国探索一条计划生育的新路子。如果试点失败了，一个即墨市的计划生育滑坡，对山东省 100 多个县来说，不会产生大的负面影响。而且明确表态在试点期间省计生委对即墨市只搞调研，不列为对青岛市的考核单位。在省计生委的大力支持下，即墨市接受了优质服务试点的任务。

现在回头看，在省市计生委的大力支持下，在衣服平、于爱善、玄相辉等历届即墨市计生委主任的努力下，即墨市的优质服务试点工作取得了显著的成效，为全市乃至全国提供了切实可行的、能够复制的成功经验。即墨市在试点过程中主要进行了四个方面具有开拓性的计划生育改革：一是在部分乡镇试点的基础上在即墨全市开展了避孕方法的知情选择；二是用 3 年时间停止征收并全部退还了群众反映强烈的避孕节育押金；三是为了给育龄群众提供优质的技术服务，实施计划生育服务站和妇幼保健站"两站合一"，建立完善了计划生育的服务硬件设施并按照优质服务"六要素"的要求为育龄群众提供优质的生殖健康服务；四是在联合国人口基金和优质服务项目办专家指导下，根据群众需求，运用逻辑框架法制订工作计划并组织实施。

二 计划生育优质服务在青岛全市推广

1998 年，青岛市妇联主席栾景裘同志调任青岛市计生委主任。她到任后，感到计划生育工作的有些做法不妥。经请示山东省计生委同意，她决定在青岛市全面推广即墨市的优质服务试点工作经验。青岛市计生委在青岛工人温泉疗养院举办了为期两天的计划生育优质服务培训班，主要由我介绍了计划生育优质服务"六要素"学说和顾宝昌教授的"想服务、会服务、能服务"的理念。我分析了青岛市计划生育工作中存在的主要矛盾和问题，并组织讨论如何通过优质服务来解决这些问题。讨论过程中，在与会的十多名处长和十多名计生委主任中，只有三名处长和一名县计生委主任支持我的意见，大部分人担心，还有个别人强烈反对。栾景裘主任认为计划生育工作中的某些粗暴的工作方法与妇联倡导的维护妇女合法权益大相径庭，会上明确表态坚决支持在全市全面推广即墨市优质服务工作的试点经验和做法。自此，计划生育优质服务工作艰难地在全市逐步推开。

我在培训班上分析了全市计划生育工作中存在的主要问题，这些问题也成为我在抓全市计划生育优质服务工作中的改革重点。这些问题至今让人记忆犹新，当时心里有些甜，但更多的是苦和辣。甜的是计划生育优质服务终于可以在全市铺开了；苦的是我这么苦口婆心地讲，大多数人还是不理解，认为计划生育部门就是管群众的，而且管得越细越好，以完成上级下达的人口计划和落实目标责任为工作目标；辣的是在这种状况下，有人竟连讽带刺，设置障碍，极力阻挠。我意识到要在全市铺开计划生育优质服务工作，荆棘丛生，任重而道远。

我们在全市开展优质服务所面临的问题主要集中在两个方面。我成为优质服务项目办的专家后，回头来看，青岛市面临的这些问题，也是全国计划生育改革的重点。

（一）为满足群众生殖健康的需求，实施计划生育服务站和妇幼保健站"两站合一"

随着计划生育优质服务的不断发展，国家提出了为育龄群众提供生殖健康服务和满足群众生殖健康需求的新要求。随着避孕方法知情选择的不断深入发展，选择结扎手术的人越来越少，像即墨这样一百多万人口的县级市，一年当中选择结扎手术的育龄群众寥寥无几。计划生育服务站被原来的业务所局限，除了为育龄妇女放取环、开展计划生育政策宣传和咨询以及发放避孕药具外，难以为育龄群众提供更多的生殖健康服务，因此，也难以满足群众日益增长的生殖健康需求。之所以想到"两站合一"，主要出于两种新情况的考虑：一是按照国家规定，凡是从事医疗行为的机构，必须有卫生行政部门颁发的卫生执业许可证，从事卫生医疗工作的人员必须持有卫生行政部门颁发的执业资格证。由于当时卫生部门与计划生育部门工作方面的不协调，卫生行政部门拒绝给计划生育服务站发放上述两证。二是计划生育服务站的技术人员在职称晋升方面也遇到了极大的困难。计划生育部门没有职称晋升的评委会，计划生育服务站技术人员的职称晋升依赖卫生部门代为评审，因此，计划生育技术服务人员的晋升完全由卫生部门控制。基层计划生育技术服务人员怨声载道，高级职称人员不断流失，计划生育服务站很难拓宽服务范围。

2000年6月，我们分管计生和卫生工作的臧爱民副市长带着我和当时的卫生局局长刘志远到基层调研，在中午一起吃饭时，我提到生殖健康的概念和如何为群众提供服务时，我开了句玩笑："刘局长，要不把妇幼保健站给我吧。"刘志远局长和我原来都是一个医院的内科医生，我们俩同一天调到卫生局工作。臧爱民副市长恰巧是当时我们俩的领导——市卫生局党委书记。刘志远听了我的话，毫不客气地说："把所有医院都给你吧！"我们俩你一言我一语地吵了起来，臧爱民副市长等我们俩吵得差不多了，忽然说："你们哥俩别吵了。要不这样，我们不下文件，请各市区党委、政府自己决定妇幼保健站和计划生育服务站归谁管。你们俩再共同商量个管理办法。反正计划生育服务和妇幼保健服务都要搞好，如果搞砸了，我找你们哥俩算账。"调研完后，我把分管副市长的意见分别向各市区进行了传达。从2000年下半年到2001年，青岛市农村地区先后实施了计划生育服务站和妇幼保健站"两站合一"。

"两站合一"出现了两种模式：即墨、胶南、胶州、平度、莱西、城阳6个以农村人口为主的区县选择了归计生委领导；崂山、黄岛两个近郊区在机构改革中计生和卫生行政机构合并（就像后来的卫生计生委），"两站合一"后归区计生卫生局领导。

"两站合一"后，由当地党委政府牵头，卫生局和计生局共同协商，挂"计划生育和妇幼保健院"的牌子，对人员和科室设置进行了重新安排，制定了既符合妇幼保健要求又为育龄群众提供生殖健康服务的制度和职责，同时还制定了考核标准。"两站合一"后，实现了计生卫生的资源共享、优势互补。计生工作充分依托卫生部门的设备、人员和技术服务力量雄厚的优势，为群众提供生殖健康服务，满足了群众对生殖健康的需求；妇幼保健工作也借助计划生育部门基础网络健全的优势，补上了村级妇幼保健工作无人管的短板，使产后随访等妇幼访视工作落到了实处。"两站合一"为计划生育优质服务工作和妇幼保健工作增添了活力，形成了覆盖婚前、婚后、孕前、孕中、分娩、产后，涉及婴幼儿保健、儿童预防接种、妇女常见病的普查与治疗、计划生育的四项手术、男女生殖健康的宣传咨询和健康教育、0～6岁儿童保健系统化管理和服务、病残儿童母亲优生优育二胎的教育和管理、不孕不育症的诊治以及手术并发症的鉴定和诊治等系列化的服务，满足了群众生殖健康需求，计划生育生殖保健和妇幼保健工作相结合，群众满意率大大提高，满意率在95%以上。"两证"问题和计划生育技术服务人员的职称晋升问题也迎刃而解。群众由于得到了很好的服务，也由对计划生育工作的不满变为感谢，从而自觉遵守计划生育政策，计划外生育大大减少，有效推进了计划生育的健康发展。有位妇女在健康查体中查出了乳腺肿瘤，得到及时救治。她拉着村计生主任的手感激地说："幸亏你们组织我参加了健康查体，否则后果不堪设想！"

（二）考核评估是一把双刃剑，要把促进优质服务的有利因素最大化，并避免其副作用

考核评估从20世纪80年代末就被引入计划生育工作中。在开展计划生育工作的初期，这个"指挥棒"发挥了巨大的作用，促进了计划生育工作的开展。当各种管理办法和考核指标过度精细化后，它的弊端便越来越明显。为了完成人口控制的考核指标，计划生育部门只考虑如何把育龄群众管住，如何尽量减少计划外怀孕和出生。开展计划生育优质服务后，考核指标有了一个巨大的转变，不再过分强调人口控制指标，而是考核计划生育部门为育龄群众做了哪些实事，开展了哪些服务，群众的满意度如何等。但是在计划生育优质服务刚刚推广的初期，由于基层计划生育干部的思想观念尚未转变，往往推广起来就很困难。

我印象最深的有两件事。第一件事是在推广避孕方法知情选择的初期，青岛市各农村区县都存在畏难抵触情绪，拒绝开展避孕方法知情选择。我实在没有办法，就把知情选择纳入考核，考核指标是每个农村区县必须至少有一个村开展知情选择试点，然后逐步推广到乡镇，凡达不到的就扣分。于是，各区县采取措施，打破乡镇界限，选择本地区多年无计划外生育的村率先开展知情选择，总结经验后再全面推开。第二件事就是服务站的标准化建设和规范化管理。我提出了要加强服务站的标准化建设和规范化管理，并将其纳入年终考核评估，且占有很大比重。当时采取了两个办法：第一，将服务站标准化建设和规范化管理的标准印发各区县，于次年评选乡镇优秀服务站并给予奖励；第二，我当时向青岛市财政局申请了每年60万元（20世纪90年代的60万元和现在的60万元可不是一个概念）的经费，作为对每年评选出的乡镇优秀服务站的奖励资金。这两种措施并举，大大调动了各区县改造或新建服务站的积极性。2~3年时间，镇级服务站基本实现标准化、规范化，包括服务站的选址、布局、人员配备、人员工资、仪器设备、手术室流程、无菌观念、医疗废弃物的处理、病历的书写、知情选择同意书的签订、监督台的设立以及严格执行卫生部规定的手术操作程序等。这一措施的实施，大大提高了服务能力，保障了广大育龄群众的身心健康。山东省计生委曾分别在青岛市召开服务站建设现场会和全省技术服务工作会，提出包括省计生委在内的计生委班子中必须配备一名有医学背景的领导，并纳入了对山东省各地市的考核。由此也说明，要充分发挥考核评估的有利因素，让这个"指挥棒"最大化地促进优质服务的发展，让考核评估的负面效应最小化，避免强迫命令、弄虚作假，保障计划生育工作的健康发展。

三 开展计划生育优质服务的感想与体会

（一）建立科学的计划生育优质服务评估体系是计划生育优质服务健康发展的有力保证

2002年，我刚到计划生育优质服务项目办公室工作，接到的第一个任务就是按照逻辑框架法制定计划生育优质服务先进县（市、区）创建活动的评估指标体系。制定评估指标体系的主要依据是国家计生委提出的"六好"创建目标,即"领导重视好、政策导向好、依法行政好、服务质量好、民主管理好、队伍作风好"。要把"六好"创建目标和建立新机制的要求具体分解为可操作、可量化的指标。按照逻辑框架法的基本要求,我们把"六好"的具体要求分解为目标、效果、活动和投入保障四个层次,共制定了108个指标。2002年10月,时任国家计生委副主任兼优质服务领导小组组长赵炳礼和国际合作司司长赵白鸽在云南大理召开了由浙江、江苏、四川、贵州、上海、黑龙江、辽宁、甘肃等八个省份计生委一把手参加的中西部地区优质服务座谈讨论会。会上,大家针对优质服务评估指标体系进行了认真热烈的讨论。基本分为两种意见,大多数主任认为作为国家级评估,指标不宜太多,要便于操作,应该精简指标,给各省份留有余地,各省份再按照具体情况,根据国家制定的评估指标建立适合当地的指标体系;个别主任提出,国家计生委应该给基层松绑,取消统一的国家级评估指标体系,由各省份根据自己情况制定考核评估指标。最后,赵炳礼副主任决定:为促进计划生育优质服务在全国的健康发展,必须制定国家级优质服务评估指标体系。根据大家意见,让计划生育优质服务项目办公室回去继续修改,并将修改稿发各省份计生委和国家计生委各司局征求意见,然后以国家计生委的名义下发正式文件。座谈讨论会回来后,在张二力和解振明老师的具体参与和指导下,对优质服务评估指标合并同类项,把评估指标减少到50个。在征求各省份意见后,又把评估指标减少到30个。在征求国家计生委各司局意见时,各司局都很重视,为突出本司局工作的重要性,都想增加本司局的评估指标。最后经优质服务领导小组集中各省份和各司局的意见,确定国家计生委优质服务先进县(市、区)评估指标共计33个,并于2003年2月10日以国家计生委正式文件下发各省、自治区、直辖市计生委,计划单列市、新疆生产建设兵团计生委,解放军、武警部队计划生育领导小组办公室执行。

国家计生委优质服务先进县(市、区)评估指标体系文件下发后,各省份都根据自己的实际,制定了本省份的评估指标体系。这一措施大大推动了全国计划生育优质服务的开展，成为落实"三个代表"重要思想的一面旗帜。后经国务院对各部委办检查评比加以整理，成为国家计生委经国务院同意保留下来的一项评比检查项目。

在云南大理召开的中西部地区优质服务座谈讨论会是计划生育优质服务之花开遍全国的一个重要里程碑。首先，会议明确表达了国家计生委通过评选优质服务先进县（市、区）在全国全面推行计划生育优质服务的意图和决心；其次，评估指标体系让基层明确了在创建国家级优质服务先进县（市、区）过程中要达到的预定目标是什么，为实现预定目标，主要抓什么、怎么抓，为了取得优质服务先进县（市、区）荣誉称号，在人员、机构、设施、经费投入等方面要开展哪些工作以及党委、政府要承担怎样的领导责任并提供哪些保障；最后，通过优质服务先进县（市、区）的创建活动，优质服务的"以人为本，以服务对象为中心"理念在全国各省份普遍得到认可并落实，计划生育优质服务通过创建活动，在试点的基础上，很快在全国各地迅速推广。这次创建活动中，在云南大理召开的中西部地区优质服务座谈讨论会功不可没。

（二）计划生育优质服务的试点和推广，阻力主要来自计划生育系统内部

计划生育优质服务的试点和推广并不是一帆风顺的，应该说经历了风风雨雨的艰难历程。在试点和推广过程中，优质服务试点的经验告诉我们，只要当地计划生育部门给党委、政府当好参谋，就会得到党委、政府和有关部门的大力支持，优质服务就可以健康顺利地开展。如果计划生育部门的领导本身就对计划生育优质服务有抵触情绪，优质服务的开展就不可避免地会陷入两难的境地。即便投身计划生育优质服务的同志满怀热情地从事试点和推广工作，可是受到持不同观点的同行的阻挠甚至打击，计划生育优质服务就很难开展下去，即便开展了也很难坚持下去。来自计划生育系统内部的阻力主要分为两种：一种是担心开展计划生育优质服务后，计划生育工作水平会滑坡，完不成上级下达的人口控制指标，由此而产生一些不同意见；第二种

是出于个人目的，官本位思想严重，工作中独断专行，嫉妒心很重，争强好胜，容不得不同意见，于是便对优质服务的开展设置障碍，极力阻挠优质服务的推广。

他们认为优质服务试点地区的计划生育工作水平就应该比不搞优质服务地区的工作水平高，但他们的考核标准不是看开展优质服务试点为老百姓做了多少实事，而是仍然用人口控制指标来衡量工作水平。主要手段就是利用各地统一的考核指标考核试点工作，例如人口出生率、计划生育率、计划外多孩率、超生费的征收率等，并用最终考核得分结果进行排队。试点区县按照开展的工作实事求是地汇报，最终的考核结果可想而知，试点单位计生委主任的下场也可想而知。而那些弄虚作假、瞒报漏报的单位，不但得到表扬，而且领导也得到不断晋升。

在优质服务先进县（市、区）创建活动中，个别省份计划生育部门领导对优质服务的意义及内涵在认识上有偏差。例如，西部地区有的省份在开展避孕方法知情选择过程中，采取"你知情，我选择"的办法——虽然向育龄群众宣讲了各种避孕方法，名义上让你知情，但选择权却掌握在计划生育干部手中。根据当地规定，该放环的仍要放环，该结扎的仍要结扎，育龄群众根本没有选择权；有的地方"放水养鱼"，平时对育龄妇女根本不管不问，不提供任何服务，待育龄妇女计划外生育后，向其征收超生费。我到过一个县，县里每年征收的超生费占该县同期财政收入的30%，超生费成为当地财政收入的重要来源；还有的县在创建活动中，领导提出"大干三个月，争创国家级优质服务先进县"的口号，因此，不是踏踏实实做工作，而是做表面文章，各种活动都贴上计划生育优质服务的标签；还有的省份计生委的领导或处长，对优质服务试点单位存有成见，抱着"秋后算账"的心态："等优质服务试点结束后再和你算账！"

计划生育优质服务的试点和推广可谓"星星之火，可以燎原"，但在"星火燎原"的过程中，有些人因为有不同意见，总想把星星之火扑灭。计划生育优质服务每前进一步，这些敢于改革的计划生育干部在搞好优质服务的同时，还要克服来自计划生育系统内部的各种阻力，是多么地不易。每当回忆起这些辛酸的往事，心情就难以平静。我们要感谢并记住那些在优质服务岗位上奋力拼搏的同志，我想这也是撰写和出版本书的目的之所在吧。

（三）优质服务只有起点，没有终点

自 1995 年开展计划生育优质服务试点以来，计划生育优质服务"以人为本，以服务对象为中心"的理念逐渐被广大计划生育干部所接受，不但促进了优质服务试点的成功和推广，也为今天的计划生育工作奠定了坚实的基础，提供了可资借鉴的宝贵经验。今天的计划生育已从"一对夫妇只生一个孩子"逐渐转变为"一对夫妇生两个孩子"的政策，合国情，顺民意，得到了广大群众的拥护和支持，降低了计划生育工作的难度。今天的生育政策之所以能够逐步完善，与昨天开展计划生育优质服务试点有密不可分的关系，明天的计划生育工作仍然离不开优质服务的理念。这完全符合习近平总书记"执政为民"的要求。所以计划生育的昨天、今天和明天都承载着优质服务的理念，并载入中国计划生育的史册。

我从事计划生育工作 25 年，每当回忆起计划生育优质服务开展的美好时光，总是心潮起伏，久久不能平静。每当回顾开展计划生育优质服务工作中的种种事件，仍然历历在目，难以忘怀。上面提到的几件事情，成为我的永久回忆。在这既漫长又短暂的 25 年中，我把人生最好的年华献给了计划生育事业，尤其是优质服务工作，我既感到自豪，更感到无悔。

计划生育优质服务只有起点没有终点，在今后的计划生育工作中，不管政策如何变化，现在仍战斗在计划生育一线的战友们会不断学习，不断探索，不断实践，不断完善，在发展中创新，在创新中提高，把优质服务"以人为本，以服务对象为中心"的服务理念发扬光大，我国的计划生育工作一定会提高到一个新水平。

16

中西部优质服务项目促进边疆高校学科建设

张开宁[*]

　　参加中西部地区计划生育优质服务示范工程项目（以下简称中西部优质服务项目）对我而言是一件可遇不可求的事情。1999 年计划生育优质服务项目办公室在总结东部地区优质服务试点工作的成功经验后，建议在中西部地区开展优质服务的试点工作，以回答在经济欠发达地区能否开展计划生育优质服务的问题。建议一经提出，我就满口答应："我们来承担优质服务向中西部地区拓展的试点项目。"

　　在中国中西部地区开展计划生育优质服务利国利民，但也面临着巨大挑战。我特别看重的是，试点项目应当成为昆明医学院学科建设的一个重要机遇。它是计划生育优质服务成功经验向中西部地区的拓展，本身就有很强的合作特质。当时，生殖健康优质服务在国际上也是很新的领域。我们学科点

　　* 张开宁，1949 年生。昆明医科大学二级教授、博导。自 2001 年起参与"中西部地区计划生育优质服务示范工程项目"，2001～2004 年，任国家计生委科研所社会医学研究中心主任。2003～2007 年，任中国协和医科大学（2007 年更名为北京协和医学院）与中国疾病预防控制中心兼职博导。1994 年至今，任云南省生育健康研究会（2007 年更名为云南省健康与发展研究会）专家委员会主任。1996 年创办昆明医学院（2012 年更名为昆明医科大学）健康研究所并任所长，直至 2009 年 12 月退休。其后，持续担任联合国人口基金和联合国儿童基金会的专家、顾问，并任中山大学人类健康与发展研究中心副主任及客座教授，以及昆明医科大学老教授协会副主席。

是社会医学与卫生事业单位管理。1995～1997 年，我们已和原卫生部国外贷款办密切合作，在世界银行与中国合作的中国农村贫困地区基本卫生服务项目中开展了若干工作，培养了一批研究生，我还带着自己的第一个研究生去世界银行进行了交流。中国东部地区优质服务项目的试点成功，在国际生殖健康圈子里引起了强烈反响。这个项目的开展是名副其实的破冰之旅，困难之大可想而知。但是项目组用既生动又朴实的语言，把最复杂的优质服务和管理当中的深奥道理表达出来并深入人心。比如，"寓管理于服务之中"；再比如，"想服务、会服务、能服务"，堪称管理科学当中的成功典范，使我们学科点激动、着迷。当时，国内大多数人认为，计划生育在中国是一项国策，只要按规定做就行了，无非就是要求老百姓按政策规定去执行计划生育，谈什么优质服务呢？对此，我却有不同的看法。参加中西部优质服务项目可以说是一个契机，将给我们昆明医学院的硕士学位点带来新鲜空气。

早在 1992 年，我在剑桥大学留学期间，在大学图书馆发现了世界卫生组织全球生殖健康双年度报告。从那时起，我就一直跟踪全球生殖健康动态。1995～1998 年，我在泰国玛希隆大学（Mahidol University）做教授时，也曾为研究生讲授过生殖健康优质服务的概念和方法，却一直没有发现中国自己的案例。当时，国家计生委已经在中国东部发达地区部分区县成功进行了试点，并取得了实质性的突破，这令我欣喜不已。而我们面对的问题是，中西部地区计划生育工作基础差、条件艰苦，能不能也像东部地区那样，做好计划生育优质服务呢？这是摆在实际工作者和理论研究者面前的一道难题。我所在的云南省生育健康研究会和昆明医学院健康研究所是世界卫生组织（WHO）的生殖健康全球培训中心之一，我们当然责无旁贷，理应参与这项伟大实践。同时，这也是对我们学科建设的重大检验：理论接不接地气？懂不懂中国的实际？

说到学科建设，我不禁回想起自己留学回国的一幕。1993 年年初，我从剑桥大学回国，当时的国家教委给了我一个机会：申请回国留学人员科研启动经费。记得我是在大年初三登上回国航班的，那时回国的人非常少。我国驻英使馆还派了一部车送我到机场，使我感到特别温暖。顺便说，这是我第一次坐上高档奔驰车，作为老知青的我终生难忘。回国后，我立即向国家教委申请了科研启动经费。当时我就提出要回到西南边陲昆明，做一个学科建设的科研课题。在远离首都的云南边疆进行学科建设，谈何容易。但我一直相信，只要用心做事，路是人走出来的。

经过几年时间，我们组建了一支精干的师资团队。其中的老、中、青教师来自不同院校，包括上海医科大学、哈尔滨医科大学、上海第二医科大学、华西医科大学等。在云南边疆要组建这样的团队很少见，也很不容易。同时，我们注重国际合作，在实际项目中培养品学兼优的人才。昆明医学院地处边疆，整个学校的实力单薄，大部分研究生来自本地一般院校。而我们的学科点却能够招收到来自国内知名院校的优秀学生。如果没有高起点的科研课题，显然就会耽误这些有远大理想的年轻人。中西部优质服务项目是一个和实际紧密结合的国家项目，需要解决一系列难题，我们学科点算是"瞌睡碰到了枕头"。

面对中西部优质服务项目的巨大挑战，我们学科点还真是胸有成竹。首先，我们的师资队伍里已经有两位计划生育部门的退休老处长，积累了丰富经验。其次，学科点与政府部门，特别是云南省计生委一直保持着密切合作与联系。再次，研究生队伍经过理论学习，对项目的实际操作早已摩拳擦掌，干劲十足。最后，学科建设就是有问题必须解决、有挑战必须应对，才能把压力变为学科发展的动力。

说到两位老处长，那就得从 2000 年的一件小事说起。一天深夜，我突然得知云南省计生委的两位同志刘湘源和熊源发提前退休了。我连夜打电话过去，诚心邀请老朋友加盟云南省生育健康研究会，为这个民间组织争取到了两位得力骨干。他们在政府计划生育部门工作多年，熟悉基层，更了解人口和计划生育工作的优势和弊病。云南省原计生委科技处处长熊源发负责的部门一直和我们医学院有着密切的联系。1993 年我回国后，与哈佛大学及上海医科大学合作的第一个生殖健康研究项目就得到了时任云南省计生委主任吴坤仪的首肯，以及科技处的大力支持。通过研究项目，我认识了科技处的一大批朋友，特别是和熊处长有着密切合作，他的敬业精神和严谨作风给我留下了深刻印象。

云南省原计生委办公室主任刘湘源则是我在昆明医学院干部培训班最早的学员之一。1971 年，我作为知青从农村回到城市做了工人。好事连连，国家恢复了高考，1978 年我考到上海读了大学。1982 年，我毕业后被分配到昆明医学院任教。我的第一批学员中有不少自己的同龄人，刘湘源处长便是其中之一。他从湖南来到云南边疆，从部队转业走入地方，在医院做过领导，最后到省计生委任办公室主任。我刚参加工作时，他是干部培训班表现突出的学员之一。那是"文化大革命"的后遗症，一大批早就该受到高等教育的优秀人才，在 1982 年前后才得到在大学继续受教育的机会。我和干部培训班的学员们"心有灵犀一点通"，大家缺的是理论和学历，积累的是宝贵的工作和生活经验。我和这批同龄人亦师亦友，或者说，我卖力的教学得到了大家的认同，刘湘源处长就是其中一位。我们互相欣赏，经常共同探讨管理学理论，教学相长，其乐融融。他与熊源发处长一样，对计划生育优质服务特别有感情，并且是行家里手。对计划生育工作了如指掌，说起计划生育的那些事如数家珍，娓娓道来。

当初把两位退休老处长邀请到研究会是为了开展生殖健康教学，没想到如今中西部优质服务项目来了，为他们提供了一个前所未有的用武之地。他们特别熟悉基层，透彻了解计划生育系统的运作、优势和需要解决的各种问题。为了开展中西部优质服务项目，他们能很快学习并体会到东部地区计划生育优质服务项目的来龙去脉、真谛和精髓。同时，对于我所阐述的人口理事会等国际组织关于优质服务的理论，他们能够把我学术气十足的表述很快"翻译"成政府部门和计划生育系统喜闻乐见的语言。正是因为有了这样的同事，中西部优质服务项目的设计才很快就步入正轨。

例如，我提出要引入国际生殖健康领域行之有效的若干研究方法和项目管理办法，包括运作式研究、参与性方法、优先领域确定方法等。人口理事会提出的运作式研究是一种特殊的研究方法，它的精髓和本质是以项目的规范操作与管理作为研究的主要内容和对象，而项目的所有操作与管理都是在研究的指导下规范进行的。因此，它把项目的设计、管理、评估与研究巧妙地密切结合起来，特别适用于试点和示范性项目的开展。我提出中西部优质服务项目要以运作式研究为主要方法之一。两位老处长思考之后，不仅表示支持，还提供了有力的支撑性证据。熊源发处长思维缜密，逻辑性强，特别善于把计划生育技术服务的规范和试点项目的原则结合起来。他做了大量细致的工作，为中西部优质服务项目起草了技术服务的新规范。刘湘源处长特别爱动脑筋钻研，他非常擅长总结已有的原则方法，把"人人心中有，个个口中无"的口号提炼出来。例如，我提出中西部地区地域辽阔，计划生育的群众工作基础多样化，中西部优质服务项目的试点工作应当考虑一边研究和研讨、一边实施和推进、一边总结和完善。刘湘源处长很快把它总结为"三边"，即"边研讨、边执行、边提炼"。刘湘源处长还联想到同仁堂补肾壮阳的名药"参茸三鞭丸"，"三鞭丸"这种药计划生育工作者人人皆知。就这样，他把我提出的一个学术思想变成中西部优质服务项目的一条重要原则，并总结为"三边"，与"三鞭"谐音，成为计划生育系统普通干部听得懂、记得住、用得上的说法。我们三个人互补性强，配合默契，带动了整个师资队伍。研究生团队也积极主动，全力以赴配合中西部优质服务项目专家组的工作。那时候，整个研究所没有周末，没有节假日，加班加点成为常态，大家不知疲倦，全身心地投入项目工作。

开展中西部优质服务项目需要与云南省计生委无缝对接。时任云南省计生委科技处处长丁明起到了关键作用，她也是我们在从事生殖健康研究过程中认识的好朋友。早在她任处长前，已经在生殖健康研究领域取得多项成果。我和她在医学研究方面有很多共同语言，这让我们很自然地就在实施中西部优质服务项目方面达成了共识。丁处长在上下沟通方面表现出突出的能力。通过她，我们中西部优质服务项目小组很快与云南省计生委新任主任刀爱民取得了联系，并建立了相互信任的关系。中西部优质服务项目在云南省顺利启动，云南省计生委与四川、湖北、青海等省份计生系统的良性互动起了重要作用。中西部优质服务项目的设计和执行很快地进入佳境。

优质服务的精髓需要结合实际不断加深体会。还记得有一次在讨论项目的时候，医学院一位年轻教师说起了她的亲身经历。她说自己就是学医的，当然知道哪一项避孕节育措施更适合自己。可是昆明医学院是属于西山区管辖，西山区计生部门要求作为一名"一孩"母亲的她一定要放环。她很明白什么避孕方式最适合自己，可是为了学校的名誉，不得不违心地接受了区计生部门替自己做出的选择。说到伤心处，这位年轻教师流下了眼泪。这使我们师生内心受到冲击，更加努力地钻研优质服务项目，使其更加接地气。

我们学位点的老师来自全国不同院校，学生则主要来自山东、山西、河南、河北、云南、四川、甘肃等地，可以说是一个来自五湖四海的集体。中西部优质服务项目实现了我的一个小梦想，即打破"象牙塔"培养研究生的传统模式。实践证明，新的培养模式很接地气。在面对很多不可预料的实际困难和问题的情况下，培养了来自多个省份的研究生，最后把他们培养成为国家的有用之才。

记得有一次在研究生的招收季里，我们研究所办公室主任唐月华教授悄悄地告诉我说："张老师，这批来面试的学生中，有一位看起来比你还要老，怎么还来读书呢？"后来我了解到，这位同学小蔚来自山西农村，执着于追求学术深造，从北到南坐火车来，可能是为了节约舍不得买卧铺票，来不及理发和剃须，所以看起来还真的比我这个老知青教师年纪还要大。在面试当中，我特意安排机会给这位同学展示自己了解中国北方农村实际的特长。这位同学后来被录取了，在我们团队中成为一位踏踏实实学习、认认真真做事的研究生。

我们的梦想是在云南边疆，按照国际上培养研究生的规范和标准，培养出社会医学与卫生事业管理专业的有用之才。我们团队在中西部优质服务项目中受益颇多，除了教师团队废寝忘食地投入，产出丰硕成果之外，学生也得到了充分的锻炼。在学生中，小李毕业于同济医科大学。他学习认真独立，批判精神特别强，对几乎所有的学术问题和实际操作有问不完的问题与不满现状的批评意见，是我最喜欢的学生之一。小蔚和小李这两位学生全身心投入了中西部优质服务项目，在老师的带领下，很快就系统学习了国际生殖健康优质服务的理论，同时脚踏实地，认真学习东部地区成功的优质服务项目经验，悉心领悟，创造性地移植到中西部优质服务项目中。几年的中西部优质服务项目使研究生得到了锻炼，并促使他们成为受用人单位欢迎的年轻才俊。毕业后小蔚到了北京工作，成为中国人口与发展研究中心的一名研究人员，并直接参与计划生育优质服务项目办公室的工作。小李则成为云南省疾控中心的业务骨干。之后，他到耶鲁大学访学并深受赞誉。研究生的突出表现证明，通过优质服务项目培养人才的模式可圈可点。

　　总之，我们硕士点的老师和研究生，通过优质服务项目对计划生育这一"天下第一难事"有了更多的了解。我们的研究生基本上是未婚的青年男女，在推动项目工作过程中遭遇的困难之一是怎么面对计生干部和群众说的笑话或"段子"。在开展计划生育工作过程中，有很多困难的事情要做。在群众的生育意愿和政策规定之间，很多地方存在矛盾，需要计生部门的干部千辛万苦地去化解。计划生育战线的干部和工作人员已经习惯了自己的工作，他们苦中作乐，会说出很多生动的段子来。比如，他们这样描述自己的工作："走遍千山万水，走进千家万户，想尽千方百计，说尽千言万语，克服千难万险。"有时候，大家还得说一些笑话或者段子，将大道理用群众喜闻乐见的方式表达出来，同时也让自己的工作压力得以释放。计划生育与人们的性健康有关，所以有的段子还比较"黄"，未婚的研究生听了难免有些尴尬，有时候还特别难为情。当然，最重要的莫过于要能够正确判断，自己听的哪些是笑话或段子，哪些则是优质服务项目可遇不可求的宝贵信息。

　　牟定县是我们中西部优质服务项目的试点县之一。在生殖健康的需求评估过程中，有一次座谈会结束了，一群农村大嫂还不肯散会。她们问做记录的小蔚，说："你是医生，我们问你个生殖健康的问题。有时候我们下身痒得厉害，就用洗衣粉去洗洗。你说，衣服可以用洗衣粉洗得干干净净，可为什么用洗衣粉洗下身，却越洗越糟糕呢？"小蔚是一位未婚男青年，一时被问到，脸红得像关公，支支吾吾说不出话来。大嫂们则说说笑笑，这个尴尬的事情就过去了。事后，我拿出小蔚做的小组讨论记录看，发现没有把这个问题记录上去。我说："小蔚，你要知道，那天这件事绝对不是笑话。农村妇女生殖健康有这个需求，我们应当记录下来，并且还要说得清楚这是怎么回事。"小蔚刚从北方来读研究生，没有参加过我们硕士学位点主办的全国第一个生殖道感染国际研讨会。当时生殖道感染在国内医学界都还是一个新的概念。

后来，我们专门请唐月华教授和这些彝族农村妇女补开了一个座谈会。唐老师说："各位大姐，我是一个口腔医生，也是女性。我们女性的下身里有一些正常的细菌，就像我们的口腔里一样。细菌不一定都是坏的。我们吃东西的嘴里就有很多眼睛看不到的细菌，它们可以帮助我们消化吃的东西。同样，我们女性的下身，医学上叫作下生殖道或者阴道，也和口腔一样，有各种细菌。阴道里面的细菌在正常的范围内可以保持一个很好的内环境，使我们感觉舒服，同时也可以抵御很多疾病。下生殖道和口腔一样，都有酸性和碱性的环境。我们女性下生殖道的环境，在正常情况下是带有一定酸性的。每当这个平衡被打乱时，我们就会产生很多不舒服的感觉，严重的还会导致疾病。上一次开会，有位大嫂问，为什么用洗衣粉去洗下身会越洗越糟糕，这是因为洗衣粉主要是碱性的。原本当我们感觉下身不舒服时，就是酸性的内环境已经被打破了，正常的细菌群受到了严重影响。这时候再用碱性的洗衣粉去洗，就会把本应该是酸性的环境弄得更糟糕。所以这个时候千万不能用碱性的肥皂或者洗衣粉去洗！"大嫂们听了连连点头。就这样，在欢声笑语中，一个严肃的生殖健康的重要问题自然地传播到育龄妇女群体中去了。唐老师还不失时机地讲道："我们来和大家一起讨论计划生育优质服务，就不能仅仅关注人口数据，更重要的是关心育龄妇女的健康。我们就是要公开讨论'妇女病'这些问题，讨论妇女的生殖健康，就像讨论口腔疾病一样。这是一个健康问题，不要不好意思，我们要理直气壮地讨论！"后来小蔚明白了那次彝族妇女的提问其实很重要，大嫂们所表达的对生殖道健康知识的渴望应当被写进座谈会的记录里面。

这份会议记录报到云南省计生委后，丁明处长很快就发现了这些讨论的价值。她参加过我们昆明医学院健康研究所主办的全国第一个生殖道感染国际研讨会。基于她的专业知识和敏感性，丁处长对来自基层的育龄妇女座谈会资料特别重视。时间又过了几个月，中西部优质服务项目到了整体推进的阶段。按照计划，我们需要云南省牟定县妇联也参与中西部优质服务项目的领导。可是当时任县妇联主席的是一位特别有个性的彝族妇女。一开始她就明确表示：县妇联的工作千头万绪，计划生育优质服务项目自己就不参加了。而按照设计，妇女生殖健康和生殖权利的讨论当然离不开妇联。计划生育优质服务一定是一个全面的工作，而不仅仅是技术服务，也不仅仅是为了让人们避孕节育啊。丁处长和我多次找牟定县妇联协商，就是谈不通。丁处长还专门请来了楚雄彝族自治州妇联的孟主任。孟主任本身也是一位彝族的优秀女干部。我们三个人又和牟定县妇联主席进行了多次交流，然而进展都不大。丁处长非常着急，我们一筹莫展。事情的转折点出现在丁处长专门和她讲起了牟定县基层彝族农村妇女出现生殖道感染，用洗衣粉洗自己的下身，却不知为什么越洗越难受时，打动了这位县妇联主席。丁处长把其中的医学道理深入浅出地讲了一遍，县妇联主席听得相当仔细。她接着问道："丁处长，你们搞的这个计划生育优质服务项目，难道还管妇女病吗？"我们把相关文件再次解释了一遍，丁处长还耐心地和她说："现在有很多药商是在挣妇女的钱，他们把妇女病说成难言之隐，'一洗了之'，这只是在推销他们的洗液而已。而我们的优质服务项目，是在党委和政府的领导下，真正为育龄妇女的健康做事啊。"她站起来说："现在我知道了，你们做这个试点，是真正为我们彝族妇女的健康和生活着想，是为我们妇女做好事啊！那我这个县妇联主席现在就表个态，我一定参加你们的试点项目。我还要带头把全县的妇联干部都动员起来，积极参加项目活动！"此后这位县妇联主席一直积极工作在项目第一线，带头发动妇女，成了中西部优质服务项目最得力的干部之一。丁处长和她的沟通，真正起到了"一把钥匙开一把锁"的作用。

中西部优质服务项目有力地推动了昆明医学院的学科建设。非常幸运的是，优质服务领导小组和专家组在政学研结合、培养年轻学子方面发挥了明显的优势。专家们既了解国际前沿，又对国内计划生育服务和管理现状了如指掌。他们讲起理论如数家珍，并结合实际提升理论，做到了理论和实践的完美结合，为我们学科点的老师和研究生树立了典范。此外，刘湘源和熊源发两位老处长被学校聘请为客座教授，这对于学科建设可谓如虎添翼。两位专家直接指导研究生，把自己多年积累的实际经验、丰富的管理理论传授给来自全国十多个省份的研究生。事实证明，这批研究生得到了很好的锻炼和成长。毕业后，他们有的到了卫生部卫生发展研究中心工作，有的到了上海市计划生育科研所。从西部非重点院校毕业的研究生，能够到北京、上海工作，成为国家级研究机构的成员，这在昆明医学院非常少见。中西部优质服务项目在云南、湖北、四川、青海等几个省份开展，为研究生的成长创造了极好的平台。一方面，中西部优质服务项目是一个和实际紧密结合的项目。研究生边学习理论，边参与项目，从国家到地方层面的各种计划生育优质服务活动他们都有机会参与，接了地气。另一方面，学科点对国际计划生育优质服务的理论进行了系统的梳理，让研究生能够从实际工作中接触国际上最新的英文文献。更重要的是，研究生有机会接触到国家和地方各级计生干部，以及国内和国际优质服务专家。研究生说，专家学者们的言传身教使自己学会了做人做事，终身受益。

经过几年的时间，小蔚和其他研究生一起多次参加了多个省份的计划生育优质服务项目活动。大大小小的参与式讨论会、跋山涉水的社会调查使小蔚和其他同学一样，对生殖健康的理念和内容有了深切体会。讨论起计划生育、生殖健康和性，他再也没有出现尴尬的情况。昆明医学院健康研究所的老师们手把手地指导这些未婚的青年男女，使他们能够很自然地和育龄群众讨论计划生育和生殖健康问题。

小蔚对多样的民族传统文化也很注重学习。有一次他问我："张老师，一般个人的隐私总是要悄悄说，为什么牟定县那一次彝族农村妇女的讨论，人越多越不害羞，反而能够讲出来呢？"我告诉小蔚："少数民族往往和汉族不一样，每个民族有自己的传统文化。一件事害不害羞，能不能在大庭广众下讲，要看每个民族自己的传统文化。你跟老师到彝族地区好久了，注意到没有，有一句话彝族的男女老少经常在讲，'山潮水潮不如人来潮'。彝族群众崇尚火和老虎，强调人多力量大，这可能和历史上居住在山区，猛兽多、疾病多等原因有关。所以他们强调人的重要性，人多力量大，人潮比山潮、水潮更重要。另外，可能我们汉族人认为特别害羞的一些隐私的事，比如有关性，彝族和傣族等少数民族群众会通过山歌把它唱出来，大家朗朗上口，其中的一些道理，自然而然就成了大家的共识。"小蔚连连点头，在这之后他非常注意学习各民族的传统文化。后来他到了北京，在中国人口与发展研究中心工作，能够很快适应全国各地不同文化下的人口和计划生育指导工作的需要，这和他当时全身心投入优质服务项目还真的有点关系呢。

由于注重在国家重大项目中培养研究生，昆明医学院社会医学和卫生事业管理的学科建设获得了国家级教学成果奖。回想起来，中西部优质服务项目确实是一个和实际紧密结合的好项目，在政学研结合培养年轻学子方面发挥作用巨大、影响深远。

17
中西部优质服务项目的启动

熊源发[*]

作为中西部地区计划生育优质服务示范工程项目（以下简称中西部优质服务项目）的亲历者，每当回忆起在 5 省 6 县开展项目的历历往事，总是倍感亲切。我也常常想起计划生育优质服务项目办解振明、顾宝昌等一批专家和张开宁教授的悉心指导，总是心存感激。

1995 年，国家计生委提出计划生育工作要实现工作思路和工作方法的"两个转变"，并在东部地区选择试点探索优质服务新路。经过 3 年的试点，取得了初步成效。优质服务专家组在总结、评估、研讨试点经验的基础上，对计划生育优质服务的内涵、核心、要点以及实施原则等做了系统的理论归纳，为优质服务的推广奠定了理论基础。2000 年 3 月，中共中央、国务院

* 熊源发，1951 年生。1976 年昆明医学院（2012 年更名为昆明医科大学）医疗系毕业，并留校在昆明医学院基础医学部任教。1983 年调任云南省计划生育技术科学研究所研究室主任和党支部书记。1991～2000 年任云南省计生委科技处处长，于 1995 年加入云南省生育健康研究会（2007 年更名为云南省健康与发展研究会），先后任理事、副会长、常务副秘书长等职。1993～2002 年，先后参与了国家计生委的计划生育技术服务管理部门规章和国务院行政法规及配套文件的起草等工作。2002 年，被聘为计划生育优质服务项目办公室专家和中国/联合国人口基金生殖健康/计划生育项目专家组专家。2001～2014 年，先后任"中西部地区计划生育优质服务示范工程项目""新农村新家庭——川滇藏地区人口健康促进项目""西藏和四省藏区优生优育项目""新农村新家庭同心项目"专家组专家，参与了项目的指导与实施工作。

发布的《关于加强人口与计划生育工作稳定低生育水平的决定》写入了"以技术服务为重点的优质服务",这就是对优质服务探索成果的肯定。在东部地区试点取得成功之后,国家计生委开始布局在全国推广优质服务。计划生育优质服务项目办公室把优质服务向中西部地区推广的计划提上了议事日程。

2000 年 6 月,计划生育优质服务项目办公室在昆明医学院举办了中西部地区计划生育优质服务试点干部培训班,为期 8 天。当时我正在云南省昌宁县担任"省委村建工作队"副队长,接到通知后专程赶回来参加。培训前对学员做了一个问卷调查,在 30 个问题中,学员最想了解的是什么是计划生育优质服务、在西部条件较差或贫困的地区如何开展优质服务、基层如何搞好优质服务等 3 个问题。在后来的讨论中,部分学员提出在人口控制任务重、要求高而工作基础又比较差的情况下怎样才能开展知情选择等亟须解决的问题。解振明、顾宝昌、张开宁等专家系统地讲解了优质服务的理论和国际进展,介绍了东部地区试点经验,有针对性地解答了学员的问题。我也在会议第二天和第三天就避孕方法知情选择以及中西部地区优质服务推进过程中技术服务的现状和对策做了大会发言,介绍了云南省在昆明市五华、盘龙两区开展知情选择试点和在官渡区开展综合服务试点的一些做法和体会。中西部地区计划生育优质服务试点干部培训班是优质服务从东部地区试点向中西部地区推广的起点和标志性事件。

2000 年年底,我刚刚结束"村建"工作并从行政岗位退下来,就应邀加盟了张开宁教授的生殖健康研究团队。大约在 11 月,张开宁教授接到了计划生育优质服务项目办的邀请,到北京去领受一个重要任务——中西部地区计划生育优质服务示范工程项目。于是,张教授邀请我和他一起去了北京。计划生育优质服务项目办解振明、顾宝昌、张二力等专家谈了准备在中西部地区开展优质服务项目试点的设想并进行了讨论。顾宝昌老师言简意赅地指出:中西部地区试点就是要解决两个问题,一是在中西部地区能不能开展计划生育优质服务,二是中西部地区怎样开展优质服务。会议分析了中西部地区开展优质服务可能会遇到的困难和问题,要求中西部地区试点工作紧紧围绕上述两个问题进行探索。计划生育优质服务项目办决定这个项目由国家计生委科研所和昆明医学院健康研究所共同承担，组建好项目团队，设计好项目实施方案并尽快启动实施。

张开宁教授时任昆明医学院健康研究所（以下简称昆健所）所长，同时还兼任国家计生委科研所社会医学研究中心主任，能代表南北两个合作单位，在南北两个研究所都设有办公室。项目的参与人员北京方面主要有吴尚纯、马旭、陈振文、董敬等；昆明方面主要由我和刘湘源、唐月华负责，张开宁教授的两个在读研究生蔚志新、李俊杰以及昆健所的唐松源、方菁、刘伟、邓睿等老师也参与了部分工作。项目的执行主要由我和刘湘源负责。张开宁教授是一位既有较高理论素养又有细致踏实工作作风的专家，做事较真、执着。自项目启动以后，就在昆健所建立了例会制度，每周一的上午项目组成员都要坐到一起，研究项目工作，检查工作进度，解决存在的问题，布置近期工作。此外，还建立了项目督导等项目管理制度。

开展项目首先需要做的是进行项目设计和撰写实施方案。在张开宁教授的主持下，昆健所项目组在 2000 年 12 月撰写了中西部地区试点项目建议书，明确了项目的总目标是"立足中西部实际，借鉴东部经验，融合国际理论，探索中西部地区开展计划生育优质服务的途径和可行模式，实现计划生育工作思路和工作方法的'两个转变'，促进中西部地区人口与经济、社会、资源、环境协调发展和可持续发展"。同时，提出了 6 个具体目标和 8 项项目活动。项目试点原定在西南、西北地区各选一个省份，每个省份各选 1~2 个县（市、区）作为试点，为了确定项目试点县（市、区）还组织了选点调查。根据相关省份的推荐初步确定了选点范围，组织 2 个调查组赴西南、西北地区开展选点调查。

2001 年 1 月 3~9 日，西北片的选点调查由国家计生委科研所马旭副所长带队，吴尚纯、陈振文研究员和我作为组员，考察了甘肃省临夏州的永靖县、陇南市的徽县和天水市计划生育服务中心；青海省考察了海东市的互助县、西宁市的大通县和湟中县，途中还考察了海东市民和县服务站。还记得在冰雪世界里从兰州到徽县长途行车沿途考察麻沿乡、樊楞村和回程冒雪翻越秦岭的情形。

2001 年 1 月 18~21 日，西南片的选点调查在云南进行。调查组由张开宁教授任组长，顾宝昌教授、张二力司长和我为成员，云南省计生委科技处丁明处长全程陪同。云南省计生委确定了 6 个预选县（市、区）供挑选。云南省计生委刀爱民主任表态：6 个预选县（市、区）凡未能确定为国家级试点的都将列为省级试点县（市、区）。调查组经讨论最终重点考察了牟定、祥云、峨山 3 个县。

考察结束后，在西部地区选定了其中的 4 个县，顾忠伟所长又根据国家计生委科研所以往考察的结果建议增加了四川省江油市和湖北省当阳市（代表中部地区），最终确定了 6 个试点县（市、区）：云南省牟定县、祥云县，四川省江油市，甘肃省徽县，青海省互助县，湖北省当阳市，其中有 4 个县是国家级贫困县。

选点调查使我们不仅看到了中西部地区各省份之间经济社会发展的不平衡性，而且在生育政策、技术政策、管理方式、工作方式和基层基础等方面都存在较大差异，各地存在的问题也有所不同。项目组根据调查结果，认真讨论了项目实施方案，鉴于各县（市、区）基础条件差异大、需求不同，决定将干预活动分为三个层次：基本活动、必选活动和自定活动。5 项基本活动特别重要，每个县（市、区）都必须开展。其余 5 项比较重要的活动，每个县（市、区）必须选择 1 项。此外，各县（市、区）还可以根据自身需求、条件和能力选择其他活动（可不选）。由此，就形成了"5 + 1 + X"的项目活动方案。这充分体现了实事求是、分类管理的精神。

选点调查后，项目组对原项目设计方案进行了一次较大的修订，形成了最终实施的项目文本。2001 年 2 月 10~13 日在北京召开的计划生育优质服务试点 2001 年工作会议上，"中西部地区计划生育优质服务示范工程项目"正式启动。启动会上，与其他 3 个同时启动的子项目一起，报告了项目文本，赵白鸽司长肯定了我们的文本是"政学研"三结合的产物，对中西部优质服务项目寄予厚望。出席会议的中西部优质服务项目县（市、区）代表采用优先领域确定方法确定了自己的必选活动和自定活动，为后来制订项目县（市、区）实施方案打下基础。

2001年5月22~30日，中西部优质服务项目在云南省祥云县举办了首次试点干部培训班，5省6县的骨干40多人（含省级联络员）参加了培训，培训由张开宁教授主持，项目组组长顾忠伟教授讲授了项目文本，计划生育优质服务项目办专家顾宝昌教授做了"借鉴东部经验，立足西部实际，稳步启动优质服务试点"的讲座，昆健所的方菁教授重点培训了"参与性方法"（包括理论讲授和参与性小组讨论）。这次培训的主要目的是让项目骨干掌握国家项目总文本和实施计划，讨论修订基线调查和需求评估方案，布置基线调查工作，同时进行方法学培训。

此次祥云培训，国家计生委科研所的马旭副所长以及程怡民、黄俊、陈振文、刘云嵘等研究员，昆健所的熊源发、刘湘源、唐月华、唐松源等都参加了培训的小组讨论。同时利用晚上时间召开了项目组会议，讨论确定了基线调查和需求评估方案以及下一步工作计划，中西部优质服务项目自此从理论设计走向现场实施。

说实话，中西部优质服务项目开始时，我也感到担心：中西部地区经济社会发展水平与东部地区相比有较大差距，特别是一半以上的试点都是贫困县，计划生育工作基础差、难度大、服务能力弱，低生育水平还不稳定，开展优质服务困难重重。如果用东部地区试点县（市、区）的工作水平要求中西部地区试点，恐怕会起到揠苗助长的不良效果。但是后来在项目实施过程中，专家们的指导使得项目的思路、实施路径越来越清楚，实施方案越来越贴近项目县（市、区）实际。对我们启发最大的有：计划生育优质服务项目办专家组总结的东部地区计划生育优质服务"先立后破、先易后难、先点后面、先实后虚"原则为我们设计项目路径提供了宝贵经验。顾宝昌教授在与我们讨论项目工作时，提出中西部优质服务项目应当坚持"放低门槛，平稳起步，小步前进，逐步深化"的策略。解振明主任教会了我们用逻辑框架法制订项目实施方案，项目县（市、区）使用逻辑框架法并结合参与性方法制订了符合实际的项目实施方案，这成为项目成功的重要基础。张开宁教授考虑到中西部地区实际情况，从项目开始就注重方法学的培训和运用，为我们提供了一些科学的方法和工具，用于指导项目实施，项目组的同志不仅认真学习和掌握了这些方法，而且把这些方法和工具通过培训教给了项目县（市、区）骨干。如张开宁教授引入的"运作式研究"、祥云培训的"参与性方法"、兰州培训的"逻辑框架法"、西宁培训的"情景分析方法"，还有 SWOT 分析、优先领域确定等方法，以及项目基线调查中培训的定量调查和定性调查、项目监测评估等方法都很好地运用到了项目实施方案制订、基线调查、项目管理与评估等工作中，对项目骨干的培养和项目的实施起到了重要作用。项目县（市、区）的一些骨干后来在项目评估时谈到，项目培训的这些方法使他们终身受益，不仅应用到项目工作中，还应用到日常管理工作中，极大地提高了工作效率和效果。

中西部优质服务项目在计划生育优质服务项目基本理论框架下，根据中西部地区的特点，确定了符合实际的策略，采取了分类指导、分层活动、分步实施的"三分"原则。"运作式研究"对于指导项目实施非常重要。为了便于项目县（市、区）的同志理解和运用，我们把"运作式研究"解释为"边研讨、边执行、边提炼"的原则，并戏称为"三鞭（边）丸"。在选点调查的基础上，制订了基线调查和需求评估方案，又根据基线调查和需求评估的结果，采用优先领域确定方法选定了各县（市、区）的必选活动和自定活动，用逻辑框架法制订了各县（市、区）的实施方案。项目活动和实施方案不是一锤定音，而是根据运作式研究的原理，在项目实施过程中加以调整。2002 年 7 月，在四川省江油市召开了中期评估分析会后，要求各县（市、区）根据评估的结果认真修订一次项目的实施方案，使后期的工作更切合实际。根据中西部优质服务项目县（市、区）工作难度大、人财物力又极为有限的情况，为避免项目活动顾此失彼和流于形式，我们提出了"抓住重点，突破难点，突出特点"的策略。6 个项目县（市、区）都根据各自实际，确定了自己的重点、难点和特点，促使项目县（市、区）在全面推动中抓牢"三点"。"抓三点"的做法后来见到了成效，每个县（市、区）都创造了具有鲜明本地特色的经验，这些经验体现在他们自己编写的记录项目历程的项目手册中。如云南省祥云县的特点是"生殖健康个性化服务",体现了"以群众需求为导向"的理念,并制定服务规范,不断提高服务质量,提高群众对服务的满意度。云南省牟定县是一个非常贫困的山区少数民族县,他们在实践的探索中,总结出"一真二改三原则,四实五俭六上门"的"牟定经验"。表明计划生育优质服务不一定是昂贵的服务。只要真正树立了以人为本的理念,存真心,动真情,全心全意为群众服务,就会得到群众的理解和拥护;只要有求真务实的精神,谋实策,办实事,求实效,千方百计改善服务,就可以利用有限的资源创造最大的社会效益。祥云县、牟定县以及其他项目县(市、区)的经验都很好地回答了计划生育优质服务项目办当初提出的两个问题:中西部贫困地区不仅可以开展计划生育优质服务,而且可以搞好优质服务,因地制宜、实事求是、勤俭务实就是贫困地区搞好优质服务的成功经验。

在开展中西部优质服务项目试点活动的日子里,项目组的同志都深切感受到了中西部地区和东部地区的巨大差距,但是也看到东部地区试点的经验传到中西部地区,并为基层同志所理解后,他们会想方设法从一点一滴的小事做起,努力改进工作,积极创造条件为群众服务。东部地区试点也对中西部优质服务项目县(市、区)给予了结对帮扶,如江苏省盐都县和浙江省德清县就与云南省牟定县和祥云县结成对子开展帮扶,盐都县的刘高英主任和德清县的邵慧敏主任来到云南省给予项目县(市、区)具体细致的现场指导,为中西部优质服务项目取得成功发挥了积极的带动作用。而中西部优质服务项目试点的成功经验又带动了所在省份优质服务的推进,云南省就分别在祥云县和牟定县召开了全省优质服务培训班和试点会议,开展优质服务试点的项目县(市、区)接待了本省和其他中西部地区创优县的考察学习,促进了优质服务理念和工作模式在中西部地区的推广。还记得 2005 年我到河南省新郑市参加计划生育优质服务先进县(市、区)评估验收时,新郑市计生委主任就提起她曾经率领一批计生干部到云南省优质服务试点进行考察学习的事。

优质服务在中西部地区的试点构成了中国计划生育优质服务项目在东部

地区试点后和全面拓展前的过渡阶段的重要组成部分，它推动了优质服务试点经验的理论总结，促进了优质服务在全国范围的全面推广。

　　编者按：计划生育优质服务项目办公室设计并实施的中西部地区计划生育优质服务示范工程项目，是我国计划生育优质服务从东部地区试点向中西部地区推进的一个重要步骤，是优质服务推向全国的一个不可忽略的中间环节。项目由国家计生委科研所和昆明医学院健康研究所联合承担；国家计生委科研所顾忠伟教授任项目组组长；昆明医学院健康研究所张开宁教授任副组长兼首席专家，并实际领导和指导了这个项目的实施；昆明医学院健康研究所客座教授、云南省生育健康研究会专家熊源发、刘湘源自始至终负责项目的具体实施和现场指导。项目以中西部地区5省6县为试点，得到了项目县（市、区）所在的云南、四川、青海、甘肃、湖北等省份和相关地区的支持。项目自2001年启动，进行了两个周期，历时5年多。在此期间，6个项目县（市、区）都发生了不少感人的故事。但时过境迁，很难再找到许多项目县（市、区）重要当事人撰写回忆文章，因此邀请了云南省项目联络员时任云南省计生委科技处处长丁明、云南省项目推广县时任墨江哈尼族自治县计生局局长刁解娣等撰写回忆文章，希望从一个侧面反映项目的面貌。本文是熊源发教授代表项目专家组所写的对于中西部优质服务项目启动过程的片段性回忆，希望能以管窥豹。

优质服务中的我们、你们和他们

丁　明*

　　1997 年年底，我作为一名从事遗传优生科研和临床工作 15 年、享受国务院政府特殊津贴、拥有高级技术职称的专业技术人员调到云南省计生委科技处任副处长，2000 年任处长。我阴差阳错地转行从事了行政工作，原来的科研成果、专著论文以及诊断准确、咨询到位等的价值体现彻底地改变了。曾请教过一位资深领导：怎么评价一项行政工作？他告诉我：上级和领导满意，下级和群众满意，并且让自己满意。而 2000 年后计划生育优质服务的春风吹进我们云南边陲，在优质服务的实践中努力实现了上级领导、基层群众和我们本级干部的满意！计划生育优质服务项目的专家们建议我撰写一篇优质服务回忆文章，我想，是应该好好写写我们、你们和他们的故事了。

　　云南地处祖国西南边陲，是一个集边疆、民族、山区、贫困等因素于一

　*　丁明，女，1958 年生。1983 年昆明医学院（2012 年更名为昆明医科大学）医学专业毕业。1997 年获得国务院政府特殊津贴。1997 年 12 月由云南省计划生育技术科学研究所调到云南省计生委科技处任副处长。2000～2013 年先后任云南省计生委科技处（对外合作处）处长、财务处处长。2010～2011 年被云南省委选派到昭通市鲁甸县任社会主义新农村建设工作队总队长、县委副书记。云南省政协第九届、第十届人口资源环境委员会委员。云南省人口学会第四届理事会常务理事。

体的省份。2001 年年末，全省总人口 4287.4 万人，25 个少数民族人口占总人口的 34%，129 个县中有 73 个为国家级贫困县。云南省的人口与计划生育工作起步较晚，基础较差，地区发展不平衡，2000 年年末，云南省计划生育工作才基本实现"三为主"。此时，国家计生委已经开始向全国推广计划生育优质服务在东部地区试点的成功经验。

优质服务因其对计生工作的明显促进作用和对育龄群众的亲和性，成为我们进一步贯彻中央关于计划生育工作"既要抓紧又要抓好"的指导方针的一种必然选择，更是今后一个时期云南省人口与计划生育工作深入发展的迫切需要，也是巩固发展"三为主"成果的重要举措和促进云南省人口与计划生育工作在新时期迈上新台阶、实现跨世纪发展的客观要求。基于以上认识，刀爱民主任、朱建琨副主任对我的工作提出了要求。经过准备，2000 年 9 月召开了全省计划生育科技大会暨优质服务研讨会，刀爱民主任在会上提出："积极推进优质服务是我省当前和今后较长时期计划生育工作深入的发展方向。"机会总是眷顾有准备的人和事。

正当云南省部署开展计划生育优质服务时，计划生育优质服务项目办在积极地将优质服务试点工作向中西部地区拓展。顾宝昌、张二力、赵白鸽等领导和专家利用一切机会不遗余力地向我们灌输以人为本的计划生育工作理念和国际、国内（东部地区）计划生育工作的新进展，引导和鼓励我们开展计划生育优质服务。他们与云南省计生委共商云南省计划生育优质服务大计，为云南省的计划生育优质服务献计献策。紧接着，2001 年 5 月和 6 月，中西部地区计划生育优质服务示范工程项目试点干部培训班和云南省计划生育优质服务工作会在云南省祥云县召开。国家计生委的相关领导、专家以及参与东部地区优质服务项目试点工作的盐都县刘高英主任、德清县邵慧敏主任亲临会议，系统且全面地讲授了有关优质服务的理论和实践。

云南省非常珍惜这个能亲密地向计划生育优质服务项目的领导、专家请教和与他们一起讨论优质服务问题的机会。在顾宝昌教授、张开宁教授与刀爱民主任等的反复讨论下，云南省计生委结合省情和人口与计划生育工作现状，提出了开展计划生育优质服务的"四个一"工作思路，即喊响一个口号——关爱育龄群众的生殖健康；打出一个品牌——体现边疆少数民族生育文化的优质服务；抓实一个基础——基层管理与技术服务的基础；创出一个亮点——降低非意愿妊娠，开展性病/艾滋病防治。

东部地区盐都县和德清县的经验更是启发了大家，为群众温馨服务的标语上墙了、"悄悄话室"建立了、知情选择试点了……刘高英主任还亲临我们的县乡指导优质服务工作，她不放过每个细节，从进入计划生育服务站就细心观察、悉心指导。记得刘高英主任说过，你们云南那么多鲜花，为什么不在服务站摆放一些鲜花呢？后来牟定县计生委主任和医生护士们纷纷搬来自己家里最好的花草，把服务站装扮得温馨又美丽。刘高英主任的指导堪称经典，让我们进一步明白只要心里有群众，计划生育优质服务就可以从任何一件小事的方方面面、点点滴滴体现出来。这是多年来宣讲优质服务的重要内容，指导着云南省计划生育优质服务的开展。

计划生育优质服务项目办公室及领导小组于 2001 年 3 月正式启动"中西部地区计划生育优质服务示范工程项目"。这个项目是福特基金会资助的一个国际项目，涉及我们人口与计划生育工作本身需要解决的突出问题，即实现"两个转变"。与国内外其他同类项目比较，这个项目的综合性、自主性、创新性、科研性强，极富挑战性、探索性、风险性。试点项目由云南省生育健康研究会和昆明医学院健康研究所的张开宁教授牵头。这个机会来得太及时了，我们太需要了，省计生委给予了前所未有的重视和支持。为了确保这一重大项目的成功，省计生委与云南省生育健康研究会和昆明医学院健康研究所在以往良好合作的基础上，以"中西部地区计划生育优质服务示范工程项目"为纽带，与张开宁教授带领的这支具有广泛的国际视野、坚实的理论基础、丰富的实践经验和优良的工作作风的研究团队展开了更深层次的全方位合作。在项目的实施过程中，张开宁教授亲自带领大家深入县乡，按照"边实施、边修改、边完善"的原则，将运作式研究、参与性方法、优先领域确定等行之有效的若干研究方法和项目管理方法在项目实施中加以应用，从试点的选择到试点工作的启动，从基线调查到优先领域/问题的确定，从项目方案的制订到组织实施，从提出并牵线搭桥到让牟定县与盐都县、祥云县与德清县结为东西部计划生育优质服务工作对子，从试点成果的总结到展示推广，无不凝聚着"政、群、研"团队的集体智慧。

在计划生育优质服务工作的开展中，国际项目起到了积极的促进作用。计划生育国际合作与交流要涉及计划生育政策、管理和服务的许多方面，也涉及一些敏感问题。外事无小事，其关系到我国的国际形象，也关系到计划生育工作的健康发展。多年来，在国家计生委的大力支持下，与联合国人口基金合作开展的中国/联合国人口基金生殖健康/计划生育项目、与日本国际协力财团合作开展的计划生育结合项目、福特基金会资助的中西部地区计划生育优质服务示范工程项目等就充分说明了这一点。通过国际项目的合作与交流，在国家计生委领导和专家的帮助和指导下，我们近距离地学习了优质服务的新理念、新方法，更在一次次的项目活动和外事接待中使自身各方面的能力得到了锻炼和提高。同时，国际合作与交流也是对外宣传我国人口与计划生育工作成就，树立中国计划生育良好形象的机会。

在上级部门的安排下，我于2000年负责接待了印度政府人口方案管理高级代表团，2005年接待了朝鲜代表团。特别是2007年接待了由商务部、国家人口计生委主办的"性与生殖健康及其权利国际研修班"，40多位发展中国家司局级及以上官员到云南省学习和考察。在这些接待和交流中，我们展示了开展计划生育优质服务的成果，得到了好评。我从多年的实践中逐步认识到，只要把握机遇，积极探索，国际合作与交流不仅能够促进人口与计划生育工作，更能促进计划生育优质服务工作上水平，这是一条可供选择的成功之路。

试点工作的意义在于在点上探索和实践，然后在面上逐步推广。云南省结合实际工作需要，研究建立了云南省计划生育优质服务的工作管理模式——"圈"理论。云南省整体计划生育优质服务工作是以国际合作项目的一些好的理念和做法为出发点，用它来影响和促进在省级实施的中西部地区计划生育优质服务示范工程项目的示范县（市、区）的工作。示范县（市、区）的好做法和好经验又影响和促进了省级优质服务试点县（市、区）和优质服务指导县（市、区）的工作。通过省级优质服务试点县（市、区）和优质服务指导县（市、区）的经验又促进地级、县级和乡级试点的工作，而且这种影响和促进作用是相互的。工作成绩突出的县（市、区）可以向内进一个圈，工作退步的县（市、区）可以往外退一个圈，这种实行动态管理的模式，激发了各县（市、区）的工作积极性。

在优质服务项目试点地区取得初步经验和效果后，要及时在云南省的其他地区推广应用。云南省祥云和牟定两个国家级试点县不负众望，起到了应有的试点和示范作用，它们结合本地实际，创造了许多各具特色的优质服务模式。如祥云县针对群众生殖健康需求多样化的实际，突出个性化生殖健康服务特点；牟定县立足当地实际，针对群众生产生活和基本生殖健康需求，创造出勤俭开展优质服务的路子；墨江哈尼族自治县的特点是山高坡陡，群众缺医少药，就医不易，就加强计划生育服务站（所）建设，创新技术服务方式，实现了计划生育工作的跨越式发展；翠云区以"情暖万家"为主题，以"奖励、帮扶和优质服务"为主线，以流动人口、易地移民、社区计生工作为重点开展服务；玉溪市红塔区针对群众迫切需要优生优育知识、节育知识、生殖健康知识、致富信息以及维权等方面的服务，提出了"三进五送八服务"的优质服务的工作模式……

回顾云南省计划生育优质服务的历程，有许许多多的人和事至今不能忘怀。

大理白族自治州祥云县在云南省的知名度很高，除历史上曾省县同名、历史和经济社会发展颇具特点外，就是人口计生工作了。大理白族自治州及祥云县的人口计生工作一直处于全省前列。1997 年，省里就将祥云县推荐为中国/联合国人口基金第四周期项目县，并成功接待了联合国人口基金执行局成员国驻华使馆的高级官员对人口计生工作进行的实地考察，据了解，这次考察活动对于打破联合国人口基金与中国合作的第四周期项目谈判僵局起到了积极作用。1998 年春，联合国人口基金援华方案顺利获得通过。祥云县在项目实施过程中较早地接受了以人为本、以人的全面发展为中心的理念，着力推动计划生育工作模式由管理型向管理服务型转变，通过优质服务实现管理目的，并通过全面的生殖健康优质服务促进群众转变生育观念，提高群众生殖保健意识。张之明局长带领县计生部门的干部和技术服务人员努力探索、积极实践，项目按照预定目标取得了较好成效。在此基础上，祥云县又争取成为"中西部地区计划生育优质服务示范工程项目"项目县。祥云县既珍惜和利用国际合作机会，吸收和借鉴国际上的有益经验和优秀成果，努力学习和理解项目的思想与方法，又不为项目而开展项目。更重要的是，祥云县把国际合作项目的开展和国内自身工作的推进结合起来，促进整个计划生育工作上水平，产出了无数的成果和经验，并在全国、全省和大理白族自治州交流，是云南省计生工作的名片，是经得起考验的样板。

2002年4月6~8日，英国议员考察团爱德华·利先生（保守党）、诺曼·拉姆先生（自由党）、克里丝汀·麦卡弗蒂夫人（工党）及其丈夫一行四人，在联合国人口基金希瑞女士、技术官员瑟拉诺女士、项目官员丽莎女士、玛丽斯特普国际组织北京办事处代表刘丽青女士以及国家计生委国际合作司赵白鸽司长、中国计生协顾宝昌副秘书长的陪同下，对云南省新平县和祥云县的中国/联合国人口基金第四周期项目实施情况进行了实地考察。

这次考察活动的背景是，英国《国际发展法》辩论期间，有人提出限制向性/生殖健康与权利领域的最大国际组织即联合国人口基金（UNFPA）和国际计划生育联合会（IPPF）提供援助的修正案。修正案是基于以下理由提出的：联合国人口基金和国际计划生育联合会的援助助长并且使一些国家（如中国）强行堕胎、强行结扎以及弑婴之类的强制人口控制行为持久化。因此，英国议会一致同意组成多党参与的事实调查团对联合国人口基金开展项目地区的家庭进行调查访问。

与以往比较，这次考察活动的不同之处有以下几点。一是背负特殊使命，即通过对项目区县的考察，了解清楚中国计划生育政策实行的真实情况以及联合国人口基金在中国所起的作用。二是代表了英国的三大党派，层次高。三是有备而来，提问极具挑战性，有的近乎挑剔。四是影响力大，英国的结论将影响美国等西方国家。这无疑加剧了接待的难度。我们深知云南省的人口与计划生育工作尽管存在这样那样的问题和不足，但随着为实现"两个转变"开展了计划生育优质服务，绝不是个别西方国家描述的那样糟。

心里有了底，我们就以平常心来对待这次事关重大的外事考察活动，本着坚持原则、坦诚相见、友好合作、内外有别的精神，在接待中突出一个"实"字。尤其是让他们在项目区县随意地接触普通群众，当英国议员考察团抵达祥云县小波那村时，正遇上该村赶集，就让他们随意与集市上的摊贩及群众进行交易和交谈，在自然、轻松、融洽的气氛中他们购买了苹果、橘子、香菇等商品，同时，访谈了不少群众。

克里丝汀在她的报告里说：我们能够自由选择考察的地点，不仅与专业人员、行政人员交谈而且还与所到之处的普通妇女进行了谈话。我们发现在赋予妇女自主支配和选择生活的权利方面，项目取得了巨大的成功。考察团得出这样一个结论：联合国人口基金在中国的工作产生了积极的作用并且对中国的计划生育和生殖健康服务的改革起到了重要的促进作用。中国计划生育工作的重心从行政手段转向以服务对象为主和以优质服务为主的方法，赋予了妇女选择的权利。

几年来，祥云县成功接待了数十项外事活动，接待了数百起的国内、省内同行的考察交流，其项目的试点、示范作用得到了充分体现。

大理白族自治州计生委的李桂芳主任是一位老计生了，她一心扑在计划生育工作上几十年，走遍了大理白族自治州12个县市的山山水水，为大理白族自治州人口计生工作倾注了心血和汗水，为全省计划生育优质服务的推进做出了杰出贡献。在接待英国议员考察团到祥云县考察时，原则上不让县里的干部陪同，可我们不知道县乡村的路啊（那时还没有普及导航，驾车司机是随考察团从昆明一起来的），正当赵白鸽司长与我面面相觑、手足无措时，李主任站出来说："我带路！"可我知道她不是祥云县人，就怯怯地问："你知道祥云县的路？"她信心满满地回答："认识！"她按考察团随时确定的地点要求，带路完成了这次考察任务。佩服！由衷地佩服！李主任还带领州计生委一班同志成功地承办了有国家计生委赵炳礼副主任、赵白鸽司长等领导和专家以及8位省计生委主任参加的计划生育优质服务座谈会，这次会议有力地推进了云南省的计划生育优质服务工作。

记得 2002 年中国人口信息研究中心的解振明研究员一行到云南省指导工作，当时在牟定县妇女生殖道疾病普查现场的计生局会议室，刚上任不久的州计生委孟主任突然发现墙上的报表显示一例计划外多孩，马上质问县计生局侯局长。当时解老师一行马上抓住这一事例，就势对我们省州县的同志进行了如何看待几个计划外多孩出生与做好数万育龄妇女生殖健康服务关系的讲解和教育。之后，我们根据预订行程到了另外一个州县，第二天将从这里直接回昆明。但晚饭时解老师对我说，我们不能放过今天在牟定县发生的事例，一定要让他们完全明白。解老师一行马上返回楚雄彝族自治州，与州计生委的一班干部深入交谈，认真解答，并为全州的计划生育优质服务出谋划策。深夜告别时，大家都意犹未尽，毫无倦意，信心满满。后来，楚雄彝族自治州的计划生育优质服务工作在孟主任的带领下紧紧抓住牟定县这个中西部地区计划生育优质服务的试点不放，力度很大地在全州全面推进，取得了很好的效果，成为全省的先进典型。

令我印象深刻的还有牟定县两位有思想、有担当、有干劲的侯姓"女金刚"——分管计生工作的侯副县长和计生局的侯局长。她们是最早主动找上门来，力争要牟定县成为"中西部地区计划生育优质服务示范工程项目"的项目县。为了制订完善县级实施方案，侯副县长亲自带着侯局长来到省里，在我拥挤的办公室里边吃盒饭边讨论和修改方案，并利用一切机会向张开宁、顾宝昌、解振明等专家请教计划生育优质服务的理论与实践。后来接任的吴继英局长也是一位优质服务的积极实践者，在牟定县和盐都县结为"对子"后，积极推动"走出去、请进来"，将东部地区计划生育优质服务的经验结合自身实际进行了许多创造性的发展。其经验分别在第六届亚洲太平洋地区社会科学与医学大会的优质服务论坛，全国、全省、全州相关会议上进行交流。接待过国际计划生育优质服务专家西蒙斯教授、高芙曼教授以及全国、全省上百个县的考察、交流，真正起到了项目试点示范的效果。

计划生育工作就是管理，计划生育技术服务又是为这个管理服务的，对已婚育龄妇女三个月、半年、一年的查孕查环也是为管理而设置的。但一方面，县乡计划生育服务站（所）普遍条件简陋，技术服务能力弱，规章制度不健全或执行打折扣比比皆是。另一方面，广大少数民族妇女的生殖健康状况又非常令人担忧，记得这就是云南省墨江哈尼族自治县新任计生局局长刁解娣当时所面临的现实情况。我与这位有多岗位任职经历的精干的傣族妇女干部相识于她带着强烈的责任感和使命感想抓好计划生育工作、想为少数民族妇女减少病痛的努力中，相知于为实现"两个转变"的积极探索中，计划生育优质服务的交流使我们成为互相支持、鼓励和欣赏的姐妹。计划生育工作落后的帽子、工作条件和基础较差的现实没有让她停下推进计划生育优质服务的脚步，她顾不上家庭，一心扑在广大育龄妇女身上，从加强计划生育服务站（所）建设、关爱群众的生殖健康入手，努力践行着"两个转变"。工作的成效出来了！特别是广大育龄妇女对她的信任和爱戴更成为她工作的动力，我被深深地感动了，曾来过墨江哈尼族自治县的国家计生委的领导和专家无不被她的奉献精神和工作实效感动，政法司的梁金霞、技术专家韩丽辉等被感动得抱着她流泪。

根据我对基层工作情况的了解，2003 年我义无反顾地推荐墨江哈尼族自治县、祥云县和牟定县一起申报全国第一批计划生育优质服务先进县（市、区）。但是有不同声音存在，我感受到很大压力。国家验收组在张二力司长的带领下来了，老领导刚从美国回国，马上转机 3 个小时到昆明，又经 6 个小时的车程抵达墨江哈尼族自治县时已是晚上 10 点多。饭后马上要来了墨江哈尼族自治县近几年的人口统计报表，"反正我的时差未倒，睡不着，就看看报表吧"。第二天马不停蹄地到乡镇考察，去乡镇的路很难走，崎岖不平，颠簸得厉害。记得当时一位领导一下车就将我叫到她跟前，骂道："你太没良心了，张司长那么大的年纪又没有休息好，你怎么安排到这样的乡镇？"刚好陪同的县长听到了，马上说："对不起领导，我县的山区面积占比超过 99%，这个乡镇是除县城所在地外，较近的一个乡镇了。"一天的验收工作结束后，验收组的同志都对墨江哈尼族自治县计划生育优质服务工作给予了较高评价，并被墨江哈尼族自治县在如此艰苦的条件下创造性地为广大育龄群众服务的事迹所感动。但我还是心情忐忑地、小心翼翼地向张司长请教对墨江哈尼族自治县工作的看法，特别是自开展计划生育优质服务后，各项计划生育统计指标变化情况。张司长笑着对我说："好得很！我知道你有压力，特别担心计划生育工作的考核指标，那些都是出自我手的东西，只要心系广大群众，真正'寓管理于服务之中'，群众会越来越主动接受和参与计划生育。不会有事的，墨江的工作就说明了这一点，放心大胆地干吧！"墨江哈尼族自治县成为全国第一批计划生育优质服务先进县（市、区），实现了计划生育工作的跨越。我努力开展计划生育优质服务的决心与信心更加坚定，更加相信只要我们能够真正树立以人为本的服务思想，勇于改革创新，就可以把优质服务这件好事在中西部欠发达地区办成群众认可的实事！

　　经过多年不懈的努力实践，云南省的计划生育优质服务工作取得了一点成效，上级给予了高度肯定。更让我们欣慰的是群众对计划生育工作的满意度不断提高。而我作为亲历者更是对推进计划生育优质服务无怨无悔，并在不断推进的过程中充实、受用和骄傲，优质服务影响着我后来担任计生委财务处处长和挂职县委副书记的工作，并将一直影响下去，令我终身受益。

少数民族地区也能开展优质服务

刁解娣*

我是计划生育战线上"两进两出"的老计生。

1979 年我通过干部考试被分配到云南省墨江哈尼族自治县文武乡政府计划生育办公室工作,是第一批计划生育专干,在文武乡干了整整 10 年的农村计划生育工作。1988 年 11 月至 1998 年 2 月,我被调离计生战线到墨江哈尼族自治县人民政府监察局工作。1998 年 3 月被任命为墨江哈尼族自治县计生委副主任,亲身经历了计划生育"三为主"(以宣传教育为主、避孕为主、经常性工作为主)和计划生育优质服务全过程。2003 年在成功创建全国计划生育优质服务先进县之后,我再次离开难舍难分的计划生育战线。

俗话说得好:"共产党员像块砖,哪里需要哪里搬。"说句实话,到计生委主持全县的计划生育工作,虽然是对我的提拔重用,但我是很不情愿地服从了组织的安排。因为我知道我县计生工作难度大、困难多、压力大,更何况当时我县是云南省没有实现计划生育"三为主"的 7 个县之一。

---

* 刁解娣,女,傣族,1959 年生。2004 年云南大学函授学院法律本科毕业。1979 ~ 1988 年任墨江哈尼族自治县文武乡政府计划生育办公室主任。1988 ~ 1998 年任墨江哈尼族自治县人民政府监察局监察股股长、副局长。1998 ~ 2003 年先后任墨江哈尼族自治县计生委(后更名为计生局)副主任(主持工作)、局长。2003 年 2 ~ 10 月任县政协副主席兼计生局局长。2003 年 11 月至 2014 年任县政协副主席、常务副主席。

作为全国唯一的哈尼族自治县，墨江哈尼族自治县辖 18 个乡（镇）（现 15 个乡镇）168 个村（居）民委员会，全县总人口 36 万多人，哈尼族人口占总人口的 61.63%，5312 平方公里的土地面积中，山区面积占 99.98%。生态环境恶劣，贫困程度深，劳动者素质低（平均受教育年限仅 6.4 年），是国家扶贫开发工作重点县之一。传宗接代、重男轻女的封建思想根深蒂固，多子多福、不生男孩不罢休的生育观念普遍存在。当时我县的人口状况处在高出生、高增长、越生越穷、越穷越生的恶性循环之中，被省、地计生委列为重点管理县之一。

面对这样严峻的人口形势，自己深感组织的重托，责任重大。我没有选择的余地，只有把压力变为动力，不敢有丝毫懈怠，努力做到思想上积极进取、与时俱进，生活上从严要求、以身作则，作风上求真务实，工作上尽心尽责。刚到计生局报到时，同事们宽慰我说："你回来干计生工作是老兵玩新枪，不用有压力。"话虽然是这样说，但实际上并不是那么简单。记得那时计生局的办公条件差到我和其他 2 名职工共用一张办公桌，10 多人挤在 30 多平方米的办公室办公，传真机也没有，更谈不上办公自动化。特别是刚到计生局时，总找不到工作突破口，只会按部就班地开展日常工作。那时，计划生育工作的大部分时间用在超怀妇身上，围着"大肚子"转。

我决定由领导班子成员带队，分三个组对 18 个乡（镇）168 个村（居）民委员会展开全面调研。在调研中发现，我县村级计划生育宣传员的文化素质、业务素质偏低且待遇低，基层基础台账不全，台账长期不运转，基本成了死账呆账，底子不清，管理混乱，台账对工作失去了指导意义。为了摸清人口基数，找准工作突破口，1998 年狠抓基础工作，抽调县计划生育服务站的 6 名技术服务人员与县计生局的 8 名干部一道，夜以继日、披星戴月先后到 16 个乡（镇）召开计划生育专题会议，并用以会代训的方法进行业务培训，相继在 18 个乡（镇）开展了 18 个点的台账规范试点工作。我们从一家一户登记入手，奋战了 2 个月，健全了一卡、一册、一单、一账的基础分户管理台账，摸清了工作的重点对象、关心对象、放心对象，找准了工作突破口，为进一步搞好我县人口与计划生育工作打下了坚实的基础。

1999 年 4 月,云南省委、省政府,思茅地委、行署把我县列入最后一批验收计划生育"三为主"县。为顺利实现"三为主"达标验收,我们制定了墨江哈尼族自治县《关于计划生育"三为主"工作实施方案、实施细则、工作流程》及考评办法。当时墨江哈尼族自治县人民政府提出的口号是举全县之力实现"三为主",要求县计生局要克服一切困难用倒计时的工作要求完成各项工作任务。县计生局在人少事多、任务艰巨的情况下,调动一切积极因素,排除万难,稳步推进工作,同时也得到了省、地计生委的大力支持。

云南省计生委主任刀爱民、科技处处长丁明多次到墨江指导工作,思茅区计生委副主任罗承芬、业务科科长杜黎与墨江哈尼族自治县计生干部职工经常并肩作战。记得有一次我们下乡在返回县城的途中,长时间下雨导致山体滑坡,路忽然不见了。罗副主任果断采取措施,叫道:"同志们!快下车,往山上走,不要管车!"当时的情况很危急,我们手拉着手艰难地离开了危险的滑坡地段。就在我们进退两难时,传来了好消息:县委书记知道了山体滑坡,我们被封在大山里,亲自派车来接我们。我们走了一大段崎岖的山路后终于看到了一闪一闪的车灯,大家不约而同地说了一声:"肯定是书记派来接我们的车。"那天回到城里已是深更半夜了。

墨江哈尼族自治县的计划生育"三为主"工作,在省、地计生委的有力指导下,在县委、县政府的坚强领导下,在全县上下的艰苦努力下顺利完成了"三为主"八大块三十六条工作任务,于 1999 年 12 月通过云南省人民政府考核达标验收,以 97.4 分的成绩如期实现"三为主",得到了省、地计生委的充分肯定,同时我也得到了国家计生委、国家民委的联合表彰,荣获了"全国少数民族计划生育工作先进个人"的荣誉称号。

计划生育"三为主"实现以后,工作重点转移到计划生育工作思路和工作方法的"两个转变"上。要寓管理于服务之中,但是这里缺医少药,很难为群众提供所需的服务。当时,我认为建立健全基层计划生育服务网络、设立基层计划生育服务阵地是搞好计划生育服务工作的基本保障。为此,县计生局把县、乡、村计划生育服务站(所)的建设列入工作重点,在资金十分困难的情况下，东奔西跑多方筹措。自1998年下半年开始到1999年4月对1站5所进行扩建，新建10个乡（镇）服务所，占应建站（所）的100%。

为了把计划生育服务站（所）建成育龄群众接受服务的温馨之家，我曾多次带领局领导班子成员到省、地计生委争取资金、设备。记得有一次在到省计生委科技处争取设备的汇报中讲到我县的服务站（所）建设率达到100%时，丁明处长持怀疑态度说："不可能吧？"我们胸有成竹地敬邀丁明处长来检查指导工作。没过多久，丁明处长真的到墨江检查指导工作了。那次她动真格了，到了7个乡（镇）对7个服务所进行了指导，同时查看了其他服务所的建设图片。我们的工作得到了丁明处长的充分肯定，后来省里给我县配备了B超设备、阴道镜、红外治疗仪等，帮助我们改善了服务条件，完善了服务制度，规范了服务标准，增强了服务功能。我们紧紧围绕生育、节育、不孕不育、优生优育、查环、查孕、生殖保健开展服务。已婚育龄妇女每年平均接受服务不少于3次。计划生育工作由单一的孕后型管理向孕前型服务转变，党群、干群关系明显改善，促进了育龄群众的身心健康。

2003年5月，全县18个服务站（所）已全部达标，实现了人员、房屋、设备"三配套"。县计划生育服务站及17个乡（镇）计划生育服务所均取得了计划生育技术服务机构执业许可证和医疗机构执业许可证。计划生育服务人员持有计划生育技术服务人员合格证，形成了以县计划生育服务站为龙头、各乡（镇）计划生育服务所为主体、村计划生育服务室为基础的技术服务网络，为开展生殖健康优质服务奠定了坚实的基础。

我县虽然基本实现了服务网络"三配套"，但是服务人员和服务能力远远不能满足人民群众日益增长的物质文化和生殖健康需求。为了增强服务人员的服务意识，提高技术服务水平，满足人民群众需求，我想尽一切办法把县人民医院的妇产科主任段建琼调到县计划生育服务站任站长，全面负责提高计生系统技术服务水平。当时我们派出17个服务所所长轮流到县服务站上班，在站长的亲自指导下提高服务技能，自己认为胜任所长了就回到自己任职的岗位开展工作。我们还派出技术服务人员轮流到县服务站进修，全县

17 个服务所的 66 名技术服务人员先后到县服务站进修，乡（镇）计划生育服务所负责对村级 2339 名计划生育技术服务人员进行基本服务内容的培训。通过层层培训，我们终于拥有了一支基本适应新形势和新任务、数量合适、结构合理、熟悉业务、善于做群众工作的服务队伍，努力实现"想服务、会服务、能服务"的目标，迈出了我县计划生育优质服务可喜的一步。

2001 年，云南省计生委推荐我县参加全省优质服务试点。当时对什么是优质服务、怎样开展优质服务这些问题，我很困惑，但不甘落后。首先，我要求计生系统的全体干部职工、技术服务人员学习什么是优质服务、为什么要开展优质服务、在少数民族地区怎样开展优质服务。其次，采取"请进来、走出去"的学习方法来提高计生队伍开展优质服务的认识。"请进来"就是邀请省里的相关专家到我县对全县计划生育技术服务人员及计生干部进行系统培训，"走出去"就是带领计划生育服务站（所）领导及计生干部先后到上海、南京、苏州、盐城等地，借鉴东部地区的工作经验，并多次到云南省的国家优质服务试点县祥云县进行参观学习，结合我县少数民族地区的实际开展工作。

大家一致认为，优质服务是具有中国特色的计划生育工作发展到一定阶段的产物，是国家计生委为今后计划生育工作可持续发展做出的重要举措。优质服务的核心是以人为本，以人的全面发展为中心，是满足人民群众日益增长的计划生育服务和生殖健康保健的需求。它要求我们的工作方法贴近群众，及时准确地了解和解决群众所思、所盼、所忧、所急，用人性化的关爱去补偿他们为控制人口快速增长而做出的牺牲，拉近干群关系，实现"两个转变"。其目标是让人民群众满意、育龄群众放心。我们统一了思想认识，紧紧围绕生育、节育、不孕不育、生殖健康、农村独生子女家庭脱贫致富以及老有所养等方面开展了工作。

为切实加强对我县计划生育优质服务工作的领导，县委、县政府和全县18 个乡（镇）168 个村（居）民委员会都成立了由党政一把手任组长、副组长，有关单位主要领导为成员的人口与计划生育工作及优质服务工作协调领导小组，制定了工作制度和成员单位的工作职责。每季度召开一次领导小组会议,专题听取计生工作汇报,把人口与计划生育工作纳入国民经济和社会发展总体规划,摆到实施可持续发展战略的首要位置,建立了稳定的组织保障机制。县政府每年与乡(镇)政府签订《人口与计划生育工作及优质服务责任书》,乡(镇)政府与各村(居)民委员会签订《目标管理责任书》,把各项服务分解到村(居)民委员会,落实到村(居)民小组,登记到户,服务到人。

想群众之所想,急群众之所需。县计划生育服务站开展了治疗不孕不育、术后复通等服务,为14名输卵管、输精管结扎后孩子不幸夭折的群众免费做了复通手术,有13对夫妇获得成功并已生育孩子,帮助他们减轻了孩子不幸夭折而带来的精神上的痛苦,同时为141对不孕夫妇进行了有效治疗,其中有36对当年生育孩子。这些实实在在的工作重塑了计划生育工作的新形象,广大育龄群众自觉贴近计划生育、放心计划生育、支持计划生育、执行计划生育政策。

记得有那么一件事,1994年6月,我们在下乡时得知新抚乡××中学的一位老师生了个男孩,4岁多了都不会走路、不会说话。小两口为了这件事情很苦恼,相互责怪、猜疑,家里常出现火药味。我们得知后主动找到这位老师家看望了小孩,了解情况后,建议他们一家三口到省科研所进行技术鉴定,根据鉴定结果,再做生与不生第二个孩子的决定。这对夫妇采纳了我们的建议。我们与省科研所联系好后,通知他们一家三口到省科研所做鉴定。鉴定结果不是遗传性疾病,可以再生一个孩子,计生办又尽快给这位老师办理了二孩生育证。一年后生了一个大胖儿子,解除了一家老小的后顾之忧。至今我们亲如一家,真是一分付出、一分收获。

为群众分忧,解决老有所养问题。为了体现计划生育工作始终代表最广大人民群众的根本利益,我县在经济十分困难的情况下,政府投入资金12.3万元,为全县246户农村独生子女户、二女结扎户办理了养老保险,基本解决了他们对养老的后顾之忧。

思群众之所思,盼群众之所盼。为使计生工作与勤劳致富奔小康相结合,帮助重点计生户致富奔康,根据我县农村独生子女户、二女结扎户和计生特困户的不同贫困程度，制定了《墨江哈尼族自治县计划生育"三结合"工作实施方案》、《帮扶资金管理办法》和《帮扶评估办法》，签订了帮扶合同，建立了帮扶台账和帮扶档案，成立了"三结合"帮扶领导小组，对全县307户农村独生子女户、二女结扎户和计生特困户进行帮扶，共计投入帮扶资金14.385万元，使带头实行计划生育的农户政治上得到光荣，政策上得到优惠，经济上得到实惠，生活水平有了提高，取得了一定的经济效益和社会效益，得到了社会上的好评，从而在人民群众中树立了计生队伍的威信。

提到农村独生子女，我想起了曾经历过的一件事，至今还记忆犹新、难以忘怀。那是1989年8月27日，我已经离开计划生育战线，正在县政府六楼监察局办公室看一个案子的卷宗材料，正准备下班时，忽然看见一个打着赤脚的小男孩站在我办公室门口，吓了我一跳。我走过去问他："小朋友，你找谁？"他回答说："找刁解娣。"我问他："你知道她吗？"他说："不知道。"我又问他："你找她有什么事吗？"他说："我是文武乡×××生产队的独生子×××，今年从文武乡中学初中毕业了，要来墨江读书，找她帮忙。"当时我左思右想，回忆起了这个孩子是我10年前在文武乡计生办工作时第一个领取独生子女证的独生子。当时他爹爹瘫痪在床，他妈妈是憨人，是居住在生产队社房里的弱势群体。情况清楚后我的思想斗争很激烈，知道很难处理好这件事，要是不想尽办法让他读书心里总觉得对不起他一家人。让他读书呢，吃、穿、住、行的经费开支怎么办？我也有孩子，家庭矛盾怎么处理呢？思想斗争几天后，我决定还是把这件事在一家老小中公开，取得家人的支持，共同来做这件善事。召开家庭会议时，我把这件事做了陈述后，最终得到了全家人的支持。把他安排在墨江县职业高级中学就读，我家对他的管理是星期一到星期五给大米、给钱，在学校吃住，星期六、星期日回到我家吃住。高中3年里我们全家人把他当成自家人对待，我女儿当时说了令人十分难忘的一句话："妈妈！今天哥哥要回来了，要少吃一点饭，不然哥哥不够吃。"想起真心酸。3年高中毕业后我要求他考大学，他说："我再不忍心让娘娘供我读书了，谢谢娘娘！"毕业后他流着眼泪，依依不舍地离开了这个家。他现在在普洱市的一家企业上班，发展得很好，在市中心买了一幢住房，经常邀请我们去他家。想起往事，体会到计生工作苦中有乐，多滋多味。

寓管理于服务之中，积极推行避孕节育措施知情选择。为了开展好计划生育优质服务工作，我们进行了基线调查，在调查的基础上制定《墨江哈尼族自治县计划生育优质服务实施方案》《优质服务工作登记表》等，取消了育龄妇女管理证，换发了《生殖保健服务手册》和《优质服务小知识手册》，并按优质服务工作登记表的41项内容开展服务工作，已婚育龄妇女每年平均享受健康检查服务不少于3次。

推行避孕节育措施知情选择是人口与计划生育工作坚持国家指导与群众自愿相结合方针的具体体现，是评估计划生育优质服务质量与水平的一项标志性工作，所以，我们在知情选择方面的具体做法如下。

（1）让避孕对象充分知情。针对不同避孕对象的不同情况，通过多种形式的宣传教育，特别是面对面的咨询，让育龄群众在知晓生育政策的基础上，进一步了解本人的生理特点和职业特点，了解本人的健康状况，了解3种以上避孕节育方法的适应症、禁忌症和副反应，了解服务站（所）能够提供避孕服务的条件和可供选择的避孕方法。

（2）技术服务人员对服务对象要充分知情。即在熟练掌握避孕节育基本理论与技能的基础上，了解服务对象的生育意愿和生育史，了解其健康状况和生殖健康需求，了解其对避孕方法的知情程度。

（3）在双方知情的基础上，通过面对面方式，技术服务人员与育龄夫妇共同分析其自身情况，本着安全简便、长效为主、鼓励男性参与的原则，提出最适宜该夫妇的避孕方法指导和建议，由夫妇双方共同做出选择决定，然后由技术服务人员为其提供优质而规范的避孕节育服务。

（4）管理人员与技术服务人员对采取避孕节育措施的夫妇要进行定期随访。技术服务人员应重点关注实施绝育和放环等长效节育手术的对象，在规定时限内进行逐人随访；对选择药具实施避孕的对象，由村级宣传员全面进行月访；对当年使用药具有失败史或有明显副反应的特殊对象，由乡

（镇）技术服务人员负责重点随访。如出现副反应或并发症，必须及时予以治疗。

充分发挥计划生育协会在计生工作中的重要作用，实行民主管理。为了接受群众对人口与计划生育工作的有效监督，发展计划生育协会会员 30892名，实行计划生育政务公开、村务公开和收费公示制，人民群众广泛参与计划生育的民主管理和民主监督。特别是扎根于群众的计划生育协会，组织育龄群众发挥了自我管理、自我教育、自我服务、自我监督的作用。

建设宣传阵地，加大宣传力度。县级有专职宣传干部，设有广播栏目、婚育学校、人口学校，《墨江通讯》上设有《人口园地》。配有摄影机 2 台、照相机 1 台、放映机 1 套及必要的宣传器材。乡（镇）均有人口学校，村（居）民委员会设有人口学校教学点，服务所有宣传培训室，为开展优质服务工作创造了条件。

回顾我在不同计生岗位工作的两段经历，多少陈年往事历历在目，多少酸甜苦辣涌上心头。

我从事计生工作的第一个阶段（1979～1988 年）的 10 年，是开展计划生育"三为主"和优质服务项目之前，作为中国少数民族地区最基层的计生干部，由于缺乏必要的服务技能和服务条件，只能凭借自己朴素的感情和倔强的性格，迎着困难，走村串寨，一家一户地去做工作，终于在哈尼族大山沟里开启了现代避孕节育的先河，总结了一条在少数民族地区开展计划生育工作的经验，这就是"以情感人、以情动人，和群众同吃、同住、同劳动"，这是做好"天下第一难事"的一把金钥匙。

我从事计生工作的第二个阶段（1998～2003 年），形势有了很大的变化，计划生育工作环境和工作条件有了很大改善，尤其是开展优质服务工作后，不仅仅靠朴素的情感，而且有了先进的理念、科学的管理和成熟的技术，还有了群众的自觉拥护。我和我的同事们身在其中，获得了锻炼，增强了做群众工作的能力，成长为一批优秀的基层干部，当时参与"三为主"和优质服务项目试点工作的 20 多名年轻干部后来被提拔到不同岗位任职。至今他们常说："昨天的计划生育工作丰富了我们的人生，给了我们今天认真工作的资本。"今天的计生工作深受广大育龄群众的欢迎，在人民群众中树立了做计划生育工作的干部是全心全意为人民服务的贴心人形象，密切了党群、干群关系，有力地促进了工作思路和工作方法的转变。我们在全县唱响了"心系群众、情暖万家、贴近家庭、服务到人"的服务口号，从而调动了全体计划生育工作人员的积极性和广大育龄群众参与优质服务的自觉性，党和国家的计划生育政策和优质服务工作逐渐被广大群众所理解和接受。通过"三为主"和优质服务项目的实施，改善了计生部门的办公条件，实现了办公自动化，有力地推进了我县计划生育工作的跨越式发展，违法生育人数逐年减少，计划生育率达95.48%。知情选择率逐年提高，综合节育率达85.68%，自愿及时避孕人数不断增加，避孕及时率达65%。"三为主"工作得到了进一步巩固，巩固率达91.16%。连续4年荣获市级计划生育目标责任考核一等奖，建立了计划生育行政执法责任制和公示制，维护育龄群众的合法权益，做到文明执法，呈现干群关系良好的可喜局面。

2003年10月，云南省思茅市人口与计划生育委员会推荐墨江哈尼族自治县为全国计划生育优质服务先进县，同年11月20日，国家验收组在张二力司长的带领下到墨江评估验收。张二力司长到墨江后连夜查看了数年的人口统计报表，第二天马不停蹄地到龙坝乡对优质服务工作进行了实地评估，同时走村串户，与群众直接交谈。在龙坝乡验收工作接近尾声时，国家验收组技术专家韩丽辉老师对我说："刁局，你们在这么艰苦的条件下，工作做得那么好，真不容易，我很受感动。"评估验收工作结束后我们挥泪告别。2017年2月，韩老师情深意长地专程来到她曾经指导过的墨江哈尼族自治县，我们姐妹一起谈笑风生，忆过往工作的经历，看今朝墨江的发展。特别值得一提的是张二力司长，在整个评估验收过程中不厌其烦地给我们灌输优质服务的新理念、新思想、新做法和新经验，让我们学到了不少优质服务新知识，有力地促进了我县优质服务整体工作水平的提升。张二力司长为墨江哈尼族自治县计划生育优质服务工作指明了方向，点燃了永不熄灭的明灯，引导我们获得了全国第一批计划生育优质服务先进县的称号，推动了少数民族地区计划生育工作的跨越式发展。

计生故事讲不完、写不尽，衷心祝愿全国老计生工作者平安、健康、幸福，也祝愿正在为计划生育和生殖健康服务默默奉献的工作者谱写出更加辉煌的时代新篇章。

20
计划生育技术服务健康本质的回归与升华

熊源发*

    1983 年，我从昆明医学院基础医学部调到正在组建的云南省计划生育技术科学研究所，从此与计划生育技术服务结下了不解之缘。先是从事科研工作，与上海第二医科大学王一飞、顾明章教授等合作开展男性避孕节育研究，协助上海仁济医院江渔、王益鑫教授的实验室建立男性精液果糖和酸性磷酸酶生化检验方法等。1991 年从云南省计划生育技术科学研究所调到云南省计生委担任首任科技处处长，在计划生育科技管理岗位工作了 10 年。

    多年来，国家计生委科技司和优质服务项目办领导给予我特别的关怀和培养，使我有幸亲历了计划生育服务的一些重大事件。1993 年 11 月，国务院机构改革中明确了国家计生委计划生育技术服务管理的职能，我应邀参加了

* 熊源发，1951 年生。1976 年昆明医学院（2012 年更名为昆明医科大学）医疗系毕业，并留校在昆明医学院基础医学部任教。1983 年调任云南省计划生育技术科学研究所研究室主任和党支部书记。1991~2000 年任云南省计生委科技处处长，于 1995 年加入云南省生育健康研究会（2007 年更名为云南省健康与发展研究会），先后任理事、副会长、常务副秘书长等职。1993~2002 年，先后参与了国家计生委的计划生育技术服务管理部门规章和国务院行政法规及配套文件的起草等工作。2002 年，被聘为计划生育优质服务项目办公室专家和中国/联合国人口基金生殖健康/计划生育项目专家组专家。2001~2014 年，先后任"中西部地区计划生育优质服务示范工程项目""新农村新家庭——川滇藏地区人口健康促进项目""西藏和四省藏区优生优育项目""新农村新家庭同心项目"专家组专家，参与了项目的指导与实施工作。

国家计生委部门规章《计划生育技术服务工作管理办法》等 4 个管理文件的起草。1999 ~ 2001 年又应邀参加了国务院法规《计划生育技术服务管理条例》及配套文件的起草制定工作。我还承担了《云南省志·科学技术志》"计划生育科技"一章的编写工作。1995 年以来参加云南省生育健康研究会生殖健康研究。这些经历都使我有幸了解和见证了计划生育技术服务的发展历史与演变过程。2001 年我从行政部门退休后，一直在张开宁教授的云南省生育健康研究会从事研究和项目工作。特别是 2001 年我被吸纳到计划生育优质服务项目专家组和中国/联合国人口基金生殖健康/计划生育项目专家组，此后在解振明、顾宝昌、张二力、张开宁等一批著名专家的指导下，参与了中西部地区计划生育优质服务示范工程项目（以下简称中西部优质服务项目）、评估验收计划生育优质服务先进县（市、区）创建活动和中国/联合国人口基金生殖健康/计划生育项目督导等工作。从这些专家身上，我学到了优质服务和生殖健康的理论、研究方法和工作方法，令我终身受益。在此期间，我也一直关注着计划生育服务的发展变化。

参与计划生育优质服务的试点工作是我人生中最值得怀念和珍惜的岁月，许多经历至今记忆犹新。但本文我要重点讲述一个体会：计划生育优质服务促进了计划生育技术服务回归健康本质并使其得到了升华，使避孕节育技术服务从单纯的生育控制演变为全面增进生殖健康和家庭福祉。

事情还得从 1990 年谈起。当时，我在云南省计划生育技术科学研究所接到一个任务——参加"修志"工作，参与编写《云南省志·科学技术志》，负责编写"计划生育科技"一章。因为是第一次编写这方面的志书，必须追本溯源。我查阅了当时云南省卫生厅档案室全部历史档案，查阅了其他能够找到的文献资料，深入访谈了云南省当时在世的所有第一代妇产科、泌尿科医生（多为新中国成立前留洋归来的学者和云南省的妇产科、泌尿科学科奠基人）以及现任计划生育技术指导组专家。在汇总分析了计划生育科技历史资料的基础上，形成了一个基本认识：避孕节育技术在 20 世纪 50 年代中期以前只是单纯的保护健康的技术，妇产科医生只有在怀孕和分娩会危及妇女生命的情况下才会为妇女施行输卵管结扎手术（女扎术）和人工流产手术（人流术），每个医学生都必须熟知"希波克拉底誓言"中"遵守为病人谋利益的道德原则……尤其不施行给妇女堕胎的手术"的准则；当时国家政策也严格限制避孕和人流等节育手术的开展和避孕药具的进口。因此，虽然女扎术在20世纪40年代初期、放环术在50年代初期就传入云南，但是避孕节育服务一直没有在医院公开开展。

20世纪50年代中期，中央领导为回应女性职工节制生育以更好地参加社会主义建设的要求，发出要为妇女提供避孕节育服务的指示，避孕节育服务才开始在城市医院公开施行。云南省最早在昆明和个旧两个城市设立了计划生育门诊。1962年年底，中央发出《关于认真提倡计划生育的指示》后，避孕节育技术在城市和人口稠密的农村加快推广。20世纪70年代以来，控制人口增长成为国家的紧迫任务，人口控制指标纳入国民经济计划，避孕节育技术在全国城乡加速推广，服务形式也从计划生育门诊到计划生育手术小分队，再到80年代后期普遍建立计划生育服务站。计划生育技术也从保护健康的技术逐步演变为控制生育的技术。而且，为了实现控制人口的高指标、严要求，"孕后补救"在70年代后期曾经风靡一时，突击手术和强制性手术也时有发生，技术服务的质量得不到充分保障；80年代许多地方实行"一环二扎"的技术指导原则，妇女被动接受节育手术的现象比较普遍。可以说，计划生育技术已经被异化为单纯控制生育的手段，其保护健康的功能被淡化。

20世纪90年代，时任国家计生委主任彭珮云同志提出了计划生育工作要实现"两个转变"的目标，提出计划生育工作既要抓紧又要抓好的要求，大力倡导以人为本理念，保障妇女生殖健康权利。彭珮云同志亲自部署，从东部地区开始优质服务试点，引导中国计划生育工作开启历史性的转变历程。在优质服务试点从东部地区拓展到中西部地区的过程中，我有幸成为中西部地区计划生育优质服务示范工程项目专家组成员，在张开宁教授领导下开展工作。2002年国家计生委在全国开展了计划生育优质服务先进县（市、区）创建活动，引领中国计划生育工作加速实现"两个转变"。

随着优质服务的持续推进，生殖健康理论逐步普及，计划生育技术服务也从20世纪90年代开始发生了一系列的转变，使计划生育技术从控制生育的技术逐步回归为保护健康的技术，而且其服务领域不断拓展，服务内涵不断丰富，服务理念不断升华，中国成为生殖健康理论的践行者，计划生育服务成为关注妇女健康、家庭发展的事业，而计生与卫生部门的整合也成为这种转变的必然归属。

我有幸亲历和见证了这一历史性转变，欣喜地看到了计划生育技术服务发生了以下一系列变化。

一 服务理念发生转变，服务意识逐步增强

推行优质服务，首先就是倡导以人为本的理念。在我的印象中，计划生育部门是我国政府部门中最早倡导以人为本理念的部门。国家计生委主任张维庆把以人为本阐释为"关心人、理解人、尊重人"；长春市计生委主任高松柏将其解释为"人性关爱、人情关爱、人文关爱"（简称"三个关爱"）。我在长春市看到：每个计划生育服务站都将"三个关爱"的标语悬挂在显著位置，作为服务人员的座右铭。江苏省计生委与玛丽斯特普国际组织共同打造的"世代服务"，真正实现了"以服务对象为中心"，在服务的每个环节都体现了"三个关爱"，成为深受育龄群众赞誉的优质服务品牌。

专家组在优质服务项目开展过程中始终努力倡导生殖健康的新理念、新思路，生殖健康理论在项目县（市、区）最早普及，计划生育管理人员和服务人员的理念、思路和视角不断发生变化。如对于避孕节育措施，不再只将其看作落实生育政策的工具，更看作是对妇女的避孕保护，是为了减少人流，保护妇女健康，促进家庭生育调节；项目县（市、区）通过宣传、推广安全有效的避孕节育方法，满足育龄群众的避孕节育需求，改变了那种依靠人流补救控制生育的被动局面。

还记得中西部优质服务项目启动后的 2001 年 11 月 11 ~ 13 日，我和唐月华、李俊杰、邓睿等项目组成员到云南省牟定县进行项目督导，就专门开展了"降低人流率"的访谈和讨论。我们采用因果关系图、问题树等参与性方法工具访谈了县、乡、村三级计划生育服务人员 5 组约 50 人，找出该

县女性群体已婚和未婚做人流的主要原因，并根据重要性排了序，大家提出了降低已婚人流率的 5 点对策和降低未婚人流率的 3 点对策，共同制订了《降低人流率方案》。充分体现了计划生育技术服务关爱妇女健康的医学本质。

通过专家组的持续倡导，关心妇女生殖健康在项目县（市、区）蔚然成风。项目县（市、区）计划生育服务机构不再只盯着落实避孕措施，而且也关注不孕不育，帮助不孕夫妇实现生育愿望。还根据基线调查和需求评估中发现的妇女生殖道感染比较严重的情况，开展了普查普治活动。

在我到过的全国优质服务项目县（市、区）、先进县（市、区），无论是党政领导、管理干部还是服务人员的思想观念和工作思路都在逐步发生转变，都把以群众需求为导向、尊重群众的生殖健康权益、实行知情选择等作为他们的工作成绩，转变了以往采取强制、高压手段开展工作的做法。计划生育不再是"咋干咋有理"，也不是只"围着人口数量转"；乡（镇）计划生育服务站除了查孕查环，都普遍开展了查病治病，发展为"三查一治"，都以为群众提供综合性的生殖健康服务为己任。计划生育服务不仅关注育龄妇女的怀孕生育，而且还关注优生优育、不孕不育和妇女病，服务还延伸到了青春期、更年期和男性群体。

试点地区的一些基层干部对我们讲："以前的工作只是围绕人口控制指标转，只要完成上级下达的目标责任书就行了。现在工作要围绕群众转，要让群众满意。""过去是对群众管理、要求的多，现在是要服务群众，对干部要求的多。""虽然现在工作量比以前大了，但干群关系大大改善了，群众更支持、配合我们的工作了，工作的效果也比以前好多了。"

二　推行避孕节育知情选择，维护妇女生殖健康权利

避孕节育知情选择是优质服务"六要素"的核心要素，中西部地区试点必须普遍开展。但是，中西部地区出生率高、早婚早育率高、多孩率高和综合避孕率低、服务能力低的"三高两低"的区情，以及"一环二扎"技

术政策执行的惯性，对知情选择的实施是一个严峻的挑战。在基线调查时，我们发现一些项目县（市、区）的干部对开展知情选择心存疑虑，担心放弃"一环二扎"规定会引起长效措施没人选，避孕失败率升高，进而导致人口失控。甚至有的专家也担心中西部地区起点低、基础差、难度大，知情选择难推进。因此，专家组在项目县（市、区）的培训中，都把知情选择列为首要内容，反复宣讲知情选择的概念、内涵、必要性和重要性。我总结了云南省1996~1999年在昆明市五华区、盘龙区开展知情选择试点和在官渡区开展综合服务试点的经验，形成了在中西部地区区情下开展知情选择的方案和方法。包括：摆正三方关系，分析三个基础，创造三个条件，实施八个步骤，抓住五个环节，排除三类障碍，遵循五项原则，处理好四个关系等。这些方法在与项目县（市、区）基层干部的研讨中逐步清晰、丰满和完善，对中西部优质服务项目县（市、区）开展知情选择起到了指导作用。我于2001年8月在乌鲁木齐召开的全国"三大工程"（即以避孕节育优质服务、生殖道感染干预和出生缺陷干预为重点的计划生育/生殖健康优质服务三大工程）培训会议上做了大会发言，得到了赵白鸽司长的肯定。

祥云县、当阳市等一些项目县（市、区）为了落实知情选择，不仅将其列入了实施方案，而且专门制定了具有可操作性的《避孕方法知情选择规范》。这些县（市、区）取消了对"一环二扎"的考核指标，通过加强避孕知识的宣传普及和提供及时方便的避孕服务，保持了较高的综合避孕率，虽然避孕措施结构有所变化（结扎的比例有所下降），但是避孕效果反而得到了提高。在与基层服务人员讨论"为什么结扎的比例下降了，避孕效果不降反升"这一问题时，有些人认为这是"因为自选的措施是他们自己想要的"，或与"服务机构更加注重服务质量"等有关。当阳市2002年10月对879名农村已婚育龄妇女做了定量调查，有80%以上的妇女采用长效节育措施（包括放环、皮埋），53%的妇女认为这是受以往推行"一环二扎"规定的影响，有47%的妇女认为这是因为长效措施更加可靠和方便而自愿选择的。青海省互助县和云南省牟定县都是国家级贫困县，工作难度大、服务能力低，它们采取分步实施、逐步放开的原则，"把群众知情自主选择与医生检查指导相结合"。祥云县计生委主任张之明认为，"育龄群众在充分知情的情况下往往会自觉自愿地选择方便、安全、可靠的长效为主的避孕节育措施"。

事实证明，广大群众对国家的计划生育政策是理解和支持的，但是对强迫命令的做法不满意。特别是女性群体，她们也不希望缺乏避孕保护而意外怀孕和做人流。受到尊重，了解生殖健康知识和获得方便、优质的计划生育服务是她们的愿望。她们对自己选择的避孕方法会更加用心地使用，因而也会有更好的效果。1997 年，我在昆明市五华区知情选择试点单位就遇到一个案例。试点单位一位知识女性，生了一孩后单位领导要求她去放个环，因为单位需要完成街道计生办下达的长效避孕考核指标。这位妇女觉得选择避孕方法是自己的权利，放环大小是个手术，有点担心，只想选用短效避孕方法。但是架不住单位各级领导反复登门苦口婆心地做思想工作，不得已去放了一个环。虽然放环很成功，但是她老觉得体内有异物，成了一块心病。知情选择试点启动后，这位妇女向计生办提出了"我可不可以把环取掉"的要求，计生办主任征求我的意见，我说："既然不符合她的意愿，应该立即取掉。"这位妇女后来采用了一段时间的短效避孕方法感到不满意，又自己提出要去放个环，她在自己选择的医院放了一个自己选择的环，后来一直感到很满意。

三 服务条件逐步改善提升，努力营造温馨舒适服务环境

从东部地区试点县（市、区）、中西部地区项目县（市、区）以及我到过的优质服务先进县（市、区）都可以看到：在优质服务理念指导下，计划生育服务机构都在努力改善服务条件，营造温馨舒适的服务环境，塑造计划生育服务新形象，尽可能体现对育龄群众的"三个关爱"。尤其是一些东部地区的服务站，从外观形象设计到色彩选择再到内部宣传氛围都显示出浓郁的人文关爱和人情关爱，内部科室布局方便群众，环境显得亲切、温馨、舒适。许多服务站的形象都深深印在我的脑海里。譬如江苏省的"世代服

务"，包括市、县、乡、村各级服务机构统一打造的形象显得格外温馨、舒适，显示了对服务对象的充分尊重和关爱。还有我考察过的一些服务站都营造了很好的服务氛围，并开展了非常人性化的服务，令人耳目一新。如黑龙江省宁安市、东宁县和绥芬河市，浙江省莲都区、路桥区、新昌县，山东省青岛市、高唐县、龙口市，以及吉林、河南、江西、陕西、湖北等省份的一些服务站，都给我留下了深刻的印象。国家计生委科技司不失时机地吸收了各地服务机构塑造形象改善服务环境的经验，统一设计了服务站的外观形象和建设标准，进一步规范了全国计划生育服务机构的建设和管理。

中西部地区特别是西部地区的服务站，由于社会经济发展水平等多方面条件的限制，服务站的形象工程与东部地区相比还有很大差距。但是项目县（市、区）和一批先进县（市、区）也在优质服务理念的指导下，努力创造条件改善服务环境。例如，牟定县服务站想在服务站内外增设一些普及生殖健康知识和营造文化氛围的宣传板，但是又缺乏经费。服务站站长就动员所有服务人员参与，利用休息时间加班加点自己制作，使县、乡两级的服务站（所）面貌焕然一新。青海省互助县服务站考虑到冬春农闲时节群众前来做计划生育手术的比较多，而当地气候寒冷，手术室没有空调，在没钱买空调的情况下，就想办法在手术室天花板上安装一盏浴霸灯来提高手术区域温度，使做手术的群众不再遭受寒冷之苦。这些细节，都反映了优质服务带来的理念变化。

四 技术服务领域不断拓展，形成系列化生殖健康服务

关注服务对象的生殖健康需要拓展服务领域和改善服务质量。东部试点地区把服务领域拓展到了全面的生殖健康服务。如江苏省较早提出了"避孕节育全程服务和生殖保健服务"的概念，并在盐城等地开展试点，把服务范围拓展到青春期和更年期；浙江省提出了"人生全程服务"；吉林省农安县在全国率先把计划生育服务站变成了全面开展生殖健康服务的"生殖保健医院"。计划生育服务突破了仅仅开展避孕节育服务的局限，拓展到覆

盖生育、节育、不育的"三育服务",并逐步发展为系列化生殖健康服务,
服务内容包括优生优育、生殖道感染防治、性病艾滋病防治、不孕不育治
疗、性健康咨询等,一些地方还与卫生部门的妇幼保健机构合作,同时承
担一些妇幼保健服务;服务范围从育龄期延伸到覆盖婚前期、孕前期、孕
产期、哺乳期和更年期的"五期"服务;服务人群从育龄妇女拓展到男
性、老年人、青少年,根据不同人群的需求和特点提供相应的服务。山东
省青岛市率先突破部门壁垒,把计划生育服务站与妇幼保健院整合;地处
西部的贵州省也在全省普遍实施了机构整合。这种整合有利于生殖保健的
全面开展。

中西部地区服务能力较弱,但是也积极开展生殖保健活动。试点县
(市、区)都努力提升服务站的服务能力,尽可能拓展生殖健康服务。首先
从与节育密切相关的生殖道感染防治入手开展妇女病查治,结合"三大工
程"的推进开展出生缺陷干预,预防和减少人工流产,有的县(市、区)
还配合妇幼保健部门开展孕产期保健服务。昆明市官渡区在20世纪90年代
末就学习东部试点地区的经验,进行了"生殖健康综合服务"的探索,服
务站开展了覆盖生育、不育、节育的系列化服务。

生殖道感染(RTIs)是危害妇女健康的常见疾病。基线调查和需求评
估发现,项目县(市、区)妇女生殖道感染发病率很高,基线调查中一些
县(市、区)的自我报告率在60%~75%,因此6个项目县(市、区)在
制订实施方案时就有4个县(市、区)把生殖道感染选为项目的"自定活
动"。2001年3月中旬,中西部优质服务项目首席专家张开宁教授与人口理
事会在昆明市联合组织举办了生殖道感染国际研讨班。中西部地区6个项目
县(市、区)的技术骨干也参加了研讨培训。计划生育优质服务项目办副
主任解振明教授专门组织了项目县(市、区)代表的座谈会,强调了RTIs
防治在优质服务中的重要意义。所有项目县(市、区)的计生服务机构回
去后都开展了以RTIs为重点的妇女病普查普治工作。仅第一年,云南省牟
定县就普查14420人次,治疗6802人次;云南省祥云县筛查39122人次,
治疗8900多人次;甘肃省徽县普查6998人次;青海省互助县在6个乡84

个村的普查普治中，查出生殖系统疾病患者 5100 人次，治疗 3220 人次。四川省江油市在普查普治中，在中坝镇新场村查出一位 35 岁的妇女患有子宫肌瘤，并为其做了治疗，这位妇女事后专程赶到市计生服务站登门致谢。由此可见，这些工作得到了广大妇女由衷的拥护，计划生育的形象在悄然发生改变。

不孕不育的病因十分复杂，县级服务站往往医疗条件较为简陋，缺乏人才和设备。我们在云南组织省计划生育技术科学研究所派出医疗队到项目县（市、区）和其他有要求的县（市、区）开展下乡巡回服务。云南省峨山彝族自治县服务站借助省计划生育技术科学研究所和玉溪市人民医院的技术支持，探索出"农村不孕不育症县域普查、跟踪服务与公共管理模式"，获得了玉溪市科技成果奖。其他省份的项目县（市、区）也努力为群众提供不孕不育诊治服务，帮助育龄夫妇实现生育愿望，县里条件不足时就转诊到上级医疗机构做进一步的检查和治疗。我们在项目县（市、区）评估调查时，有的群众说："过去计划生育（部门）就是不让你多生孩子，动不动就喊去结扎，现在好了，不会生（孩子）的还帮助你治病生孩子。"

国家计生委从 2000 年开始，在总结东部地区优质服务试点经验基础上，提出了"以避孕节育优质服务、生殖道感染干预和出生缺陷干预为重点的计划生育/生殖健康优质服务三大工程"（简称"三大工程"）。2001 年 1 月，在北京友谊宾馆召开了声势浩大的启动大会，开始在全国启动实施。"三大工程"以政产研结合的方式强力推动，加快了优质服务在全国的推行。2004 年，受国家人口计生委委托，我和刘湘源在张开宁教授的领导和指导下，对"三大工程"进行了中期评估。在深入各省份调研和查阅文献的过程中，我们看到，从 2001 年年底 19 个省份启动试点开展 26 个国家级项目，到 2003 年年底全国 31 个省份全面实施了"三大工程"，运用政府力量调动资源，推进生殖健康服务，后来在"出生缺陷干预工程"基础上，又开展了"孕前优生"项目，加快了我国优生优育的发展。

从我亲身经历和亲眼所见的上述事件中，我深切地感到：发端于 20 世纪 90 年代中期的中国计划生育优质服务，在一批具有远见卓识的领导和专家的积极倡导和努力推动下，把以人为本、生殖健康理念引入计划生育，成功地建立了优质服务的计划生育工作模式，促进了计划生育工作的"两个转变"，改变了计划生育的形象。特别是计划生育技术服务的模式从单纯的控制生育演变为全面的生殖健康服务，促进了计划生育技术服务健康本质的回归，即从单纯的"节制生育"的技术，回归为"保护健康"的技术，并且进一步拓展和升华为"增进生殖健康"的技术。

我参与了计划生育优质服务

米国庆[*]

中国计划生育优质服务项目试点的启动是在 1995 年 2 月。记得那一年春节过后不久，时任国家计生委规划统计司司长张二力召集几个年轻处长开了一个座谈会，讨论如何做好各省份人口与计划生育工作的考核，座谈中张二力司长提出要改革考核指标体系和考核评估方法等问题。类似的座谈会至少开过两次，记得有一次顾宝昌老师也参加了，那时他是中国人口情报信息中心的副主任。

老计生都知道，在 20 世纪 90 年代初的几年里国家计生委对各省份的人口指标评价曾是"刚性"的。说白了，就是控制人口增长的那几个率，尤为看重的是人口出生率和人口自然增长率。是骡子是马，那是真的要拉出来

---

 * 米国庆，1955 年生。1983 年毕业于北京医学院（1985 年更名为北京医科大学，2000 年更名为北京大学医学部），医学学士，外科医生。1985 年完成北京医科大学公共卫生学院卫生事业管理硕士班课程。自 1987 年起在国家计生委工作，历任科技司副处长、处长、副司长。2007 年任国家人口计生委药具管理中心副主任，2010 年任国家人口计生委巡视员。自 1995 年起参与计划生育优质服务项目试点工作。1996 年赴新加坡国立大学医学院做访问学者，为期 3 个月，进修人类生殖技术与生殖健康管理并进行交流；2002 年在美国约翰斯·霍普金斯大学公共卫生学院做博士后，为期 1 年，研究人口与家庭健康，进行交流并发表论文。长期从事计划生育科技管理工作，组织、制定与实施培训基层计划生育技术服务人员的"七五"和"八五"规划；参与《计划生育技术服务管理条例》的撰写和相关配套文件的制定。负责计划生育药具的组织发放、质量监管和国际交流工作。

遛遛才行，各省份的计划生育工作还要据此排队。在全国范围内，统计工作中已经呈现"挤水分""回头看"等严格的管理模式和工作机制。有些基层领导因为控制生育指标的任务没完成而被调动，甚至被撤职。因此，各省份对自己的工作总结和评价都集中体现为"一环二扎三补救"等数字的攀升。在当时人口形势严峻的特定环境下，这种做法和势头也是必要的，但是，也带来了一些问题。各级计划生育行政部门及领导大多关注人口控制指标的完成，而忽视了服务工作，发展下去势必会使党群关系和干群关系紧张，严重影响计划生育工作的形象。不合时宜的考核甚至还会使评价的工作结果严重失真，江苏省就出现了类似问题。

由于苏南的社会经济发展水平比较高，20世纪90年代初苏南的计划生育工作在全国已处于较高水平，各项工作进入良性循环，基本没有突击活动。而苏北的工作起步较晚，1992年苏北搞了"大会战"，靠突击完成了指标。在1993年和1994年的考核中，苏北的指标居然明显好于苏南，这显然是一种指标体系的不当设定导致对工作水平评价的失真！张二力司长敏锐地发现并抓住了这个问题，提出了要改革考核的指标体系。

我当时是国家计生委科技司技术处处长，在与江苏省计生委科技处处长董光华的工作接触中，她也曾提出这个问题。江苏省的应对措施是在考核中加入技术服务内容，并使其占合适的比重，这样就能反映出经常性工作水平，从而可避免出现"大突击式的先进"。

在国家计生委的一次座谈会上，我也介绍了江苏省的做法。经过热烈讨论，大家认为改革考核指标体系十分必要。最后会上明确了几点。第一，要通过试点探索改革方法。选那些社会经济发展水平比较高、计划生育基础比较好的区县作为试点。因为这是一项事关未来的工作，要发挥创新和带头的示范作用，而不是后进转变先进。第二，要选那些积极性高的区县做试点，地方党政领导和计划生育部门领导要有开创精神。第三，首批试点选择东部地区省份。在第一批拟定的6个试点中，有的区县由于习惯于既有的工作方法，不愿承担风险，在我们考察时提出不参加试点，后来又及时做了更换。浙江省德清县就是浙江省补充进来的候选县，德清县的试点工作很出色，做出了它的贡献。

1995 年年初，计划生育优质服务选点小组在张二力司长和顾宝昌老师带领下出发了，第一站去了辽宁省金州区（未被定为试点），后来又相继去了吉林省农安县、青岛市即墨市、江苏省盐城市郊区、浙江省德清县、上海市卢湾区。北京市宣武区是 1997 年第二批加入的试点区县。

计划生育优质服务在当时是一项极具挑战性的新工作，特别是挑战了大家习以为常的工作理念，在新理念指导下的工作实践也不同于粗放的工作模式。对于选点小组来说，也是在实践中通过不断地探索和研究缓步前行的。选点小组每到一地都要连续作战，通常做法是晚饭后对当天的情况及个人感受进行小结，大家积极踊跃发言，之后结合当天考察单位的情况，分析其工作水平，包括好的方面和不足之处，并试图提出未来的改进可能，以便离开前对考察单位提出中肯的意见和建议。值得一提的是，选点小组的每位成员在研讨过程中都是畅所欲言的，大家彼此尊重，也有观点交锋和碰撞。张二力司长、顾宝昌老师和解振明老师发挥了非常好的核心作用，他们把握了讨论的高效进行，使大家感觉既充分又开放，既有思想交锋又能最终达成一致。每次的总结和研讨都持续到深夜，甚至后半夜。

技术服务是优质服务项目中的重要组成部分，试点项目的开展要求技术服务必须大大地优化。可是，如果思想观念没有转变，技术服务的优化是难以实现的。针对在基层计划生育技术服务中出现的各种问题，一方面要做好系统的培训工作，另一方面要用优质服务理念武装思想。为了尽快提高优质服务试点区县的技术水平和服务能力，亟须制定面向基层计划生育技术服务人员的岗位培训规划，以及培训教材、教学大纲和考试大纲。要完成培训工作还需要培训省级和地市级师资，并规划好针对不同层次和不同地域的实施方案，以切实提高基层服务人员技术水平，使育龄群众能够享受到优质的技术服务和生殖健康服务。

有关技术服务的工作是由我来负责的，包括活动设计和组织落实。教材和教学大纲等的编写工作是请了当时计划生育领域最著名的医学专家和教授来承担，譬如郑淑蓉教授和韩向阳教授等就参与主编了培训教材。因计划生育优质服务工作从一开始就受到了国际组织的关注和支持，培训教材编写过程中需要同国际专家充分交流。乔根梅和吴尚纯两位教授承担了计划生育技术服务规范的编写和英文版的翻译工作，刘永峰承担了英文翻译的校对工作。我们的教材受到世界卫生组织专家 Potts 教授的充分肯定。

Potts 教授对中国十分友好，对工作高度负责。他在 1995 年圣诞节的第二天就从美国启程来到中国帮助我们工作，元旦期间也不休息。我和胡宏桃陪他在北京过了元旦。他看了新编的《计划生育手术常规》（英文版）和服务规范后，对文稿给予了充分肯定，只提出了在咨询指导中要增加预防艾滋病传播的建议。

由于优质服务项目的开展从一开始就注重理论与实践相结合，采取了"先易后难"和"小步快跑"式的工作方法，所以进展很快。1997 年以后各地都希望成为优质服务的扩大试点单位。计划生育技术服务的规范化正是借助于优质服务项目的开展得到了较快进步。

说到优质服务，就离不开知情选择。知情选择的内涵、精髓及意义，顾宝昌和解振明两位著名专家已在不同场合有过多次讲解和阐释，此处不做赘述。可是基层有时急于拿出好成绩，也有揠苗助长的情况。有个真实的例子，1999 年夏天我去威海市开会，并陪同联合国人口基金顾问普瑞玛·吉尔布特医生考察中国的计划生育技术服务。恰逢威海市计划生育服务中心正在争创优质服务站，便请我去指导工作。当我到咨询室了解工作开展情况时，一位年轻女医务人员接待了我，咨询室就她一个人。她按照事先准备好的内容一字一句地背给我听。因为时间关系，我打断了她。问她结婚了没有，只见她脸色瞬间变得通红，不好意思了。旁边陪同的地方领导中有一位中年女同志告诉我，人家还没搞对象呢，是刚刚毕业的学生！我听出了回答中有怪我的意思。她心里一定说，你还看不出来吗？什么眼神儿呀！可是我关心的是，这么年轻的医务人员能不能做好咨询工作？我现场做了指导，告诉他们，医务人员中最好要有一位中年大姐，形象要和蔼可亲，要使育龄群众有充分的信任感。提供咨询的医务人员本人最好经历过恋爱、结婚、怀孕、生育和避孕（有过失败和补救经历的更好），这样的人才能做好咨询工作，并指导好知情选择。后来，他们承认是为了迎接领导和外宾的检查临时安排的，平时咨询工作开展得不够好。这个例子成为我后来讲解优质服务的案例之一。

我还提出，在做项目验收时，不要怕项目单位提前做准备，甚至要在项目一开始就把工作方案和验收方案统统下发。如果项目单位达到了验收方案中规定的优质水平，我们的目的不是就达到了吗？工作水平的高低不是一两天能装扮出来的。当然，我们要首先成为项目评估验收的专家。验收人员要能透过表面现象看到真实的工作水平。要做到这些，对于验收评估人员并不容易，首先我们得实实在在地提高自己的水平才行。

优质服务项目的开展还为后来推动人口与计划生育工作的法治化发挥了积极作用。我国《计划生育技术服务管理条例》（以下简称《条例》）的起草工作是于1996年启动的，我很幸运参与了这部条例撰写的组织和协调工作，并担任了执笔人。开始的起草理念就是想通过这部法规给计划生育管理者和技术服务人员赋予尽可能多的权力，而忽视了群众未被满足的需求和他们的权利。因此，在起草过程中走了弯路。后来，召开不同座谈会的交流探讨以及深入基层的调研经历，特别是优质服务的理念告诉我们，法律法规首先要限制计划生育行政管理部门工作人员和政府工作人员的权力，要规范技术服务人员的行为，从而做到充分保障育龄人群的生殖健康权利。

《条例》的撰写过程十分艰辛，经常受到来自各方面不同意见的挑战。有时为了讨论一个问题，大家会争论得面红耳赤，甚至彻底推翻已有的文字，从头再来。云南省的熊源发和浙江省的黄鑫楣这两位优秀的省计生委科技处处长都曾不止一次应邀紧急进京，在工作环境和生活条件十分艰苦的情况下贡献了他们的智慧和才干。他们两位也是优质服务项目的积极参与者和计划生育技术服务领域的专家，能请到他们帮助撰写这部国家级的法规文件，实在是幸运！国家计生委政法司的梁金霞同志在《条例》的法律用语和章法结构方面提出了许多宝贵的意见和建议，她高度的责任心和扎实的专业功底受到了大家的好评。

经过充分地论证和广泛地听取意见，既有国家层面的战略指导，也有基层的具体建议，既有国内法学专家的意见也有国际机构和国外专家的观点，最终形成了统一的指导思想，即充分保障育龄人群的生育权、计划生育权，以及育龄夫妇应当充分享有的生殖健康权……历经 5 年的筹备，出台这部法规的时机日渐成熟。经过不懈的努力，在国务院领导高度重视下，在国家计生委和委内相关司局的领导和指导下，《计划生育技术服务管理条例》以国务院第 309 号令于 2001 年 6 月 13 日发布。《条例》是集体智慧的结晶，离不开所有参与者的辛勤工作，其中来自各省份的专家和基层实际工作者也做出了他们的贡献。

我国的计划生育工作于 20 世纪 80 年代进入大规模的疾风骤雨式的推进阶段，一直到 20 世纪 90 年代中期的"决战中原"，大多是"大计划 + 粗放管理"，基层计划生育工作者更是对此习以为常。现在有了《条例》，一方面管理者和服务人员从此受到约束，规范自己的行为；另一方面育龄群众可以并应该充分享受到知情选择的权利。一开始，服务的供需双方都极不适应。在推动普法教育和积极开展优质服务项目的过程中，委里组织了基层调研，了解育龄群众是否知道自己的权利。2003 年秋，我带队去了吉林省农安县。在召开育龄群众座谈会时我问大家："听说过《计划生育技术服务管理条例》吗？"大家说，学习过了。我心里想，优质服务先进单位就是棒！再问，主要内容是什么？大家说法不一。正在我等待谁能简洁地说明时，一位中年妇女高声说了一句："知情选择，不收费。"我想，真是太棒了！来自群众的简洁而质朴的语言，仅用 7 个字就概括了《条例》中规定的群众权利，这不也是优质服务的精髓吗？我当即肯定了她的高度概括。这一条就成为我后来去基层检查学习和贯彻《条例》是否深入的标准之一，因为这 7 个字客观地反映了群众的需求。

计划生育优质服务项目是在我国人口过快增长得到有力控制的特定时期开展的一次从工作思路到工作方法的探索与创新。针对我国不同地区经济社会发展和计划生育实际工作进展的明显差异，划分了东、中、西梯度的大格局，提出了因地制宜的设想，并付诸实践。在优质服务理念的指导下，在计划生育工作中逐步取消了生育指标，提倡关心育龄夫妇的生殖健康，并通过不断提高管理者和服务提供者的自身素质和工作水平，在满足群众需求方面取得了成绩。优质服务的广泛开展为后来的计划生育工作"两个转变"的实现、人口与计划生育政策的调整奠定了基础。

优质服务带给了我们太多的话题，它对我们的影响包括对我们工作的影响是深远的。

22
优质服务中的"小题大做"

吴尚纯[*]

  我自 1982 年起一直在国家计生委（2003 年更名为国家人口计生委，2013 年更名为国家卫生计生委，2018 年更名为国家卫生健康委）科研所工作，从事计划生育临床研究。我们的主要任务是对避孕或人工流产（统称避孕节育）方法的安全性、有效性和可接受性进行研究和评价。对于许多避孕节育方法，除了药物、器具的性能之外，服务提供的过程也是我们研究的范围。举个例子吧，咱们国家使用最普遍的宫内节育器，老百姓叫"放环"。我们不仅要研究各种"环"的性能特点，例如形状、材料等，也要关心"放环"的过程和术后的服务，包括咨询、医学检查、放置手术以及放置后的随访等。谈到技术服务，自然会对服务的质量有所要求，所以 1998 年当我接到去青岛市参加中国计划生育优质服务评估研讨会的通知时，我理解这肯定是计划生育技术服务的事，便满怀期待地参会，就是想学习一下优质服务的标准是什么。没有想到的是，我这一去，从此就与中国计划生育优质服务结了缘！

---

 * 吴尚纯，女，1949 年生。1975 年毕业于天津医学院（1994 年更名为天津医科大学），1981 年毕业于中国医学科学院基础医学研究所，我国首批计划生育专业硕士。自 1982 起就职于国家计生委科研所，2001 年起任研究员、博士生导师，享受国务院政府特殊津贴。2000 年被评为全国先进工作者。自 1998 年起作为技术专家参与计划生育优质服务项目试点工作。

到了会上,并没有太多熟悉的科研、医疗或计划生育技术服务的同道,也就是人们常说的技术专家,而是结识了许多我原来不认识或不熟悉的各级计划生育系统的行政领导、社会学和人口学等领域的管理专家。与会的外国专家是公共卫生领域的学者,也是富有经验的管理专家。不知道与这些管理专家能否有共同语言,我一时忐忑不安。会上我认真倾听,会下我虚心请教。我了解到我国从 1995 年起就在 6 个区县开始了计划生育优质服务的试点工作,探索人口和计划生育管理和技术服务的改革与创新,以实现计划生育工作思路和工作方法的 "两个转变"。

第一次与这些管理专家面对面地讨论问题,发现他们的思路与技术专家还真是有所不同。我们所做的临床和科研工作,总是要拿出一系列具体的指南规范,用以指导和要求实际工作者,我们讲究的是 "张" "收",即遵循技术标准和规范,一是一、二是二,不允许 "越轨"。但管理专家讨论更多的是宏观目标,以及实现目标的途径、方法,充分调动实施者的积极性和智慧,群策群力,讲究的是 "弛" "放",即解放思想、大胆探索。优质服务项目把技术专家与管理专家结合在一起,"一张一弛、一收一放",做到优势互补。与这些管理专家共事,大大弥补了我宏观思维的不足。通过交流和学习,我了解到优质服务项目的核心理念是以人为本,以群众的需求为出发点,开展以避孕节育为重点的计划生育生殖健康服务。因此,技术服务也是优质服务的重要组成部分。

我是后来者,又是速成者。青岛研讨会之后,我迅速成为优质服务的参与者和践行者,常常跟随领导、管理专家们到各省份的县、乡、村实地考察、指导。县、乡两级计划生育服务机构是我必去的地方,也是我作为技术专家的用武之地。

避孕节育属于医疗和保健服务,为计划生育基本国策的实施提供了技术保障,在服务于基本国策的同时,广大服务提供者和研究人员其实从未忽视过对群众,特别是对在计划生育中作为避孕措施主要承担者的妇女的健康的关心。而作为技术专家,我们关注更多的是涉及妇女健康的细节问题。从我亲身经历的科研工作说起吧。我们的国家计生委科研所(前身是北京计划生育科研所）成立于 1979 年，因国策而诞生。我所在的女性临床研究室，在建所后的第一项研究课题就是肖碧莲院士带领我们对健康妇女的月经血量进行测定。通过我们的研究发现，当月经血量超过 80ml 时，妇女的血红蛋白和血清铁蛋白就会明显下降，血红蛋白和血清铁蛋白低于正常值的妇女比例也会明显上升，也就是说当月经血量超过 80ml 时，会增加贫血的风险，我们就将月经血量超过 80ml 定为月经过多。但在实际工作中，由于测定月经血量的方法繁杂，需要专用的仪器设备，所以难以普遍应用。因此，血红蛋白测定就成为反映妇女月经血量的重要方法。这项科研成果随即被运用到计划生育技术规范中，即对于要求放置宫内节育器的妇女，在放置前应进行血红蛋白的常规测定，如果发现贫血则不宜放置带铜宫内节育器。在放置宫内节育器后还应定期进行血红蛋白测定，如果妇女放置宫内节育器后自述月经血量明显增加，并且血红蛋白显著下降，则应进行治疗，如果治疗无效，应取出宫内节育器，更换含药含铜宫内节育器或者更换其他避孕方法。由此可知，血红蛋白测定这样一个最常用的、操作简单的实验室检测项目，对妇女健康的保护和避孕方法的使用竟有如此重要的作用。

可是当我们来到乡镇计划生育服务站，发现尽管他们每年会放置几十个甚至几百个宫内节育器，却多数没有条件测定血红蛋白，这让我感到十分意外，也非常焦急。我向领导和其他专家通报了这个情况后，马上引起了大家的关注。许多领导、管理专家认真倾听我的讲解，并具体了解到血红蛋白测定及其他技术规范所要求的检查项目的必要性，甚至有哪些具体的检查方法等。他们与我们一样，在基层考察和指导中，不仅在所到之处主动了解血红蛋白测定的情况，更是想方设法通过多种途径督促基层解决血红蛋白测定不到位的问题。血红蛋白测定这个最基本检测项目的"小题"在优质服务、以人为本、关注健康的理念下得到了"大做"。

小题大做的"大做"，一是争取前文所说的各级领导、管理人员和专家对"小题"的关注，对涉及群众健康细节问题的关注。二是争取多种途径解决这些"小"问题。当时主要的途径是依靠县级计生委，他们非常重视优质服务项目办公室专家们在评审和指导工作中提出的建议。加之单项的血红蛋白测定仪价格不高，一般都能较快给予解决。另外的途径是通过中国/联合国人口基金项目的援助，对项目区县及所辖的乡镇服务站提供血红蛋白检测及其他血常规检测的仪器。三是 "以点带面"，争取在个别地方发现的问题能在更大的范围普遍得到解决。无论通过行政渠道，还是通过中国/联合国人口基金项目的渠道，基本能够做到该区县所属所有乡镇计划生育服务站血红蛋白测定仪的全面配备。

小题大做的 "大做"，还表现在相关后续问题的一一落实。测定仪器到位后，马上又发现了新的问题，许多乡镇计划生育服务站人员有限，缺乏专业的检验人员，出现了仪器闲置、服务仍不规范的现象。于是各地行政部门和计划生育指导机构又想办法，一是在有条件的地区招聘检验人员，二是对现有的医护人员进行血红蛋白测定的专项培训，以解燃眉之急。血红蛋白测定得以常规性地开展后，还陆续出现了试剂或标准品购买等问题，随着这些前进中的问题、困难的不断解决，计划生育技术服务队伍的能力不断增强，服务质量不断提高。

计划生育优质服务项目中类似血红蛋白测定这样的 "小题大做" 的事情还很多，比如尿常规测定、白带测定、洗手、无菌操作等，一项一项技术规范在基层服务站（室）得到落实。优质服务的两大内涵，一是人性化，二是规范化，也在一个一个的 "小题大做" 中得到体现。看到我们的科研成果越来越多地运用到基层的实际工作中，服务于群众的健康，我和我科研所的领导、同事都感到非常自豪。同时，在优质服务活动中，行政领导、管理专家和技术专家相互学习与交流，共同努力支撑起 "以人为本" 之鼎，从细微之处入手，实现了宏观管理目标，形成了有效的工作机制，对基层公共卫生工作的要求张弛有度、收放自如，这些经验和体会具有一定的操作性和现实意义。在实现 "健康中国 2030" 宏伟目标的征程中，我们更应该从涉及每一个人健康的 "小事" 做起。

23
两个难忘的故事

*武俊青**

中国的计划生育优质服务自 1995 年试点工作启动以来已经 20 多年了，在中国人口与计划生育的历史上留下了光辉的篇章，也在我的职业生涯中留下了难忘的记忆。20 世纪 90 年代末期，我跟随着计划生育优质服务项目办公室解振明教授和计划生育优质服务工程的首席科学家、我的博士生导师、上海市计划生育科研所所长高尔生教授，踏上了计划生育优质服务的道路。一路走来，感慨万千，印象最深的就是计划生育优质服务"六要素"，它竟然对我的职业生涯产生了深远的影响。

计划生育优质服务"六要素"是人口理事会专家朱迪斯·布鲁斯提出来的，由中国计划生育优质服务项目引进，它的内容是：①提供足够选择的避孕方法，②介绍避孕方法的知识，③胜任的技术服务能力，④良好的人际

* 武俊青，女，1958 年生。1993 年获英国伦敦大学伦敦卫生与热带医学院硕士学位，是第一位获伦敦大学勋扬奖的中国学生；2006 年获复旦大学卫生统计与流行病学专业博士学位。1997 年被上海市计划生育科研所生殖流行病与社会科学研究室作为重点人才引进，任室主任、研究员。2003 年起任国家人口计生委中国计划生育/生殖健康综合咨询能力建设办公室主任。2003～2010 年任中国/联合国人口基金项目专家组成员、知情选择子项目专家组组长。2005 年至今任复旦大学博士生导师，三级教授。2008～2018 年任上海市女科学家联谊会常务理事、上海中青年知识分子联谊会常务理事。2008 年至今任吉林大学兼职教授。2003 年至今共担任四届上海市政协委员、两届上海市政协常委等。

关系，⑤周密的随访服务，⑥综合的生殖保健服务。

在优质服务项目试点的基层实践中，我发现最难的有两个方面，一是介绍避孕方法的知识，二是良好的人际关系。当然，第一条"提供足够选择的避孕方法"也很难，由于它涉及中央和地方的决策层，一旦上级做出允许选择避孕方法的决策，基层也就容易做了。

但是，如何让基层计生干部向广大群众介绍避孕方法的知识？这就成为实际工作中的一个难题了。在现场考察中，我看到各地都有各种各样的宣传品，这些宣传品虽然有利于开展避孕节育的咨询服务，但是有了这些还远远不够，发放宣传品绝不等同于面对面的咨询服务。后来我在生殖健康咨询师的培训中，把避孕节育咨询服务概括为"六六六原则、步骤和主题"，即"六个咨询原则"、"六个咨询步骤"和"六大主题知识"。在山西介休举办的"百姓生殖健康促进工程"2017年试点工作经验交流会上，我看到"六六六原则、步骤和主题"的展板矗立在服务站两旁，当场我就激动地流下了眼泪。

基层工作的第二难是建立良好的人际关系。在服务人员和服务对象之间，存在许多的障碍，影响着两者之间的交流。因此，我在咨询能力培训中一直强调性与生殖健康咨询中人际交流的概念、种类、原则、形成的条件、内容、人际交流障碍及排除等，旨在提高计划生育工作者的人际交流技巧。我与我的团队共同提出了性与生殖健康综合咨询的"一个概念""两个框架""风险评估的三个种类和四大程度""四大理念""五大技巧""六六六原则、步骤和主题"等，便于工作人员记忆和在工作中实施。这些咨询服务的基础知识，提高了基层工作人员的素质，改善了基层工作人员与服务对象之间的人际关系。

今天，在我撰写优质服务的回忆文章时，我不想去重复这些我在培训和实际操作中强调过千百遍的理论和原则，但是，这些理论和原则所引出的许多故事却让我久久不能忘怀。其中有两个故事最难忘、最值得回味。

一 评估中模拟服务对象

2003年4月的一天，我作为评估专家，参加了计划生育优质服务项目县（市、区）的检查和指导活动。那天，我们专家组一行首先乘车前往浙江萧山参加了优质服务动员大会。在那儿，我遇见了国家人口计生委的其他专家，我们相谈甚欢，并彼此交换了工作经历和心得，感慨我国近几年在计划生育/生殖健康领域取得的佳绩。

会毕，我与部分评估专家前往萧山妇幼保健院，对该院的优质服务情况进行调查与评估。来到医院后，我独自前往门诊大厅调查这里的基本情况。多年的评估经验使我意识到，只有出其不意的突袭调查、个人深入访谈和观察等才能看到他们最真实的工作情况。在门诊大厅，我看到一直排到门口的队伍，拥挤的人群喧闹不已，工作人员正忙碌地处理着病患和家属们的各种业务。看到这番情景，我不由心生一计，不如假扮一名病患，从头到尾地体验该院的"优质服务"。想到这里，我便不动声色地走到一个挂号窗口前，跟随人群默默地排着队，并不时地和排队的群众交谈，了解群众对该院的评价。与此同时，我也观察着周围工作人员与群众的互动交流情况，如我所见，咨询处拥挤着一堆人，两名服务人员面对一群人七嘴八舌的咨询显得力不从心，忙得有点顾不上了；老年病患独自来到门诊大厅，手中紧紧攥着自己的病历卡，却迷茫地看着四周，不知自己该从哪儿开始看病，也没有服务人员主动上前帮助。这些情况我看在眼里，记在心里。

随着时间的流逝，约莫十几分钟后，我来到队伍的最前方——挂号处的窗口前。

"挂什么号？"只听窗口内的服务人员冷冷地抛出一句。

我沉吟了一下，说道："您好，麻烦帮忙挂一个妇科专家号。"

"5元。"窗口内的服务人员头也没抬，一边敲击着键盘，一边回道。我问："我想找主任，可以吗？"对方答道："主任今天没空。"

我递过一张50元的人民币，很快便拿到了挂号单和病历本。虽然服务人员的办事效率较高，但是全程未对我这个服务对象微笑一下。

我拿着挂号单，按照院内的指示牌，来到了妇科门诊部。大厅的电子显示屏上显示着排到的号码，我对了下自己手中的挂号单——嗯，还有10个号。考虑到还有十几分钟的等待时间，我便在等候大厅绕了一圈，顺便暗中观察服务人员的行为和态度。大厅内只有几名护士，主要是对病患进行体温、血压等就诊前基础项目的检查。所有人都做着自己的本职工作，但也是面无表情地服务，被动地应对病患们的询问。

当听到广播叫到我的号码时，我顺势走到妇科的专家门诊室。在门诊室内，一位四五十岁的女医生正坐在椅子上，等候着我的到来。

"怎么了？"医生示意我坐下，并接过我递过去的病历本。说话间，她将病历本翻到第一页，手中的笔点在第一行，等待我的回复。

"我感觉有点不舒服，白带有点多。"听到医生的问话，我把心中早已想好的"生殖道感染的模拟对象"病况报出。

"还有其他不舒服的吗？有没有瘙痒、红、肿、热、痛？"医生面无表情地一口气问了很多问题，并一直低头奋笔疾书，在病历本上飞快地写着我的主诉。

"有点瘙痒，还有其他的，不好意思讲。"我沉吟片刻，回道。

"好的。"医生应了一句，没有更多的问话，只是继续完善她手中的病历。很快，她已经写到需要上检查床检查和开处方的阶段了。她说："脱了裤子，上去，我给你检查一下。然后开药吃吧。"

看着医生的表现，我心中不由一沉，虽然早已知道医院的医生们都特别忙碌，但是如此快速看病，没有仔细深入问诊，也没有问我不好意思讲的内容是什么，更没有问我性伴或者爱人的状况和安全套的使用情况等，让我十分不满意。要知道，根据优质服务的咨询服务规范，特别是对我这样的"性与生殖健康问题"的对象，在问诊过程中应当秉持咨询及综合咨询的四大理念，即"以人为本，价值中立，坦诚谈性，综合咨询"。当我向医生表达我有妇科不适时，是希望医生能够坦诚咨询我的性生活、安全套的使用情况等，让她能够全方位地评估我可能的患病情况。而且，咨询态度也应当是尊重、赞扬、鼓励、不评判。可医生仅仅凭借几句问答，便根据自己的经验草草判断病情。根据咨询交流的规范，如果涉及性与生殖健康问题的咨询时，需要开放性提问、广义地倾听、适宜地释义、使用服务对象能够理解的语言交流，以及应用图片模具等帮助解释生殖系统的知识。

医生一边写病历一边催促我:"快点上去呀。"就在我犹豫是否上检查床时,听到门"砰"的一声被推开了,走进一位工作人员。他看到我,不由惊呼一声:"武教授,您怎么在这儿?我们到处找您!"正在写病历的医生听到那位工作人员直呼我大名,惊慌地看了我一眼,她知道了我是评估团的成员,吓得手中的病历本和笔都掉到地上了,脸变得通红,紧张地冒出一头大汗。我没有批评这位医生,因为她没有接受过性与生殖健康咨询服务的正规培训。

这个经历是我这么多年来一直坚持要将性与生殖健康综合咨询的"两个框架""风险评估的三个种类和四大程度""四大理念""五大技巧""风险序列""安全套坚持正确全程使用及其性伴的同知、同治和同咨询"写到生殖健康咨询师培训教材中的重要原因之一,也是我一直强调"露出你的6到8颗牙,微笑就是完美咨询的通行证"的来源之一。

二 差点被枪毙的咨询手册

2004年6月29日,我们在国家人口计生委南京人口国际培训中心召开性与生殖健康综合咨询教材的国内外专家会议。会前,我组织翻译了11本有关性与生殖健康综合咨询的国外著作,并根据我国的咨询情况,编写适用于中国人群的咨询教材,即《性与生殖健康综合咨询技巧教员手册》和《性与生殖健康综合咨询技巧学员手册》。

此次国家级教材会议,由我和国家人口计生委国际合作司史远明副巡视员主持,国家人口计生委赵白鸽副主任出席会议并做了重要讲话,性别健康国际组织(EngenderHealth)李万特(Levent)和法比奥(Fabio)教授、计划生育优质服务项目办公室解振明教授、我的博士生导师上海市计划生育科研所高尔生教授、国家人口计生委科研所吴尚纯研究员及其他国内外避孕节育优质服务专家、生殖道感染诊疗专家、女性健康专家、性别研究专家、知情选择专家等共22人出席了会议。

《性与生殖健康综合咨询技巧教员手册》《性与生殖健康综合咨询技巧

学员手册》系列共包含 7 部分 36 节课的培训内容。会议期间，众位参会专家一致认可该教材的内容和编排，并给予高度赞扬。令我记忆犹新的是，一位重要的与会老专家，也是与我合作过的老朋友，对"培训 12：各种各样的性行为"提出了强烈的反对。老专家认为这一节尺度太大，不适合在培训教材中出现。他讲道："你们教授怎么可以讲这么黄色、下流的东西呢？"显然，老专家的想法与我的性与生殖健康咨询理念相违背。我认为咨询师对各种各样的性行为的了解有助于解决求助者的问题。因此，我们在会上展开了激烈的讨论，可以说据理力争、针锋相对，争得面红耳赤。一直以来，我都是一位好学生，工作努力优秀，无论是我的导师还是我的学生都给予了我赞扬和认可。听到这位反对者朋友的严厉批评，我很恐惧，我怕失去机遇，我怕领导不满意，我怕此前付出的努力付之东流。我不禁为此流泪，眼球布满血丝，一双眼睛肿得像核桃。教材几乎处于被枪毙的边缘。

当时，解振明教授看到我的痛苦，站了起来，轻轻走到我身边，拍拍我的肩膀，给了我一个拥抱，对我说："武教授，不要哭，也不要争论了，现在有外宾在呢。这样，晚餐结束后我们开一个国内专家会议，专门讨论这个问题。好不好？别哭了！"从此以后，我一直在心中念叨："解老师是像父亲般的老师、专家和教授，是他老人家给予我支持和关爱，这种精神的、心灵深处的无私支持，一直伴随我一路努力、付出与收获成果，直至今天。"

那天晚上，怀着焦虑和忐忑的心情，我晚餐食不下咽、滴水未进，口干舌燥地等待解教授主持召开"性话题、性问题、性行为"的国内专家会议。在当晚的会议上，我提出咨询师有必要了解各种各样的性行为，例如阴道性行为、肛交性行为、口交性行为、自慰性行为等。如果咨询师对这些没有足够的认识，那么服务对象的一般需求就难以被了解，深层次需求和风险更难以被探究和评估，服务对象难以做出知情、自主、自愿和可行的性与生殖健康的决定，最终服务对象的问题就无法被解决。听完我的申诉后，解教授询问提出疑问的老专家，我国的生殖道感染患病现状如何。该老专家陈述道："我国的生殖道感染患病形势较为严峻，患病率超过 60%。"于是，我立刻回应道："国家人口计生委已开展'三大工程'（上海市计划生育科研所高尔生教授主持的避孕节育优质服务工程、中国预防医学科学院曾光教授主持的生殖道感染干预工程以及北京大学人口研究所郑晓瑛教授主持的出生缺陷干预工程）数年了，而严峻的生殖道感染现状未明显改善，主要问题之一在于'三大工程'的关注重点是已婚育龄妇女，没有重视性伴、未婚女性及男性配偶在性与生殖健康工作中的作用，服务人员和服务对象都不能'坦诚谈性'，也没有做到对性伴的'同知、同治和同咨询'。"那位老专家也感叹道："确实，当前'同知、同治和同咨询'三项很难做到。"我进一步回应道："此外，我们也必须推广坚持正确、全程使用安全套，督促患病对象与性伴进行性相关问题的协商，有病时要同时用药治疗，避免治疗好的育龄妇女在两周后因为再次感染，再次回到诊所。"同时，其他与会专家也纷纷提出他们的真知灼见，对《性与生殖健康综合咨询技巧教员手册》《性与生殖健康综合咨询技巧学员手册》的各部分内容达成了高度共识，给予了积极评价。同时，老专家也被我的坚持和各种理由所打动，紧紧地握住我的双手，并鼓励我："小武，你们年轻人想法大胆、观念先进，希望有更多像你这样优秀的科研人员，能为我国的性与生殖健康事业做出卓越的贡献！"我当时激动地流下了眼泪，那夜久久不能入睡。到目前为止，我认为这套教材就是我国最好的性与生殖健康综合咨询的教材，但是，它的诞生却如此富有戏剧性。

当我回忆这些往事时，我的眼泪再次流了下来，我不得不离开电脑前，休息了半天，才把这篇回忆文章写完。今天，生育政策做出了重大调整，避孕方法知情选择的政策障碍基本上消除了。计生和卫生两大部门合并了，计划生育服务的技术能力也不成为问题了。但是，性与生殖健康服务尤其是咨询服务仍不尽如人意，建立新型的医患关系更是任重道远。也许我们还需要重述过去的故事，再一次强调性与生殖健康综合咨询的理念、框架和技巧。

24

一心追随　不断领悟

汝小美[*]

　　一直相信，开展计划生育优质服务是中国人口和计划生育工作历史上具有重要意义的历程，它促进了计划生育工作思路和工作方法的"两个转变"，促进了这个涉及全体国民的事业的转型、创新和改革，也促进了具有鲜明特色的中国人口转变模式融入国际主流。

　　我是这个重要历程的后加入者，也曾在最初有过疑问。今天，当我们隔着一定的时间空间再回看那个历程，也许可以用"一心追随、不断领悟"来概括自己的参与和受益，而这些个体的参与和受益汇合在一起无疑就是非常有价值的集体记忆。

---

* 汝小美，女，1951 年生。1985 年获中国人民解放军军事医学科学院医学硕士学位，1989 年获大阪大学医学博士学位，1993～1994 年在纪念斯隆－凯特琳癌症中心从事博士后研究。1992～2011 年先后任国家计生委国际合作司副处长、调研员、处长、副巡视员、副司长、巡视员兼副司长。2011 年后被聘为中日合作家庭保健项目中方专家组组长、中国/联合国人口基金第七周期项目专家组组长和公共服务子项目专家组组长、国家卫生计生委新家庭计划等项目专家。多年来致力于推进家庭保健公共服务、健康促进和农村发展、艾滋病预防与生殖健康计划生育服务相结合、社会性别公平平等、社会工作等，同时积极参与计划生育优质服务的相关活动，借鉴并扩展优质服务的理念和模式。

一　积极交流助力外宣

1992 年四五月间，我从中国人民解放军军事医学科学院来到国家计生委国际合作司工作。从调动之前的沟通中，我得到的信息是希望我参与和日本的交流合作，因为此前的 1989 年 12 月我结束了日本留学回到国内。但情况有了变化，当时正是国际社会关注中国计划生育政策并多有质疑批评的时期，国际媒体要求采访的不少，但常常得不到及时回应。为了改变这种被动不利的局面，国家计生委决定在国际合作司组建一个新的处室负责对外宣传。当时的联合国人口基金驻华代表处对此也积极建言，还提供了器材等作为支持。经过领导们的一番切磋，这个处室的名称被确定为"新闻二处"，以区别于宣教司的"新闻处"，我被确定在这个新的处室工作。

几乎是白手起家，我们逐渐摸索并确定了这个处的工作内容，包括接待国际媒体并处理相关事务、开发对外传播产品、举办相关交流活动、编撰相关外宣指南等。

这个摸索过程存在多方面的挑战，突出的有理念、价值方面与当时工作现实状况的冲突，也有交流沟通能力的不足。记得刚开始工作不久，就遇到《纽约时报》驻北京记者纪道夫（后来在俄罗斯等地常驻后成为专栏作者）和他的妻子伍××（来自中国台湾，熟练汉语）报道了贵州某村因计划生育超生对村民拆房牵牛的事。我一方面感受到价值观冲突的困惑，另一方面也有不知如何处理的茫然。渐渐地，我们领悟到需要从两个方面努力：一方面是把我们方向性的东西和我们的进步、我们的改变告诉外部世界，另一方面是促使我们的各级同事了解、理解、践行国际社会所共识的理念、潮流。在这之后于 1994 年召开的国际人口与发展大会以及中国政府对国际人口与发展大会《行动纲领》的政治承诺为我们的领悟和实践明确了目标。

基于这样的认识，我们以积极主动的态度对待国际媒体的采访，做到来者不拒，还定期或不定期邀请他们赴地方采访。在这个过程中，优质服务各个试点地区始终是坚强有力的生力军。20 世纪 90 年代末，我陪同美国驻华使馆和美国驻沈阳总领事馆的两位官员前往吉林，在农安等地实地考察后，她们向美国国务院呈送了题为"中国的计划生育不是生育控制"的报告。1997 年美联社记者对浙江德清、1998 年美国《芝加哥论坛报》记者对浙江德清、1998 年 11 个国家 15 个机构的 28 名记者和官员对上海和浙江余姚、1999 年《财富》全球论坛"新闻之旅"对浙江德清、2000 年德国《明镜》周刊对北京昌平、2001 年《华尔街日报》对江苏盐都的采访等，对于正在发生和进展的、以优质服务试点等为代表的中国计划生育的转型、创新和改革进行了积极的报道，使"国际舆论出现了真实客观、对我有利的声音""国际舆论环境有了一定的改善，营造了有利的国际舆论环境"（2007 年中国人口网评论）。

这些成效使我们有了通过与国际媒体的合作促使各级同事了解、理解、践行国际社会所共识的理念、潮流的底气和信心。我们很多优质服务试点在与国际媒体和国际机构交流时渐渐做到了顺畅自如，恰当把握生活"款待"和工作"接待"的关系，充分地展现他们关注的内容。有一年我陪同美国国务院的一位较高级别的女性官员赴甘肃榆中考察，村里的育龄妇女和她踊跃交流，还反问她采用什么避孕方法。特别让我欣慰的是，2010 年我重返余姚就一个可能的合作项目进行调研时，当地同事跟我说，在 1998 年的一次采访中，国际媒体人员提了很多问题，也促使他们思考计划生育工作转型、创新、改革的必要性。当时国际媒体人员问他们计划生育服务是不是"强迫命令"，他们做了很好的回答，事后国际媒体在报道中做了"中国东部地区的计划生育不是强迫命令"的叙述。余姚的计划生育服务人员和管理人员并没有就此停步，他们认真地思考：在人口出生率趋于下降、卫生资源相对丰富的情况下，怎么做才能满足服务对象的需求，使服务对象欣然接受服务。他们完善了多种形式的咨询，通过预约、回访延长了服务链条，在手术过程中强化关怀细节，之后又开展优生服务和两癌筛查，服务数量明显上升，服务对象的赞誉愈益增多。从宁波市、浙江省的优质服务试点到全国计划生育优质服务先进县，余姚及其所在的宁波市一直积极推进优质服务。2011 年，在玛丽斯特普国际组织的技术指导和支持下，宁波市启动了"人口家庭 12356 服务中心"的项目，始终不渝地推进并不断丰富优质服务。2017 年 9 月，国家卫生计生委调研团对他们的活动给予很高评价："坚持需求导向，全力打造人口家庭优质服务平台""宁波计生服务管理的改革创新值得各地学习借鉴"。宁波的努力还为新形势下的国际合作探索了新的做法，即以我方资金获得国际机构的技术指导支持。

随着优质服务等转型努力向中西部地区推进，国际媒体的采访和国际机构的考察也从东部沿海地区扩展到中西部地区，2001~2003 年，英国议会代表团、美国宗教代表团、受联合国人口基金邀请的美国国务院代表团先后到云南、宁夏、甘肃、湖北等省份考察。同时，由于以优质服务项目试点等为代表的我国计划生育工作转型实践的成功及其为对外宣传做出的贡献，进入新千年后，国际媒体采访的关注点不再完全聚焦于一些个案，而是在关注政策转变的同时关注一些新出现的问题及其应对，其中关注出生人口性别比问题及倡导社会性别公平平等、综合治理出生人口性别比的"关爱女孩行动"成为新的热点。2005 年，经支持优质服务项目的福特基金会李文晶介绍，我们接待了以批评苛刻为特点的美国哥伦比亚广播公司（CBS）《六十分钟》节目的采访，先后在北京、江西、云南等地展开现场工作，其间尽管跌宕起伏，但还是取得了积极的结果。第三方机构清华大学国际传播研究中心的一个专题研究称此次采访是我国计划生育对外宣传和国际传播的转折点。

二　上下互动内外互促

计划生育优质服务是基于中国计划生育部门的各级决策者转型创新改革的主动愿望而推动的项目，也始终是一个上下互动、内外互促的过程。一直以来，我们通过和联合国人口基金等各种类型的国际机构合作的渠道，输送了大量管理人员和服务人员接受培训，吸收国际社会的先进理念、方法和经验。例如，国际合作计划生育/妇幼保健/寄生虫防治结合项目在 20 年的实施过程中让"为使计划生育造福于人，必须把母亲的健康、儿童的健康成长以及家庭的幸福结合到计划生育的思想里来，否则就不会有为广大群众接受的计划生育"的理念深入人心。20 世纪 90 年代后期，我们还输送了大批非项目地区的各级人员特别是基层人员到泰国人口与社区发展协会的亚洲培训中心进行培训。而 1998～2002 年进行的"高官研修"项目则明确了推进优质服务的方向，对优质服务的进展起到了积极作用。高官研修项目先后组织了约 150 名省级计生委领导和国家计生委司局级干部到美国进行培训，研修了相关领域最具影响力的专家、官员讲解的国际人口与发展大会《行动纲领》以及生殖健康、优质服务等重要课程，还在纽约、旧金山等地考察相关服务的现场。2000 年外部专家对高官研修项目进行了中期评估，评估报告在背景概述中提到了优质服务："中国的国家计划生育委员会正经历着一场根本性的转变……逐渐加强中国在 1994 年开罗人发大会上承诺的模式……必须大力提倡优质服务、提高服务对象满意度、普及知情选择、放弃使用生育指标，并防止计生服务人员向超生家庭强征罚款……正是在这种背景下，提出了'高官研修'项目，以争取处于实际操作层面的省级计生委对彻底改革的支持。"评估报告随后还谈道："1995 年提出的'两个转变'宣告了计划生育改革的开始……改革的动力来自中国的自身需要。"参加培训的人员认识到"开罗人发大会的原则必须充分、再充分地实现，使服务质量持续提高，推广优质服务"。

优质服务的进展得到了国际社会的积极评价。2001 年 6 月，在联合国人口基金执行局会议上，一向对中国计划生育多有质疑的美国代表在听取了联合国人口基金代表对中国/联合国人口基金生殖健康/计划生育项目的中期评估报告后，首次做了积极的评价："我们相信中国/联合国人口基金项目对于支持中国政府正在开展的优质服务改革试点起着显著的积极作用。我们注意到了地方上为促进生殖健康在知情选择、人员培训、能力建设以及倡导活动方面所取得的进展，我们特别注意到，无论是定量还是定性的数据都表明了这么一个事实，即改善了的生殖健康服务正在导致流产数量的减少，这是我们共同支持的一个目标。"

国际媒体同样反应积极。2002 年与 2003 年之交，《纽约时报》记者

Barbara Crossette 在《良心》第 23 卷第 4 期发表题为 "长城背后——中国的人口政策" 的文章，她描述道，中国的计划生育实践正在 "发生显著的变化"，"官方的目标已经变成更加以服务对象为中心的模式"，妇女作为 "服务的接受者和决定者" 更加具有影响力，有关性教育的 "讨论更加开放"，新颁布的《人口和计划生育法》强调了 "人的权利和利益"。她在文章中提到了优质服务，开始的时候仅仅在有限的地区试点，随后有数百个地区加入，并提及福特基金会、人口理事会、美国密歇根大学等机构的参与和帮助。

从内外互促的角度，第四届中华人口奖的国际合作荣誉奖颁给支持优质服务的福特基金会时任总裁苏珊·贝里斯福特（Susan Berresford）也体现了国内对优质服务的高度认可，时隔多年后的今天，我们还可以在网上查到相关的介绍，称她 "对在中国开展项目一向积极支持。1994 年国际人口与发展大会召开以来，福特基金会在苏珊女士的支持下，在中国开展了许多合作项目。其中与国家计生委合作的主要项目有 3 个：优质服务项目、高官研修项目和男性参与项目"。时任国家计生委主任张维庆在颁奖大会上说："我还要特别感谢联合国人口基金原执行主任萨迪克女士、福特基金会总裁苏珊女士。多年来，她们友善的态度、热情的支持和良好的合作，为中国人口与计划生育事业的发展做出了积极的贡献。"2002 年颁奖时，苏珊和曾先后在福特基金会驻华代表处负责生殖健康项目的官员白梅、高芙曼、李文晶会聚北京，我当时负责接待她们，那份感动令人始终难以忘怀。

三　三级放大全面拓展

其实开始我对优质服务也有一些不认同，主要是觉得优质服务有点宽泛，不够聚焦，体现不出领域的特征。

但是随着实践的推进，我渐渐觉得优质服务的魅力就在于它的包容性，它以服务对象为中心，与时俱进，顺应不同时期的需求，不断丰富内容。例如，在我受命开发并实施推进艾滋病预防项目时，优质服务就及时将艾滋病预防纳入，记得我还不止一次为优质服务的培训介绍艾滋病预防项目的进展、艾滋病预防和计划生育生殖健康服务结合的模式。

在我具体负责的项目如国际合作计划生育/妇幼保健/寄生虫防治结合项目、社会工作项目中，都适时邀请优质服务专家讲授优质服务的经验，使项目骨干受益匪浅。从这个意义上，优质服务起到了一个引领统筹的作用。例如，2011 年 4 月，在社会工作项目的强化培训中，邀请解振明介绍优质服务、刘鸿雁讲授权益维护，之后进行参与式培训。我当时以微博形式做了直接记录。"关于推荐使用长效避孕措施的案例讨论。两个组发言，一个组支持'推荐使用长效避孕措施'的做法；另一个组的发言人认为这种做法没有体现知情权，违背社会工作价值观和原则，此人是徽县嘉陵镇的村干部！大家热烈鼓掌！惊喜！""关于未婚少女妊娠的案例，大家批评了模拟服务人员的接待方式方法，说了五六条，有鄙视、不尊重、违背不评判原则、不理解服务对象的处境和难处、进行恐吓说将来不能怀孕等，这是违背职业道德的。既体现了人们的感悟能力，也体现了昨天关于权益维护讲座的效果！强烈赞赞！""关于隐私权的案例讨论，昨天讲了权益维护，大家运用得很好。"

优质服务的另一个魅力或者也可说威力是它总结形成的三级放大模式，它使很多以转型创新改革为目标的项目大为受益。以中日合作家庭保健项目为例，在 2006 ~ 2009 年的第一周期，通过在 8 个省份的 8 个项目点（县级）试点，取得了丰富多彩的经验；同时，培训中西部地区 20 个省份的省级人员，倡导鼓励各地积极试点，开展以家庭及其成员为主要服务对象的保健服务。8 个项目点所在的市将家庭保健服务试点扩展到 10 个区县，20 个省份中的 11 个省份各选择了一个区县扩展家庭保健服务。这样，家庭保健服务在项目第一个周期初步实现了家庭保健服务扩展的二级放大，还有不少东部地区省份主动开展和推进家庭保健服务。基于第一周期的成功，我们又积极争取到国际合作方的支持，于 2011 ~ 2016 年期间开展了第二周期项目。在这个周期里，致力于服务的规范化，并投入大量资源总结针对几个重点人群的家庭保健服务模式，编撰《家庭保健服务手册》（含儿童青少年、育龄人群、中老年三个分册)、《家庭保健服务日记》、《家庭保健服务案例》、《家庭保健项目指南》。在第二周期中,还先后两次进行了家庭保健服务持续发展的专题倡导培训,邀请优质服务专家和相关国际机构专家讲授三级放大的经验,参与倡导培训的省、市、县三级计生部门人员踊跃讨论,阐述拓展推进的设想规划。无论是第一周期还是第二周期,项目点所在省份计生部门人员在谈及推广时,常常表示要首先在优质服务项目区县进行。

与中日合作家庭保健第二周期项目同步,中国/联合国人口基金第七周期项目在 6 个省份的 11 个市开展推进以家庭为中心、预防为基础、群众需求为导向、注重维护公民权利、关注脆弱人群的健康服务,拓宽了家庭保健服务的覆盖面,取得了更大的进展。自 2014 年起国家卫生计生委在全国实施新家庭计划,家庭保健是其首要的任务(还包括科学育儿、养老照护、家庭文化),中日合作家庭保健第二周期项目的 12 个项目点被纳入新家庭计划的国家级试点,形成一个完整的三级放大过程,也验证了三级放大模式的合理性和普适性。新家庭计划被列入《中共中央 国务院关于实施全面两孩政策改革完善计划生育服务管理的决定》等一系列重要文件,包括家庭保健在内的家庭发展能力建设得到前所未有的重视。

记录点滴,深深感到每一个微小的努力、每一个坚实的足迹都具有不可低估的意义。在推进优质服务、推进计划生育的转型创新改革的进程中,我们坚持了前瞻性、探索性、示范性,坚持了国际和国内相结合、原则和灵活相结合、服务和管理相结合,我们一心追随、不断领悟,把优质服务的精髓使用扩展到最大化。所有这些都是个人和集体的宝贵财富,希冀能对新形势下计划生育管理服务的改革有所裨益。

优质服务：国际理念的引入和本土化

郑真真[*]

1994 年是国际人口发展历史上一个具有重要意义的年份。当年 9 月在埃及首都开罗召开了国际人口与发展大会，会议通过的《行动纲领》强调人口与可持续发展之间的关联、不可孤立看待人口问题、人是可持续发展的中心等原则，成为多数国家的广泛共识。这次大会还明确提出"性与生殖健康及权利"的理念，确定"以权利为本"这一基本原则来对待人口、发展及性和生殖健康等问题。围绕 1994 年国际人口与发展大会，包括筹备工作和会议之后的讨论，国内外开始反思以往的人口和计划生育项目以及妇女在计划生育中的角色，认为仅关注宏观人口目标的计划生育项目往往忽视妇女的权利和健康，提出应当从帮助个人（或家庭）健康地实现生育计划的视角出发来衡量项目效果。这些反思和讨论逐渐超越了人口、医学和技术的

---

* 郑真真，女，1954 年生。1977 年毕业于中国科技大学电子学系，1985 年自费赴美留学，先后获医学信息学和统计学硕士学位，2000 年获北京大学人口学博士学位。1993～2003 年就职于北京大学人口研究所，2003 年至今就职于中国社会科学院人口与劳动经济研究所，同时任中国社会科学院研究生院教授、博士生导师。自 1998 年起参与计划生育优质服务项目评估工作和相关项目活动。曾任中国/联合国人口基金国别项目专家组成员（2003～2015 年）、世界卫生组织生殖健康与研究部科技咨询组专家（2006～2011 年）、国际计划生育联盟（IPPF）东亚/东南亚/大洋洲（ESEAOR）区域理事会司库（2008～2011 年）、IPPF 审计委员会委员（2011～2014 年）、ESEAOR 区域理事会常务理事（2014～2017 年）。

范畴，扩展到地位、权利和发展等更广阔的领域中。1994年6月，北京召开了国际妇女生殖健康研讨会，包括联合国人口基金、世界卫生组织等国际组织代表和中国相关部门官员以及国内外专家与会，围绕妇女生殖健康和计划生育展开研讨，尤其是关于生殖健康与妇女权利问题、妇女的生殖健康等问题在会议上被反复介绍和强调，而值得注意的是，会议纪要的最后提出了"提高育龄夫妇及社会各方面对妇女生殖健康与生殖权利的认识""借鉴国际上关于妇幼卫生/计划生育优质服务的经验……将这六个要素作为评估计划生育优质服务的指标。可先在部分地区试点"等明确的倡议①。

我在初涉人口研究领域时，有幸赶上了这个变化的时代，并亲历了这些具有历史意义的场景。1994年在开罗国际人口与发展大会的非政府论坛上，聆听了有关生殖健康及妇女权益的各种讨论，受到人口学界"反思人口政策"呼吁的启示；此后又参与了1995年在北京召开的世界妇女大会的筹备活动及非政府论坛，生殖健康与妇女权益的议题在这些活动中得到了相当广泛的关注和讨论。在参与这些活动的过程中，我对生殖健康的社会科学研究产生了浓厚兴趣。尤其值得一提的是当时中国社会科学院哲学所的邱仁宗教授组织的几次关于社会、法律、伦理、妇女、计划生育和生殖健康的研讨会，对在今天看来仍有些敏感的话题进行了深入讨论和对话。例如1995年4月的"计划生育、伦理学和人的价值研讨会"，研讨内容涉及妇女在生育和性中的自主性，生育调节规划及服务中的价值和原则，计划生育的伦理原则、目标管理、奖惩措施、知情选择以及计划生育工作向以服务为中心转变等问题②，当时有几位国家计生委的司局级干部参加了这次研讨会并发言。令我印象尤为深刻的是，在认真倾听了学者的发言和讨论后，时任国家计生委规划统计司司长张二力问道："你们说的都很有道理，但是我很想知道，具体应该怎么做？"对这个问题，无人能当场直接回应。在我当时看来，这些国际理念都是由专家学者介绍而来，虽然我们用开放的态度认真

---

① 中华预防医学会编《国际妇女生殖健康研讨会论文汇编》，1994。

② 会议主要发言收录于邱仁宗主编《生育健康与伦理学》，中国协和医科大学出版社，1996。

思考了这些理念，但学习结果大多反映在会议文件、研讨会发言和学术论文中。直到 1998 年夏天，由于机缘巧合，我参与了计划生育优质服务项目的评估活动，方深切地感受到计划生育高层管理干部渴望改变和学习的积极性以及基层计生干部的能动性，并看到这些以人为本和关于生殖健康权益的理念并不仅仅停留在理论层面，而是被各地灵活运用到优质服务试点工作中，促进了优质服务活动的开展，产生了显著的效果。此后连续多年参加与计划生育优质服务相关的项目活动或评估研究，看到这些国际理念在不同地区的社会经济背景下和计划生育工作基础上得到了具有创造性的应用和发展。

一 从"顶层"到基层：灵活运用国际理念

在优质服务项目中引入国际理念，是一个持续学习、体会、思考、讨论并形成共识、设计具体行动方案和内容、落实、督导和评估、总结与反思、进一步规范化和制度化并加以推广的过程。这样的例子不胜枚举，本书中的很多介绍都直接或间接地反映了这个过程。在此分享我印象较为深刻的两个例子，一是 1998 年对优质服务项目评估的方案设计过程，二是优质服务试点区县对国际理念和管理方法的应用。

优质服务试点工作开展 3 年后的 1998 年，一个由中央和地方官员以及不同学科的学者组成的团队在青岛进行了优质服务项目评估的方案讨论。讨论之前有一个国家计生委组织的国际研讨会，研讨主题是 1994 年国际人口与发展大会后有关人口政策和计划生育项目的新理念。印象较为深刻的是，会议发言的有提出优质服务"六要素"和基于生殖健康的计划生育项目任务与评估理念的 Judith Bruce。另一个印象是，国内的与会者对国际专家们提出的理念和概念存有疑问：这些听起来很好的理论和概念是否适用于中国？同时，即使是介绍这些理论和概念的国际专家们，似乎也难以举例说明成功的应用案例。我在国际研讨会之后更是满腹狐疑，这些国际理念真的能够在中国应用吗？

　　优质服务项目评估团队在国际研讨会之后围绕评估方案展开了热烈讨论，虽然讨论内容集中在如何评估优质服务试点的成效，并没有机械照搬国际的相关理论、概念和方法，但无论是对评估内容还是评估方法的讨论，都明显反映出对这些国际理念在评估工作中的灵活应用。此后对于几个项目点的观察更使我看到国际理念在基层计划生育服务中的应用。事后多年回想起来，觉得自己当时实在是学到了书本上没有讲出来的知识和经验，并终身受用。例如，当时讨论到评估指标，首先是评估指标是否可以反映国际理念，其次还发现不同地区的工作基础和工作重点并不一样，很难用统一标准化的指标来衡量。如果衡量一项工作是否能真正服务群众，以"群众满意度"这个指标来衡量，结果很有可能是优质服务工作做得越好群众越会感觉到有更多服务需求并对服务质量提出更高要求，因而可能出现与项目开展之初相比，满意度没有上升甚至有所下降的现象。在讨论后大家达成了共识，要从"是否发生了变化"来评估项目工作的效果和影响，而不拘泥于标准化的指标测量①。又如，在讨论评估内容时，有位省级分管项目工作的处长提出，应当由项目点提出重点评估内容，因为各地最清楚自己哪方面的工作是项目重点。我当时听了不以为然，认为这不是相当于让考生自己出考题吗？但后来在实地调查中发现，这个提议很有道理，项目点最清楚自己的优势和创新，听取项目点的建议体现了双方的互动和交流，而不是自上而下地机械考核。在接下来的评估活动中，评估组走访了 6 个区县的 44 个村委会、居委会或企事业单位，与 1000 多名干部群众进行了访谈或座谈，与当地主管部门讨论评估结果，充分体现了这种互动和交流。虽然我在当时的讨论中并没有多少体会，但在经历了多次实地调查后，回想当时的讨论，才感到优质服务项目的评估过程生动地体现了对国际理念的灵活运用以及与中国本土实践的有机结合，从而能够有效地系统地总结第一批优质服务试点区县的经验。

---

①　有关评估方案和评估过程的介绍，详见张二力、顾宝昌、解振明主编《国家计划生育委员会第一批优质服务试点区县（一九九五——九九八）评估报告集》，中国人口出版社，1999。

在人口和计划生育工作中以服务对象为中心、以人为本的理念自1994年国际人口与发展大会之后被更多人接受，但是还需要体现和落实到日常工作中。无论是20世纪90年代初提出的优质服务"六要素"还是后来国际组织提出的服务对象十大权利，并不只是被写在墙上，而是被优质服务项目地区接受后融会贯通，体现在一系列变化之中，从管理方式和办事程序的改变到服务内容、服务方式和服务场所的改善，在今天看起来似乎顺理成章，但当初细听和观察这些变化的初衷与过程，大多与落实国际理念密切相关。逻辑框架法是项目管理的一种方法，优质服务项目在试点地区引入逻辑框架法后，逻辑框架法在试点地区得到了程度不同的应用，例如青岛的即墨市，要求乡镇街道根据群众需求，应用逻辑框架法制订年度工作计划。对于基层计划生育工作者来说，传统的做法是按照上级的要求完成任务，而要求他们根据工作重点和群众需求主动思考年度工作计划并具体落实到人，实属不易。我们在乡镇走访时，听到乡镇干部述说如何通过培训学习逻辑框架法，了解群众需求，采取不同于传统的思路制订年度工作计划，言语中多少流露出被逼无奈的情绪。不过，这种做法在很大程度上调动了基层的积极性和能动性，而且强化了服务群众、向群众负责的意识，有助于计划生育工作思路和工作方法的转变。多年后在重庆渝中区计生协制订的项目计划中，又看到了对逻辑框架法更为成熟的应用。虽然青岛和重庆在地理上距离遥远，但我认为这多少反映了在计划生育项目管理中引入逻辑框架法的影响和成就。

二 对优质服务项目引入国际理念的思考和反思

回顾优质服务试点过程，发现通过召开国际研讨会、聘请国际专家、开展学术研究和翻译国际文献等各种方式引入的国际理念贯穿始终。这些理念在当时对优质服务工作起到了启发和引领的作用，且时至今日仍然适用，甚至其引领的作用仍未减弱，如在计划生育和生殖健康服务中以服务对象为中心、尊重和维护服务对象尤其是妇女的权益①。尽管 20 世纪 90 年代初中国的生育率已经降至更替水平以下，但从国家到地方的计划生育工作第一要务仍是控制人口，开展优质服务工作的重要性和必要性尚未被普遍接受。为什么当时能引入相当超前的国际理念？我觉得其动力来自高层和基层要改变的迫切需求和采取行动的决心。这种迫切的心情可以从当时领导和参与优质服务试点工作的各级领导干部的言行中反映出来，如浙江德清分管书记所说，计划生育不能再这样干下去了！无论官员、学者还是技术服务人员，都是以开放的心态学习和理解国际新理念，并积极思考如何与中国的具体情况相结合，在最早开展优质服务试点工作的几个项目点产生了许多应用国际理念的做法和经验。而群众对这些新举措和改变的欢迎又进一步激发了基层的工作积极性。所以，国际理念的引入和本土化这两个环节都不能少。正是高层对国际理念的共识和倡导、基层对国际理念的理解和应用，使得这些理念没有停留在理论层面和文献中，而是具有了活力并产生了作用。其后优质服务项目办公室专家组对这些做法和经验的总结、归纳与提升，又进一步将这些借鉴国际理念的做法系统化和规范化，成为可以指导日常工作的指南。可以说，优质服务项目引入国际理念的做法是较为成功的范例，值得更为系统地梳理和总结。

在学习、引入和应用国际理念的过程中，国际合作在优质服务项目中发挥了重要作用。由于国内外专家学者的密切合作以及与基层实践的结合，在引入国际理念和方法时避免了片面理解和生搬硬套，并特别注意到了在中国社会中应用的可行性和可接受性。美国密歇根大学的西蒙斯教授和国际人口方案管理委员会执行主任萨迪亚博士是参与优质服务项目时间最长、关联最

---

① 例如，世界卫生组织生殖健康与研究部的官员曾对我说，他们出版了《生殖健康服务指南》等指导性文献，中国总是最快将这些文献翻译为中文并纳入技术人员培训内容；又如由时任国家人口计生委副主任赵白鸽主持翻译、由国际著名学者撰写的《生殖健康与人权：从医学、伦理学和法学的视角综合探讨》一书，书中内容在当前仍具有重要的指导作用和启示意义。

为密切的两位国际专家，他们对优质服务工作中国际理念的引入和本土化的贡献功不可没。与我参与或了解的另一些有国际专家指导或参与的项目相比，这两位专家的特点是积极了解中国情况，重视与国内团队的反复交流，凭借他们的知识、视角和对国内情况的理解，最后促成国际理念在中国的应用，而不是只来做个报告或蜻蜓点水地到实地看看就发表很多指导性意见。我曾有幸和西蒙斯教授一起参加了对三个项目区县的调研评估工作，走访了很多社区和服务机构，在各种场合与群众交流访谈。她渴望对各方面情况了解的心情、仔细倾听访谈对象的态度、对现状的理解结合理论进行的分析，我至今记忆犹新。在讨论评估管理改革和社会组织的作用时，萨迪亚博士与我们都有长时间的交流，而且特别注意了解我们的想法和意见。不少与优质服务相关的技术文件、报告和学术文章，都是这种密切的国际合作的成果。

可以说，始于20世纪90年代中期的计划生育优质服务项目是中国改革开放精神的体现，当时的领导者和参与者都以开放的心态了解、学习和引入国际理念，并与中国的实践相结合，创造出了属于中国的经验。当时各地总结优质服务试点经验时，几乎不约而同地提到首先是理念的转变。正是这种开放和迫切需要改变的积极心态，推动了国际理念的引入和本土化，而领导理念的转变则是其后一系列改变的必要条件。不过，这种理念的转变并不容易，从一些项目点的改革得不到上级支持甚至受到非难的经历，以及对优质服务工作一向存有相当多不同看法的现象，或领导层的变化和更替导致的工作中断，都可以看到对国际理念的接受并形成共识还需要更强有力的推动，包括持续的高层倡导和广泛宣传。当中国政府宣布实施全面两孩政策后，联合国人口基金秘书长于2015年10月30日发表了书面声明，表示注意到中国政府的重要举措，并希望中国早日落实1994年达成共识的《行动纲领》原则，满足夫妇和个人在生育方面的基本权利。但是在1994年国际人口与发展大会提出《行动纲领》的20多年后，还有多少人仍记得它的内容呢？在进入新时代的今天，我们面对新的社会经济和人口形势，依然需要以开放和包容的心态学习与借鉴国际经验和理念。

26
国际合作项目对中国计划生育
转型发展的促进作用

郝林娜*

前不久见到当年计划生育优质服务项目办公室的主要负责人解振明老师和当年福特基金会驻北京代表处的李文晶女士。尽管大家多年未见，但老朋友在一起很亲热，无拘无束畅叙当年开展优质服务、促进中国计划生育工作实现"两个转变"共同奋斗的经历。同时得知解振明等老师在组织当年参与过优质服务工作的老同志以个人身份撰写回忆文章，记录计划生育优质服务在实现计生工作转型中起到的重要作用以及这段不凡的经历。说到此，他们鼓励我也写一段。尽管我在 2009 年根据组织安排离开国家人口计生委到中国红十字会任职，但毕竟在计生系统工作了 26 个年头，先后在政策法规司和国际合作司见证了中国人口计划生育从最艰难的时期逐步走向以人为本、以服务对象为中心的优质服务的全过程，对人口计生工作有很深的情结。我在国家人口计生委国际合作司工作的 11 年，也正是中国计划生育从

* 郝林娜，女，蒙古族，1955 年生。1988 年获英国威尔士大学人口研究中心硕士学位（人口计划生育项目管理方向）。2005 年 7 月毕业于中国人民大学社会与人口学院人口与发展专业，法学博士。1983～2009 年，先后任国家计生委政策法规司综合处副处长、处长，政策法规司副司长，国际合作司副司长、司长。2009～2016 年任中国红十字会副会长、党组成员。

以行政手段为主转向以人为本优质服务的初始阶段。回顾这段不平凡的经历还是很有意义的。

联合国1994年召开了国际人口与发展大会，1995年召开了社会发展问题世界首脑会议和世界妇女大会。这一系列的国际会议倡导了尊重人权、保护妇女生殖健康权利、促进社会性别平等以及建立经济、社会、资源协调发展的和谐社会。这些纲领性的文件和会议所倡导的理念为正在探索计划生育改革的国家计生委带来了新的启迪和思考。国家计生委的领导清醒地认识到，人口问题不仅仅是数量问题，还包括人口质量、人口结构等方面的问题，还要尊重人的基本权利、重视人的全面发展、维护人的生殖健康，从更加广泛的领域采取综合措施来解决人口问题，而绝不是单纯地控制人口数量。在这样的形势下，计划生育是否还能够继续沿用过去强有力的行政手段来推行？在计划经济体制下形成的计划生育工作思路和工作方法要不要改革？这一系列问题都提上了议事日程。

1994年时任国务委员、国家计生委主任彭珮云率中国代表团参加了在开罗召开的国际人口与发展大会。回来之后她对中国的计划生育如何贯彻落实国际人口与发展大会《行动纲领》进行了深邃的思考。1995年10月，国家计生委在四川召开全国计划生育工作"三结合"经验交流会，在会上，彭珮云主任做了一个具有改革创新历史意义的发言。她首次提出了计划生育工作要实现"两个转变"，即"由以往就计划生育抓计划生育向与经济社会发展紧密结合，采取综合措施解决人口问题转变；由以社会制约为主向逐步建立利益导向与社会制约相结合，宣传教育、综合服务、科学管理相统一的机制转变"。彭珮云主任在发言中还强调，我国计划生育工作虽然取得了很大成绩，但也存在一些不可忽视的问题，比如"八五"期间我国大多数地方生育率的下降在很大程度上还是依靠强有力的行政手段得以实现的。群众对计划生育工作的某些做法还不满意，党群、干群关系受到影响。她还强调，我们实行的严格的计划生育政策和某些措施同国际上的做法有所不同，因此国际上不少人对我们的做法不理解，计划生育也成为少数西方国家反华势力攻击我国的一个敏感问题。她还说，"我们应该吸收国际上人口与计划生育工作的有益经验，不断改进工作方法和工作作风，努力提高工作水平"。

这一讲话在会上乃至全国产生了巨大反响，引起了计划生育系统在新形势下的深刻反思，提出了全新工作思路，开启了"转变工作思路、转变工作方法"的历史性改革进程。

1995年对于中国的计划生育是一个具有里程碑意义的转折点。国家计生委不仅提出了"两个转变"的重要指导思想，还在计划生育工作基础较好的东部地区开展优质服务实现"两个转变"的试点工作。开展优质服务试点工作的目的是探索改变过去以行政手段为主导推行计划生育的做法，借鉴国际先进理念和经验，将生殖健康引入人口和计划生育方案，大力开展生殖健康优质服务，稳步推行避孕方法的知情选择。通过试点，建立一种寓管理于服务之中的工作方式，引导基层干部更多地关注育龄群众的生殖健康，维护群众的生育权，确立人民群众在计划生育工作中的主人翁地位，探索在社会主义市场经济条件下，全面提高计划生育工作水平的方法和途径。

优质服务试点的工作指导思想是：通过更为完善的计划生育技术服务，为所有的育龄人群提供生殖健康教育和技术服务，促进和保护妇女的生育权，以满足生命周期各阶段不同的生殖保健需求，使全社会生殖健康达到较高水平。开展避孕方法的知情选择，通过宣传教育与良好的人际交流，让育龄夫妇在充分知情的基础上自主地、负责任地选择适合自己的避孕方法，还群众以在计划生育避孕节育服务中的知情权、选择权和自主权。这是在现行生育政策不变的情况下，维护群众生育权的可操作的行动之一。这是在计划生育工作中维护育龄妇女生育权最具体的行动。

由于这些做法体现了以人为本、优质服务的思想，试点一开始就赢得了广大基层干部和群众的热情支持和参与，试点地区的成功经验迅速在各地推广开来。到2000年年底，全国已有827个县（市、区）开展了各种类型的优质服务试点工作。2002年，国家计生委提出在全国开展计划生育优质服务先进县（市、区）的创建活动，把以人为本、以服务对象为中心的优质服务理念作为计划生育工作的指导方针。优质服务的理念和做法符合群众的需求，也赢得了群众的支持。在优质服务项目试点开展期间，顾宝昌、解振明、郑真真、刘鸿雁等一批专家学者深入项目区县，积极开展宣传倡导、培训指导、项目督导和项目评估。他们为优质服务项目试点和推广倾注了心血、做出了突出贡献。国家计生委不仅探索优质服务的具体做法，还在普及青少年性与生殖健康教育、加大艾滋病等重大疾病的防治力度、推动男性参与计划生育、注意特殊人群的生殖保健需求（如贫困人口、流动人口、人户分离与下岗待业人员的生殖保健需求），以及建立符合中国国情的计划生育利益导向机制和社会保障制度方面做了大量工作。提高技术服务质量和生殖健康水平已列入《中国计划生育工作纲要（1995～2000年）》目标。我国人口与计划生育工作目标包括：到2000年育龄夫妇享有初级的生殖保健服务，到2010年育龄夫妇享有基本的生殖保健服务，到2021年育龄夫妇普遍享有优质的生殖保健服务。

值得注意的是，在实施"两个转变"开展优质服务的过程中，计划生育的立法问题也提上了议事日程。在实行市场经济和建立法治社会的形势下，必须保障计划生育的基本国策有法可依、依法行政，否则只依靠行政命令和政策推动显然是不适应新形势要求的。2002年9月1日，《人口与计划生育法》正式实施。从此中国计划生育走上法治化轨道。

我从计划生育国际合作和对外交流的经历中深切感受到，中国计划生育的改革与创新为中国政府对外交流和国际合作打下了坚实的基础，而国际合作，尤其是中国政府与联合国人口基金的合作项目对中国计划生育在开展优质服务方面的推动作用是明显的。

联合国人口基金与中国政府开展的人口与计划生育合作项目始于1979年，那时，主要合作领域集中在人口普查、人口研究与培训。1994年国际人口与发展大会召开以后，国际社会呼吁各国政府要从生殖健康和生育权利的更广泛的角度来考察人口问题，敦促世界各国树立以服务对象为中心、以优质服务为导向、保护群众权益和强调社会性别平等的计划生育新思路。从1998年开始的第四周期项目，联合国人口基金对中国的援助领域在方向上发生了重大的变化，更加注重在政策层面的参与和改革方向上的探索。在新形势下，对中国的援助不能仅停留在人员的培训、基础设施的建设和避孕节育技术的开发和研制等有形方面的支持，而是要在理念转变等方面产生影响，改变依靠强有力行政命令手段推行计划生育的工作模式，探索建立适应国际人口与发展大会倡导的以人为本、优质服务、尊重和保护群众生殖健康权利的工作模式。

中国/联合国人口基金第四周期项目本应从 1995 年开始实施，但联合国人口基金对于援助项目提出了一些前提条件，即在中西部地区选出 32 个项目区县，在项目区县实施生育证管理制度的改革，实行避孕节育方法知情选择等。1995 年，国家计生委从中国东部相对发达的地区选择了 6 个试点区县开展计划生育优质服务，国家计生委希望在试点区县取得成功经验后再向全国逐步推广。在东部地区试点还没有取得成功时就在全国启动中国/联合国人口基金第四周期项目，显然风险很大。因此，第四周期项目迟迟没有启动。

1998 年，计划生育优质服务项目试点工作经过了 3 年的努力，试点区县在引进避孕方法知情选择、改革生育证管理方面取得了进展。中外专家组织的评估小组通过调查研究认为，在试点区县推行避孕方法知情选择、改革生育证管理的做法是成功的，向全国逐步推广也是可行的。中方谈判代表也认识到，联合国人口基金提出的条件与国家计生委倡导的"以人为本、优质服务"以及实现"两个转变"的理念完全一致，同时也符合国际人口与发展大会《行动纲领》原则。尽管 32 个项目区县大多数是贫困地区，当时并不具备项目要求的条件，但按照项目文本要求和理念去做、去探索，一定会对这些地方计生工作的转变产生重大的影响，同时对项目区县的计划生育干部也是一个很好的转变观念、转变作风的学习和实践的机会。最终中方和联合国人口基金达成协议，在接受援助的 32 个项目区县中宣布取消准生证，推广知情选择，尊重和保护群众的生育权和其他合法权益。第四周期项目在长达 3 年的等待后终于从 1998 年开始实施，这对于正在进行的优质服务项目试点工作也是一个极大的鼓舞，可谓是"外事促内事"，国际合作项目推动了我国计划生育优质服务的进程。

　　为什么联合国人口基金坚持要求项目区县一定要取消准生证和推广知情选择呢？一方面，联合国人口基金确实要坚定不移地贯彻国际人口与发展大会所倡导的理念，即"政府的计划生育目标应针对信息和服务的不足。人口目标尽管是政府发展战略的一个合理部分，但不应以指标或配额方式强迫推行计划生育"。另一方面，美国自2000年以来一直拒绝给联合国人口基金捐款，主要理由是联合国人口基金支持中国强制性的计划生育。这种情况下，联合国人口基金与中国合作是顶着压力的。这一事实可以从时任联合国人口基金执行主任萨迪克的讲话中予以证实。萨迪克于2002年1月12日在北京参加中华人口奖授奖仪式的发言中说："令人可喜的是，自1994年开罗国际人口与发展大会以来，中国在执行国际人口与发展大会《行动纲领》的各项目标方面都取得了巨大的进步。最近由美国国务院组织的一个独立评估团在结束对中国的考察后得出结论说，联合国人口基金在中国32个区县开展的生殖健康/计划生育项目极其成功地帮助中国政府从以行政手段为主的模式转变为以服务对象为中心的优质服务模式……我同样也为联合国人口基金能够排除外界的种种压力，与中国持续开展富有成果的合作而感到自豪。我相信联合国人口基金和中国的合作不仅将继续下去，未来还会得到进一步的加强。"

　　今天，中国计划生育已全面实施两孩政策，卫生计生融合发展，优生优育、母婴健康、生殖保健、维护群众的合法生育权利已成为全社会的共识和自觉行为。但计划生育从以行政手段为主导转变到以服务对象为中心的优质服务在起步阶段的风雨历程还是让人难以忘怀的。最后，再次向曾经为中国计划生育优质服务做出贡献的各位同仁和专家们表示崇高的敬意！

27

优质服务就是要以人为本

刘鸿雁[*]

1996 年 8 月北京大学博士毕业后，我进入了中国人口信息研究中心，亦即现在的中国人口与发展研究中心，尽管我的专业是人口学，但在北大读博期间的主攻方向是单亲家庭。因此，我那时对于计划生育的理解是粗浅的，和普通人的理解一样：控制人口，"一对夫妇只生一个孩"，超生了就要罚款。当时知道北大人口研究所涂平教授参与了国家计生委的一个国际合作项目，在部分乡镇引进新型避孕技术——皮下埋植技术。项目遇到的最大阻力是各地要考核结扎率，后来对试点乡镇的考核允许一例皮下埋植算作一例结扎，才顺利完成这个项目。项目总结会上，国内的干部说引入新型避孕技术项目的最大成果是引入了"避孕方法知情选择"的概念。因此，我当时对于"知情选择"的认识就是群众可以在皮埋与结扎之间进行选择。

来到中国人口信息研究中心，正值计划生育优质服务项目试点启动一年后，我一下子懵懵懂懂地扎进了计划生育优质服务的试点工作之中。但是，

* 刘鸿雁，女，1963 年生，哈尔滨医科大学硕士，北京大学博士。1988～1993 年任哈尔滨医科大学公共卫生学院讲师，1996 年至今就职于中国人口信息研究中心（2003 年更名为中国人口与发展研究中心），先后任人口研究室主任、中心副主任、研究员。曾为计划生育优质服务项目办公室主要成员，曾任中国/联合国人口基金项目维护公民权利子项目负责人、中澳人权合作项目负责人。

对于什么是优质服务、其包括哪些内容既不清楚也不理解，对于它对中国计划生育乃至于中国的未来发展具有什么样的意义也没有深刻的认识。随着越来越多地参与优质服务项目的研讨会和培训会，深入基层检查和指导，我慢慢地对于优质服务的内容有了一定的了解。优质服务不仅是提供优质的技术服务，更重要的是要在管理方式、服务态度、工作方法上体现以人为本的理念。说白了就是要换位思考，站在服务对象的角度考虑问题，满足群众需求，也就是我们今天所说的满足群众对美好生活的向往。但在当时的情况下，要在计划生育工作中体现以人为本的理念还真是不容易：群众希望生育两个孩子，最好一男一女，但当时的生育政策规定了大多数夫妇只能生育一个孩子，因此相当一部分群众的生育意愿不能得到满足。在生育政策没法改变的情况下，又要使计划生育工作体现以人为本的理念，怎么办？只能在当时的政策框架下，寻找一些可以突破的关键点，把计划生育工作做成群众容易接受、不伤害群众的利益、对群众有利的工作。

中国计划生育优质服务试点不仅要应对国内的挑战，也要顺应国际计划生育和生殖健康领域的新动向。1994年国际人口与发展大会和1995年世界妇女大会强调，计划生育要从控制人口数量向提高人口素质转变，从控制生育向全面提升妇女的生殖健康转变，特别提出了要保护妇女的生殖健康权利。这些新概念和新动向不仅对中国的计划生育提出了挑战，也为优质服务试点工作提供了先进理念和方法。国家计生委在优质服务项目试点的方案中明确提出，将提升育龄妇女的生殖健康和生殖权利作为重要的目标。

一 知情选择的三要素：知情的选择、自主的选择、有足够的方法可供选择

在当时的情况下，开展避孕方法知情选择成为启动优质服务试点工作、体现以人为本理念的突破口。但在开始实施知情选择时，各试点区县确实有许多困惑需要解决。这些困惑在今天看来微不足道，甚至有点不可思议，但在当时确实困扰着基层的计划生育干部，同时也困扰着我。在独

生子女政策的框架下，尽管一部分地区的妇女能够生育两个孩子，甚至三个孩子，但对生育孩子数量的控制还是比较严格的。因此，为了落实生育政策，确保妇女不超生，绝大多数地区对妇女采取避孕措施时要求她们"一环二扎"，即生育了一个孩子后上环，生育了两个孩子后绝育。

我们从知情选择的三要素可以知道：第一，采取避孕措施的群众要对自己所采取的避孕方法有充分的了解，即知情，包括对自己的身体状况了解，对现有的避孕方法了解，对自己所使用的避孕方法的基本特点了解，对自己的身体状况适合哪一类避孕方法了解，而且还要了解国家的相关法律法规。第二，群众自主地、不受外界压力（包括来自家人的压力、来自社区的压力、来自医护服务人员的压力以及来自计划生育干部的压力）地做出自己的选择。第三，基层的计划生育服务机构能够提供多种的避孕方法供群众选择。因此，知情、自主、充分选择，三者缺一不可。

尽管对知情选择的概念有所了解，但对于我来说最大的困惑是在实际工作中如何体现知情选择。

有一件事情促进了我对知情选择的深入理解，并对未来思考问题的思维方式和立场选择都具有很大的影响。在我们的观念当中，女性有了走向社会、参与社会的机会并付诸实践是社会进步的体现。但是随着改革开放，有相当多的年轻女性选择结婚生育后回归家庭。这是否说明社会在退步？我带着这个问题，询问了当时的优质服务项目的国际专家美国密歇根大学的露丝·西蒙斯（Ruth Simmons）教授。她的回答给我留下了非常深刻的印象。她说，以前的女性待在家里不能参与社会活动，那不是她们自己的选择和决定，是社会规范强加给她们的，她们不得不待在家里从事家务劳动。但现在的年轻人选择回到家中照顾孩子，那是她们自己的决定，不是外界、家庭强加给她们的，这是自主选择和被动选择本质上的不同。这也是社会进步的表现。当今社会给予人们选择的机会，而之前人们并没有选择的机会和权利。如果选择回归家庭的女性充分了解回归家庭对个人、对家庭，甚至对社会发展的有利和不利方面，她们的选择就是知情的选择；如果不清楚，那只能说是不充分知情或是盲目的选择。

另外，这段话给我留下深刻印象的是，一位研究者在判断一件事情的价值取向时，不能以我们自己的价值观来判定，应该采取价值中立的立场来看待每一件事物。如果单纯用我们的价值观来衡量当代女性回归家庭这件事情，我们很容易得出社会在退步这样的结论，如果考虑到女性的选择权利的话，我们可以说，是女性有了选择权，她们才能做出回归家庭的决定，这也是社会进步的一个标志。价值中立的观点促进我在思考每一件事情的时候，不要总是以个人的价值取向做出评判和结论，要注意从每个个体的角度去思考问题，实际上，这也是以人为本的一个具体体现。

尽管在推行知情选择的过程中遇到了很多困难，但知情选择工作还是得到了试点地区干部、技术人员和群众的拥护。从 1998 年对 6 个项目点的评估结果可以看出，尽管项目才实施了 3 年时间，1995 年以前采取避孕措施的妇女中有 38.7% 的人是根据计生干部要求而使用的，而 1998 年这一比例下降到 17.8%；夫妇双方商量决定和妇女自己决定避孕措施的比例从 50.9% 上升到 53.8%。根据计生干部的要求而采取避孕措施的比例下降得非常明显，夫妇双方商量决定和妇女自己决定避孕措施的比例有了一定的上升，群众在选择避孕方法时有了更多的自主权。

二 服务对象的十大权利

1994 年国际人口与发展大会之后，国际计划生育联合会于 1997 年发布了《性与生殖健康权利法案》，这个法案根据国际有关人权文件及会议，确定了人们在性与生殖健康方面应该享受的十二项权利，同时提出了服务对象在服务的过程中所拥有的十大权利。在优质服务试点地区，我们把落实"服务对象的十大权利"作为一项突破口。实践中，我发现在服务的过程中落实"服务对象的十大权利"是各级管理者、服务人员愿意接受和可以接受的。通过十大权利的落实，可以转变服务态度、改善服务环境、提高服务质量，促进服务人员与服务对象之间的沟通、理解和尊重，从而提升生殖健康水平。

1998 年对首批优质服务试点区县进行评估时，我和美国密歇根州立大学的专家希拉·沃德（Sheila Ward）分在一组。当我们来到江苏省盐都县的一个乡镇计生服务站时，服务站的墙上用醒目的大字写着服务对象的十大权利：知情权、选择权、安全权、舒适权、隐私权、保密权、获得权、续用权、尊严权和表达权。希拉非常兴奋，拿起相机就拍下了这十大权利。她说，我走了很多地方，还没有看到哪一个并不发达的地区能把"服务对象的十大权利"写得这么醒目让群众都能看到。而且距离国际计划生育联合会提出服务对象的十大权利才不过一年多的时间，中国已经开始传播十大权利的理念了。

通过十大权利的宣传，我们也确确实实地看到基层的服务机构在方方面面的转化。从一开始的只是单纯地将十大权利当作一个口号来宣传，到逐步将十大权利融入工作之中，注重从服务对象的角度思考问题，关注服务对象的感受，针对用户需求提供高质量的服务。

（一）关于获得权

以前我们到服务机构考察时，只要我们一到，服务人员就会放下手中的工作热情地接待我们。不管是正在为服务对象提供咨询服务，还是正在进行检查或治疗，服务人员都会把服务对象晾在一边来接待我们。通过对十大权利的学习和解读，服务人员意识到，应该把服务对象的需求摆在第一位，应该不受外界干扰地继续为服务对象服务，这是对服务对象的尊重，也是服务对象能获得安全、舒适服务的重要体现。这对于我们自己来说也是一个重要的提醒，以前我们每到一个服务机构，总是要求服务人员能够尽快地回答我们的问题，以能否快速、准确地回答问题作为衡量服务人员服务能力和服务水平的标志，而忽略了是否影响服务人员的正常工作程序。后来我们在考察时，服务人员都会按部就班地完成自己的本职工作，不会因为我们的到来把服务对象晾在一边。而我们也会规范自己的行为，避免打扰服务人员的服务过程，即使有人要中断服务过程来接待我们，我们也会要求他们继续提供服务。

（二）关于隐私权、保密权

有一次，我们来到浙江省德清县的一个乡镇，正赶上这个乡镇组织妇女体检，每一位服务人员按部就班地忙着抽血、化验、量血压，并没有因为我们的到来而停下手中的工作跑来迎接我们。也就是在一年前左右，也同样是这个乡镇，当我们来到时，所有的服务人员都停下了手中的工作，热情地迎接我们，而把正在接受服务的群众晾在了一边。同样的乡镇、同样的服务人员，却有了不一样的服务！

之前在获得服务时，服务对象感受最深的是服务过程中的隐私难以得到保护。比如说，在进行计划生育服务咨询时，周围往往围着一群人，这些人中有的是自己的亲属，有的是其他服务对象或其他服务对象的亲属。由于都是乡里乡亲，服务对象本人不好意思让其他人离开，服务人员往往也熟视无睹，见怪不怪，并没有劝说其他无关的人员离开。另外，还让服务对象感到难堪的是裸露下体接受 B 超检查或其他检查时，其他需要检查的妇女往往也要脱掉衣服在身旁等待，被检查者与等待检查者彼此都非常尴尬。

在了解了十大权利之后，不同的服务机构在保护群众的隐私方面做了不少工作。比如，在服务机构设立专门的候诊区，家属亲友可以在候诊区等待服务对象，解决了服务对象亲属聚集在诊室的问题。为了让亲友们能够在候诊区安心等待，有些候诊区还专门设立了儿童活动区，便于儿童在此玩耍，不影响母亲接受服务。有些候诊区还专门设立了书报区，人们可以在这里读书看报，在等待服务对象的过程中还可以获得一些知识和信息；一些候诊区专门放置了电视、VCD 放映机等，可以让候诊者、家属亲友观看一些娱乐或者宣传的片子。为了保护服务对象的隐私，在接受 B 超检查区和等待区域之间拉上帘子；更多地方开始推行"一人一诊室"的做法，一个诊室只有一名医生为一位服务对象提供服务，改变了以往一个诊室有 2 名及以上医生提供服务的情况，避免了服务对象隐私的暴露。还不能做到"一人一诊室"的地方，在服务站设立了"悄悄话室"，一旦群众有隐私问题要咨询时，就在"悄悄话室"进行，既避免了群众不能将自己的需求充分表达，也避免了群众的隐私泄露。

（三）关于尊严权、舒适权

有一次，我们来到云南省的一个计划生育服务站，因为当地有一些不孕不育的夫妇前来寻求服务，而相当一部分不孕不育的原因是男性的问题，为此这个服务站专门设立了一个男性科。这个男性科打破了以往计划生育服务机构的两个纪录。以前的计划生育服务站都是为女性提供服务的，几乎没有男性来接受服务，除非是陪同亲属来到服务站。为男性提供生殖健康服务，扩大了服务的范围，使更多有需求的群众能够获得服务。另外，一般的计划生育服务站给人的印象还是以控制人口为主要目标。而这个偏远地区的计划生育服务站却能把群众的生殖健康需求放在首位，不仅提供避孕措施节制生育，而且要帮助那些不能生育而希望生育孩子的人，满足他们的生育愿望，帮助他们生育一个健康的孩子。

尽管这个服务站的做法非常值得推崇，但在考察的过程中我们也发现了一些需要改善以进一步维护群众生殖健康和生殖权利的做法。比如，要检测男性的精子，就需要取精，取精室设立在一个比较显眼的、人来人往的地方，而且诊室门口的牌子上就直接写着"取精室"。这不利于保护群众的隐私，影响了群众获得服务。因此，我们建议将取精室放在一个相对隐蔽的地方，不要放在人来人往的地方。另外，诊室牌子上最好不要写"取精室"，可以写"生殖健康室"，如果涉及的敏感科室比较多的话，可以写"生殖健康一室""生殖健康二室"等。这样既保护了群众的隐私，也表达了对群众的尊重。

（四）十大权利的制度化

值得一提的是，大多服务机构将保护服务对象的十大权利纳入了工作规范，用制度的形式予以巩固。保护服务对象的权利，不仅是要让服务对象获得服务，还要让他们获得安全、舒适的服务，获得知情、可选择的服务，有尊严地获得保密、保护隐私的服务，并能畅所欲言，将自己的想法与服务人员进行沟通和分享。2003 年，国家人口计生委和联合国人口基金合作开展第五周期生殖健康/计划生育项目，在 30 个省份的 30 个区县开展计划生育生殖健康优质服务。第五周期项目开展了如下活动：维护公民权利，开展知情选择，提供规范服务，改革管理评估。并针对群众的需要，开展适合当地情况的活动，如生殖道感染/艾滋病的预防，青少年性与生殖健康教育和服务，促进社会性别平等和提高男性参与度等。优质服务项目在维护服务对象权利方面的做法在更多地区得到推广。服务过程中的维权活动进一步规范化、标准化、制度化。这一年，国家人口计生委开始在全国开展计划生育优质服务先进县（市、区）创建活动，维护和尊重公民的合法权益被正式作为评定先进的重要标准①。

优质服务是我生命历程中重要的一环，它影响了我的思维方式和行为，帮助我能够更多地从他人的立场思考问题，用更加中立的态度评判他人的行为。优质服务对我个人的影响是巨大的，对整个社会的发展和进步的影响同样巨大，它影响了一批人能够更加理性地看待这个世界，能够用更加人性化的方式来思考问题和处理问题。我认为优质服务最重要的一点就是提出了"以人为本"，它推动了整个社会的进步。

服务对象的十大权利不是一个空洞的口号，可以具体化到我们的服务过程中。落实"服务对象的十大权利"可以改变我们的思维理念和思维方式，从而改变我们的服务态度和服务过程。记得卫生部、国家人口计生委两个部委合并后，我们还在继续开展一些权利保护的培训活动。2014 年，我们在

---

① 2003 年 2 月，国家计生委印发《优质服务先进县（市、区）评估指标体系》的通知，把"公民合法权益得到维护和尊重"作为评估创建活动效果类指标，共设置 6 项指标对它进行测量。这 6 项指标的设定如下。指标 4：群众享受法律/法规/政策规定的各项计划生育优惠政策的落实率达 90%。指标 5：已婚育龄夫妇免费享有基本的计划生育服务，落实率达100%。指标 6：开展规范的避孕方法知情选择的村在 90% 以上。指标 7：实行计划生育村（居）民自治达 90%。指标 8：建立科学的决策程序，将群众需求纳入决策的主要依据。指标 9：群众对计划生育管理程序、工作态度满意程度逐步提高。此外，还有一些测量群众满意率的指标。这是把尊重和维护公民合法权益上升到政策和制度层面的标志。

重庆做了一期"服务对象十大权利"的参与式培训。参加培训的人员中有一半是之前的计划生育服务人员，有一半是妇幼保健院的院长。培训结束后，这些妇幼保健院的院长围着我们说："这个培训太有用了，十大权利不能教给我们实用的技术，但可以改变我们的思维方式，改变我们的服务行为，更好地改善医患关系。如果多做一些这样的培训，我相信中国的医患矛盾会得到很大的改善。"

现在我的团队还在继续从事生殖健康权利的宣传、倡导、培训的工作，也希望这个优质服务的火种一直传下去，为新时代的健康中国战略、为全民健康做出应有的贡献。

回顾：我为什么支持中国优质服务项目

〔美〕琼·高芙曼*

　　有中国同行问我，当初福特基金会为什么资助中国计划生育优质服务项目。我的回答是，1996 年的一天，当张二力和顾宝昌走进我在福特基金会的办公室，向我介绍中国计划生育优质服务项目，并提出申请福特基金会资助时，我想他们真是找到知音了。当时我看到了这个项目的重要意义，毫无疑问我会尽全力支持，不仅是资金支持，更为重要的是提供国际技术支持和交流，使试点项目能够真正促成中国的强制性计划生育工作发生改变。

　　时任国家计生委规划统计司司长张二力负责制定和监测中国人口控制目标。与他共事后我发现他是一位真正有人情味的男士，他意识到改革开放为中国计划生育改革提供了机会，并立刻抓住这个机会。顾宝昌是我刚到中国工作时就认识的中国顶级人口学者，他是 20 世纪 80 年代初联合国人口基金（UNFPA）项目第一批资助到国外学习人口学的杰出留学生之一。当时联合

* 〔美〕琼·高芙曼（Joan Kaufman），女，现为清华大学苏世民（Schwarzman）书院学术高级主任，哈佛大学医学院全球卫生与社会医学讲师。曾被国家计生委聘为计划生育优质服务项目国际顾问，在中国生活和工作超过 15 年。先后就职于联合国人口基金（1980~1984 年）、福特基金会（1996~2001 年），并任哥伦比亚大学全球中心东亚区主任（2012~2016 年）。曾是布兰迪斯大学海勒社会政策与管理学院的杰出科学家。2002~2010 年，在哈佛大学肯尼迪政府学院创立并指导了艾滋病公共政策项目。曾就中国生殖健康、社会性别、全球健康、艾滋病毒/艾滋病和民间社会问题等开展研究和咨询并发表论文。

国人口基金刚在中国设立办事处，而我在中国的第一份工作就是负责这个初建的留学项目。顾宝昌是一大批留学博士中的一位人口学者，师从人口学领域国际著名教授。他和其他留学归国的经济、社会、统计等领域的学者们组成的智囊团，成为学术研究和政府管理的智库。顾宝昌参加了 1994 年的国际人口与发展大会，翻译了大会《行动纲领》，他是改变计划生育工作模式将关注重心转向服务对象的关键搭桥人。张二力和顾宝昌在我办公室提出的中国计划生育优质服务项目简直令我震惊。

当时刚开过国际人口与发展大会。这是 1994 年和 1995 年两次重要国际大会①的第一个会，这两个大会改变了计划生育工作模式，将其从人口控制转向生殖健康及权利的框架。这个框架的核心是朱迪斯·布鲁斯的优质服务框架，该框架构建了以服务对象为中心和以权利为基础的新型工作模式，支持避孕方法的知情选择是工作内容之一。时任国家计生委主任彭珮云参加了国际人口与发展大会，她意识到中国需要跟上国际转变的步伐。联合国人口基金的两难处境也对中国计划生育的转变起到了推动作用，当时联合国人口基金一直促使中国政府取消导致强制行为的人口控制目标，与此同时，联合国人口基金又顶着最大捐赠国——美国的压力，拒绝关闭其在中国的办事处。中国作为联合国安理会成员，极其重视其在联合国的作用，但拒绝屈从于国际上对于旨在缓解国家紧急状况的国内项目（无论其设计是正确还是错误）的施压和干涉。中国的统计学者和科学工作者曾认为，中国人口持续数十年的快速增长会危及经济增长和社会服务。

张二力和顾宝昌当时的说法引起了我的共鸣。国际人口与发展大会召开之前，20 世纪 80 年代初期我已经在中国为联合国人口基金工作了 4 年，当时计划生育的主要目的还是控制人口快速增长。联合国人口基金北京办事处是邓小平提出"四个现代化"之后首批入驻中国的两个联合国办事处之一。为实现 GDP 翻两番的规划，中国政府提出了到 2000 年力争把人口控制在 12 亿

---

① 两次重要国际大会是指 1994 年在开罗召开的国际人口与发展大会和 1995 年在北京召开的世界妇女大会（译者注）。

以内的目标。然而当时中国人口到底是多少需要通过 1982 年的第四次全国人口普查去摸清，这是当时联合国人口基金的主要工作之一，还包括培训顾宝昌等人口学者开展人口学教学与研究。我在联合国人口基金北京办事处工作一段时间之后，去哈佛大学攻读人口和公共卫生博士学位，并于 1987 年重返中国。我的博士论文是研究中国计划生育项目，得到了洛克菲勒基金会资助。我在中国 4 个县的农村进行了实地调查，更清楚地了解到中国计划生育的政策和实际工作。我与国际上一些人口学者合作，致力于研究除了社会经济因素之外计划生育项目对生育水平的影响。在文献查阅和论文研究过程中，我开始关注总部设在纽约的人口理事会发表的有关计划生育优质服务的文献，并决定收集计划生育优质服务项目的信息。此后，洛克菲勒基金会有意进一步在中国开展工作，我则作为洛克菲勒基金会的顾问参与了在中国部分区县引入新型避孕技术（皮下埋植技术）的试点项目①。当时我也与人口理事会的朱迪斯·布鲁斯和安德鲁·贾恩在有关非洲开展优质服务的一系列活动方面密切合作，这也是美国国际开发署（USAID）新工作组工作的一部分，该工作组的任务是将优质服务指标引入计划生育项目评估中。我成了优质服务新模式的支持者，虽然并没有得到各有关方面的完全赞同，但我认为应当将这种模式纳入中国项目中。这些经历发生在国际人口与发展大会召开之前，在国际人口与发展大会召开之际，优质服务已经作为将保护妇女及其生殖权利理念更好地纳入计划生育项目的重要模式被采纳。20 世纪 80 年代中国开始实行提倡一对夫妇只生一个孩子的计划生育政策，国际社会认为引入新的优质服务工作模式，可以在现行生育政策和人口控制计划之下，保障和维护妇女与夫妇的生殖权利。1995年在北京召开的世界妇女大会进一步支持和重新强调了优质服务模式。

我在世界妇女大会召开后不久来到北京，感受到社会各界对生殖健康和妇女权利的关注，但是与国家计生委这个负责落实中国独生子女政策的政府机构几乎没有接触。我注意到彭珮云主任参加国际人口与发展大会之后提出

---

① 当时在引入皮下埋植技术时遇到最大的阻力是各地要考核结扎率，后来对试点乡镇的考核中允许一例皮下埋植算作一例结扎。在项目总结时大家交流体会，都说引入新型避孕技术项目的最大成果是引入了"避孕方法知情选择"的概念（译者注）。

中国计划生育工作思路和工作方法"两个转变"的宏大目标，并意识到这是我参与和施加影响的关键机会。张二力和顾宝昌告诉我，试点项目最初是作为联合国人口基金项目提出来的，但是联合国人口基金为了促使中国政府取消人口控制指标暂停了对中国的资助，于是他们来找到我。我同意资助这个项目。然后我联系了朱迪斯·布鲁斯和人口理事会，他们同意合作，我们就成立了名为"国际联络小组"的顾问组，由人口理事会、世界卫生组织的专家以及其他专家组成，专家们定期开会，回顾试点项目的进展并提供咨询意见。露丝·西蒙斯是我们的重要专家，她在福特基金会资助之前就已经相当深入地参与了项目工作，布鲁斯和西蒙斯都为本书撰写了自己的故事。我曾与中国同行们写过一篇文章①介绍中国优质服务从试点项目拓展为全国计划生育改革的全过程，发表在 2006 年的《计划生育研究》上。

最后还要就优质服务试点的重大事件和后续成果做些说明。参与计划生育优质服务项目的核心人员还参加了由人口学者、经济学者和社会学者组成的"21 世纪中国生育政策研究"课题组，从 2004 年起多次向政府有关部门提出调整并最终取消独生子女政策的建议②。2013 年中国政府终于宣布生育政策的重大调整，并于 2015 年实施全面两孩政策。此时，中国人口结构失衡问题日益显现，随着生育率的下降、出生人口的减少、新增劳动力数量急剧下降、老年人口规模庞大且比重持续上升、出生性别比失衡等问题开始凸显，中国人口专家将迎接新的挑战。而对我来说，在福特基金会这些年最难忘的个人经历之一是安排简·方达去德清县考察优质服务项目。在从上海去德清的往返途中，我们在车里共同度过了八小时，畅谈人生！

（郑真真翻译、解振明审校）

---

① Joan Kaufman, Erli Zhang, and Zhenming Xie, "Quality of Care in China: Scaling up a Pilot Project into a National Reform Program," *Studies in Family Planning* 37 (2006): 17 – 28.

② "21 世纪中国生育政策研究"课题组于 2004 年 4 月第一次提交了《关于调整我国生育政策的建议》，其中提道："第一步：从 2005 年开始，允许夫妇双方中一方为独生子女的家庭生育 2 个孩子。第二步：在第一步顺利实施的基础上，从 2010 年起进一步过渡到每对夫妇可生育 2 个孩子。"（译者注）

个人回忆录：中国优质服务项目

〔美〕朱迪斯·布鲁斯*

优质服务项目引入中国是我一生中最有意义的经历之一，它是一个不同语种、不同寻常的团队努力的成果，促进了中国一系列重大政策的转变。与其说它是政治体制改革层面的一个故事，不如说它更多的是充满信任、灵活、机遇和坚持的传说。沿着我所了解的中国优质服务项目的轨迹撰写这篇回忆文章，我不知道我要去哪里，但我可以做我自己。虽然它是一项公共使命，但它也一直是我的个人职责。

一 基本观念、同事与友谊

1990 年出版的《计划生育优质服务框架：六个基本要素》曾在我的脑海里酝酿了很长一段时间。我在人口理事会的上司乔治·布朗建议我，应该

---

* 〔美〕朱迪斯·布鲁斯（Judith Bruce），女，毕业于哈佛大学。1977 年加入人口理事会，人口理事会高级研究员和政策分析师，人口理事会贫困、性别和青年项目高级研究员和政策分析师，联合国消除对女童一切形式的歧视和暴力问题专家组会议联合主席。于 1990 年发表的《计划生育优质服务框架：六个基本要素》一文在全球计划生育项目从目标导向向关注质量的转变中发挥了重要作用，目前该框架仍然是确定计划生育以及生殖健康项目目标与评估结果的基础。1993 年，因对该领域的杰出贡献而获得国际妇女参与发展协会的奖励。曾被国家计生委聘为计划生育优质服务项目国际顾问。

利用我那些涌流不息的想法做一些更有学术意义的事情，于是我消失了六个星期，写下了那篇文章。写完之后，我没有立即把它交给出版社，因为我不确信它会拥有大量的读者，并且认为它只是一些普通常识——尽管是框架结构化的常识。

该框架使用"六个要素"来定义计划生育服务的质量，无论其质量好坏，都应是根据当地情况、面向用户的服务。论文的初稿把它定义为"用户视角"，后来，在我的同事乔治·布朗和安鲁德·贾恩以及人口理事会的帮助下，我的思想得到不断发展，我试图在更正式的学术研究中挖掘我的直觉和经验。

该框架的"六个要素"是选择方法、用户信息、技术能力、人际关系、后续机制和综合服务。在每个维度中，决策者和服务提供者都要打破一般化的、笼统的价值陈述，并在六个决策领域制定具体的以用户为中心的目标。服务质量是由用户的体验所定义的，而不是由政策所规定的（尽管有一种名义上的假设，即地方政策有规定个人选择子女数量和时间的权力），也不是受金钱所支配（因为钱往往花的不是地方），也不是被员工培训所左右（当然这也很重要），更不是让服务提供者去评价用户的体验。事实上，该框架坚持以用户为标准，用户如何描述服务（无论好坏）、他们随后的行为以及是否实现了他们的生育意图，这才是判断成功与否的决定性标准。

有了将该框架作为工具应用于实际的想法，我知道我需要一位拥有技术优势的合作伙伴。所以，我问我的同事安鲁德·贾恩是否愿意与我一起进行实地研究，提炼出以用户为中心的测量指标。随后1994年开罗国际人口与发展大会进入筹备阶段，有关优质服务及其意义和内容的对话都在加速进行。不是从"发展"和"计划生育"之间对立的前提出发，而是以更好的方式来实现人口转变的目标，开罗会议确认两者都需要；不是把重点放在服务是否至关重要上，而是关注哪些服务能带来最大的不同；不是为"发展"而"发展"，而是关注要选择什么样的发展才能为安全和可持续的发展提供最有力的支撑。要实现和保障人口与资源平衡的基本战略和人权原则就必须解决妇女与女童的从属地位。否则女性即使在法律和服务上得到承诺，她们的选择权也是难以兑现的。

20 世纪 90 年代初，国际社会就中国的人口政策进行了激烈的辩论。我注意到我的一些同事的工作。比如苏珊·格林哈尔希和约翰·邦加茨，他们各自并合作撰写了研究中国人口的文章。我发现苏珊·格林哈尔希对东亚地区妇女地位和自由程度的分析非常具有启发性，她非常了解中国的计划生育。她和约翰·邦加茨合作进行了预测，指出如果调整中国"提倡一对夫妻只生一个孩子"的现行生育政策，给予夫妇和个人更多的自由，仍然可以达到同样的人口结果，实现释放生育压力和人口与资源的平衡，且赋予人们在生育时间和生育数量上更多的选择。人们脑海中一直有一个难题：如何画出一个正方形的圆？很明显，中国必须解决人口数量问题，但如何更好地处理人口数量问题？为什么女性的负担如此沉重？

在整个优质服务项目中，对指标的争论一直不断。我们曾经在一些口头上支持知情选择的国家和地区应用这个框架，但在一些测量服务质量的指标（比如"夫妻保护年"，该指标用保护夫妻免除怀孕的时间来测量避孕措施的效果——译者注）里却隐藏着一些激励诱导因素。世界各地对指标的需求体现了个体经验，也与人口变动相关。在更广泛的人权议程中，测量服务质量的指标也需要超越传统的衡量用户满意度的指标。从我从事运筹学的同事——安迪·菲舍尔和鲍勃·米勒——的情景分析中，我们了解到在许多项目中（我认为是在大多数项目中），女性没有被问及为什么她们会到计划生育诊所来，没有被问及她们需要什么。这些初步迹象表明她们不太可能获得以用户为中心的服务，因为一些最有评估价值的信息丢失了。

根据贾恩博士的建议，每位接受服务的用户应该被问道："你为什么到计划生育诊所来？是想推迟生育，不想生了，还是想生个孩子（对于那些有生育能力问题的用户）？""你是想诊治诸如生殖系统感染的生殖健康问题吗？"这些问题应该从一开始就向用户提出，并且跟踪记录她们是在多大程度上得到还是没有得到想要的结果，从而产生一个跨度为两年的个人和项目层面的产出指标。这些信息可用于汇总分析，贾恩博士在这个问题上发表了大量文章。他非常清楚，我们大家也认为，一个更广泛的选择框架是至关重要的。

露丝·西蒙斯从一开始就是合作伙伴和一位女英雄。1984 年她撰写了一篇很有见地的文章，解释了在过去的几十年里，11000 名女性计划生育工作人员（在过去的几十年里计划生育工作人员通常是男性）是如何改变服务方式和改进人际交流的。服务对象曾经作为工作"目标"，但现在被看作参与服务过程的女用户。露丝·西蒙斯进一步吸引了我关注多纳伯迪安（Donabedian，美国医疗质量管理之父——译者注）的工作，他把"人际关系"和"技术能力"做出了重要区分。

琼·高芙曼当时正在哈佛大学读博士研究生，她曾与我们一起在赞比亚开展监测和评估工作，应用的是非常广泛的生殖健康框架和选择框架。琼·高芙曼是一位中国问题专家，会说中文，写过关于避孕方法的质量问题以及对人体和卫生系统实际影响的文章。我还知道杰·萨迪亚是健康系统管理专家，他后来也加入了中国优质服务的国际联络小组。他一直强调伦理和效率，并且很有耐心和讲求实际。

二　一封陌生人的来信

1995 年年末的一天，我在办公室收到一个棕色的信封，装着一封来自中国江苏省一位官员的信，信中说到他们读到我的计划生育优质服务的文章（已经译成中文），想知道我是否愿意到中国探索优质服务问题，是否有可能一起开展合作。签名是一个中文名字，我没有其他参考信息，当时我很感兴趣，但也很困惑。不久，我收到第二封来自中国的信，这是苏珊·何尔康[①]的来信，她在联合国儿童基金会北京办事处工作。她告诉我将会收到一封来自中国一位高级官员的信，因为有一群中国人对优质服务框架十分感兴趣，他们想使用优质服务框架来改善和提高中国计划生育工作的质量，进而推动生育政策的完善，尽管后者的提法非常温和，几乎是暗示。

---

① 〔美〕苏珊·何尔康（Susan Holcombe），时任联合国驻华机构代表的夫人，多次参与中国计划生育优质服务的推动工作并参与 1995 年世界妇女大会工作（译者注）。

我曾在中东、非洲和中美洲工作过，但我从未真正在东亚工作过，我去过的最接近中国内地的地方是香港，那时它还在英国的管辖下。看过信后我打的第一个电话是给露丝·西蒙斯，因为她在中国做过计划生育项目的评估。我说我感到不安的是我还没有弄明白能为他们提供什么帮助。露丝·西蒙斯鼓励我做出回应，并着手进行有关情况的调查了解。当时，琼·高芙曼也刚刚被任命为福特基金会中国生殖健康项目官员，这真是巧合，友谊和历史机遇都在我们这一边。国际讨论呼吁建立一个共同的生殖权利框架和质量标准，但是我和贾恩博士反对建立普适的标准，因为我们认为整个优质服务框架的要点是培育当地的所有权和推动明确的决策（现在我们可以称之为"明智"）。要实现因地制宜是一个持续不断的挑战，要坚持实现对充分、合理的"质量"的承诺。

在中国大多数地方提倡一对夫妇只生一个孩子，因此更多地关注出生人口数量，而很少关注服务程序和质量标准。我所了解到的是，在现行生育政策下，中国各个乡镇的计划生育操作过程存在巨大的差异，"年出生人口数"等人口控制指标的设置较为简单。有意思的是，张二力先生是这套指标的制定者，也是努力想把优质服务引入中国的关键人物。他以及他的勇敢和富有洞察力的同事得出的结论是：人口控制目标没有考虑被要求执行计划生育的妇女的健康和权利，是不公平的，甚至是危险的，之于社会也是不可持续的。他了解中国的改革过程，并致力于此，他想以优质服务试点为示范，以试点区县为中心一步一步地推广——首先是信息交流，进而是改进工作方法，然后辐射出去，推进国家"提倡一对夫妇只生一个孩子"的政策发生更广泛和更深刻的变化。

因此，为了能在中国应用，这个建立在自愿计划生育基础上的框架必须加以改造。对于框架中的六个决策领域（是六个而不是四个，"六"显然是中国人最欢迎的数字），江苏省的一位计划生育高级官员表示，它们提供了启发性的策略，引导更广泛地讨论计划生育服务流程的变化。与此同时，开罗国际人口与发展大会后，张二力、顾宝昌和他们的同事们希望中国也加入国际计划生育优质服务的运动中。

我初次访问中国时，我的第一反应是，在执行了十几年的一孩政策之后，当地一些干部似乎已经筋疲力尽，无法再要求他们的社区群众限制他们的生育数量了。国际媒体报道过一些避孕失败人工流产的案例，部分原因是缺乏对乡镇实施计划生育的指导。人口目标管理责任制规定了出生人口数指标，但对于如何实施计划生育的机制却没有做出具体说明。地方干部不愿只是传达生育控制目标的信息，便编制了一些简单的工作流程。尽管在伦理上认为缺乏个人选择是主要问题，但是最为关注的问题仍然是严重的资源短缺和不断增加的人口对环境的压力。现行生育政策旨在遏制人口快速增长，从而延长两代人的间隔，以减缓对资源汲取的恐慌，并让公共投资追赶上来。于是，环境保护政策也随之出台（当我到达北京时，正遇上严重雾霾，但事实上，北京的环境保护措施已经大大加强了）。

生育政策的临床负担主要是由女性承受的，计划生育方案鼓励女性避孕和女性绝育。中国的合作伙伴对计划生育服务质量存在的问题持开放态度，他们认识到问题主要集中在以下几个方面：关爱不够和避孕方法选择受限；干部管控社区居民的生育行为致使他们与群众之间缺乏良好的互动；有限的技术能力和简陋的技术设施；不合格的服务造成避孕失败，而失败的负担往往落到接受不良服务的用户（主要是女性用户）身上。这些不仅在国际上引起批评（导致跨国和双边资助者撤回支持），在中国国内也有激烈的争论。我非常尊敬我的中国同事们，他们决定接受这个框架，我很感激他们为优质服务框架找到一个有用的起点。

三 一张珍贵的照片

第一步是邀请一些中国计划生育优质服务的主要人物到美国参加在华盛顿举行的优质服务研讨会。会后回到纽约，他们来到我家，交谈中我开始理解中国在6个区县开展优质服务项目试点的复杂性和勇气——每个试点区县都有自己的方法。在那次讨论中，张二力充满激情地表示计划生育对中国女性欠账太多。尽管他并不否定中国快速降低人口增长率的必要性，但他认为妇女在实现国家人口控制目标中所承担的太多。

有一天，在露丝·西蒙斯耐心的指导下（她与他们熟悉得多），讨论了好几个小时后，我们点了比萨饼，边吃边谈，我放松地坐在地板上，这是我的习惯。突然整个谈话停止了，露丝·西蒙斯温柔地告诉我，他们非常尊重我，既然我们是平等的，我的头就不应该比他们的低得多（中国同事不习惯布鲁斯随意地坐在地板上——译者注）。于是，我不得不起身。我们拍了一张那次访问的照片，这是我珍藏的照片。与它摆放在一起的是他们给我带来的一张珍贵的照片，照片上是贴在诊所里的我的优质服务框架图①，对我来说，这是一个骄傲而不可思议的时刻。

我第一次访问中国的经历是令人陶醉的，感觉就像一个漫长的冥想。沉浸在数小时的茉莉花茶和幻灯片中，我体会到中国计划生育独特的改革创新是集体的、循序渐进的过程。我记得我坐着看幻灯片时，字面上说"淡入"和"淡出"②。我明白这是一种策略，不要突然宣布一件事的结束或另一件事的开始。在所有的讨论中都有条有理地达成共识，我所习惯的辩论方式在这里没有用武之地。

我也明白，我的优质服务框架是有用的，因为它并不注重服务的结果，而是关注服务提供的过程，以及什么是足够的选择。令我们高兴的是，我们顶住了要求在优质服务框架中附上普适标准的压力。我们认为优质服务的标准应该根据当地情况来形成，如果用户的期望很低，如果服务提供者只对上面下达的指标做出反应，就无法建立一个真正的不断优化地提供优质服务的体系。一旦中国人回答了什么样的服务是"优质"的，那么优质服务框架便作为服务提供者的工作指南和用户的权利清单张贴在诊所里。

自上而下的推动产生出一种无益的紧张关系。实地经验证实，服务提供者在许多情况下都渴望提供高质量的服务，在这方面他们得到了期望很高的

---

① 中国计划生育优质服务试点地区的干部把布鲁斯"优质服务六要素"的中文版制成招贴画贴在服务站的墙上，张二力给它拍了照片送给了布鲁斯（译者注）。

② 顾宝昌教授借用影视术语"淡入"和"淡出"对外翻译"先立后破"一词，即在新理念新事物引入并建立后再破除旧理念旧事物，让其逐渐消失（译者注）。

用户的帮助和支持。在那些名义上开展自愿接受的计划生育的国家和地区，一些用户接受的服务质量非常差，也没有让人们做避孕方法的选择。而中国的做法是在基层先行试点，这可能是一个很好的起点，同时中国还致力于培训干部，培养一批广泛的支持者。于是，当顶层的策略和观点发生明确变化时，就有能力去实施它。还有一点值得注意的是，我们正在与中国这个世界大国的一些最强大的行动者合作。生硬和命令式的语言没有立足之地，因为这个过程更多地依赖于相互感知。即使我们建立了一个联络小组、一个松散的国际顾问团队来指导中国计划生育优质服务项目试点工作，我们每个人也必须相信中国同事提供的背景介绍和许多"是和不是"的实际案例。

四　一个松散的国际联络小组

优质服务项目国际联络小组成立后，便开始筹备一系列的对话和交流活动，以便继续讨论并相互了解。其中，中国与印度同行之间的对话和交流于1998年4月开始，首先是在印度拉贾斯坦邦召开研讨会。那是在我父亲去世一周后举行的，每个人似乎都意识到了这一点，都对我很好。我们仍在研究友好的但模棱两可的日常工作机制。信任是至关重要的，没有什么路线图和私下交谈可以反映我们正在做的事情，我们中间没有人能和任何权威人士谈论接下来会发生什么。

因此，考虑到中国生育政策在未来可能发生缓慢变化的背景，优质服务项目以合作协商的模式，使框架应用过程的压力得到充分释放。经过三四次磋商会议后，决定在福特基金会的支持下，顾宝昌博士到人口理事会工作，以加强密切合作①。

中国优质服务项目先在6个区县的部分乡镇进行试点，几乎所有试点乡镇都在执行"一孩政策"，很少有例外。变量的度量问题仍然无法解决，我

---

① 顾宝昌博士到人口理事会工作之事，是时任国家计生委主任彭珮云同志到纽约访问人口理事会进行会谈时确定的，随后又在时任国家计生委国际合作司司长丛军同志多次协调下成行（译者注）。

们不能使用 HARI 指数①，因为因变量（孩子的数量）是固定的。尽管如此，我们仍可以专注于用户与服务提供者的互动，以改进服务质量、扩大服务范围和改善人际交流等。只是用户与服务提供者的对话不是以提问"你想要几个孩子"为开头。在很多情况下，我所听到的是以"今天你想要什么"来开场。这种新的开放式的交流对干部来说也同样重要，他们不想让人觉得自己只是执行政策的工具，他们认为自己有关心民众的专业能力，值得欣慰的是至少能够在一对一的层面上建立一种更积极的人际关系。

还有人提出，考虑到中国正在取得的巨大经济进步，现行生育政策对人口数量的控制是否真有必要。在我们进行的研究中，顾宝昌博士在纽约几乎对每一个试点乡镇的资料进行分析，研究各乡镇的项目目标是如何运作的，它们是否已经实现。基于一项政策假设，即在社会经济主要变量的影响下，人们的生育行为可能会发生变化，进而影响生育政策在不同地区的实施——推迟婚姻、提高生育成本、少生孩子、为女性提供更多的经济机会。人口问题不仅是数量问题，还涉及出生性别比失衡没有得到改善的问题。计划生育方案和生育控制指标给女性带来了一些特定的、消极的负担，女性行为比男性行为受到更严密的监控。

有一次，我有幸与时任国家计生委主任交谈，向他提出了一个问题，我认为这是涉及性别和权利的一个核心问题。我对他说，我希望你能尊重我，我并没有质疑降低生育率的必要性。我询问计划生育对象为什么主要是女性而不是男性，通常男性拥有的孩子比女性所能生育的孩子更多，因此，就纯粹的生育控制而言，对男性——父亲下达控制指令应更为直接有效。此外，由于政府承担了几乎所有的绝育费用——女性绝育远比男性绝育（当时女性绝育人数是男性绝育人数的 4 倍）风险更大、成本更高——从健康福利和经济成本的角度来看，推进男性绝育不是比女性绝育更好吗？我没有得到明确答案。翻译过来的回答是客气的："好的，我们会好好考虑的，请

① 有的国外统计分析认为：无论社会、经济、服务质量等自变量怎样变化，中国生育率的结果——因变量取值都是"一个孩子"（译者注）。

进晚餐吧。"

在我们讨论的议题中，如何测量服务的质量和成功与否是最棘手的问题。我们巧妙地找到处理办法，因为我们觉得我们的合作伙伴热切期望一种更人性化和有利于形成良好人际关系的服务方式，以及更好的临床技术和设备，应该创造一个有利的环境去释放政策的压力。顾宝昌博士记录了每个试点乡镇的不同之处，尽管生育政策没有变化，但每个城镇的服务氛围和观念似乎都在变化，用户和服务提供者的日常生活都变得更好——而不是更糟糕。

在这期间，我和琼·高芙曼、露丝·西蒙斯、杰·萨迪亚、安鲁德·贾恩、乔治·布朗、赵白鸽（她经常到纽约参加各种会议）以及顾宝昌有许多讨论，主要讨论联络小组的活动内容及其时间表，每周都会通过不同的语言和风格过滤这些支持和友谊的信息。除了非洲、中美洲和中东的项目外，中国同事与我们一起倡导优质服务，使我们对国际计划生育优质服务运动的潜力有了深刻认识。我们避免了教条主义，否则是不可能取得进展的。我经常感到，人们和国际机构最容易就价值和内容达成一致，诸如开罗国际人口与发展大会所表述的价值"宪章"。但是，人们很难达成一致意见的是，建立机制并界定可接受的变化速度，因为这需要真正的工作，需要我们大多数人作为人类一员和知识分子去努力。这就是我们为优质服务项目所做的事儿。

顾宝昌博士离开人口理事会回国后，优质服务项目用了15年时间促成了一孩政策的"淡出"。我当然不是反对者，而是把它看作一种心愿并为之祈祷。几年前，顾宝昌博士和他的同事发表了一篇分析文章，研究表明即使没有一孩政策，中国可能也会经历大规模的人口转型。如果一孩政策在没有准备好的情况下就简单地被取消，就不太可能建立可持续的制度来推动这场变革，这便成了没有引擎的结果。

我们开启优质服务项目就像发动了没有结果的引擎，事实上，在经济驱动人口转变的同时存在着一股强大的协同力量，这就是抓住服务系统本身问题的、奋战在第一线的干部和服务提供者的不懈努力。这意味着，在一孩政策宣布结束时，已经建立了以用户为中心的服务体系的持续实施和保障的机制。我想有些人可能会说，政策调整是不可避免的，而优质服务项目是多余的。但我认为优质服务项目实际上是一个加速器，它是一个独立的产物——有自身创建、验证、推广的过程，并在中国聚集了一批志同道合的人士，他们愿意献身于那些他们想要服务的人来推动改革，而优质服务项目给了他们实现自己抱负的机遇。

五　附言

我现正处在自身职业生涯中不得不回头看的阶段。我所看到的一切是一次不期而遇的经历。我之所以能够接受这一切，是因为事先建立了友谊，以及我们在进入一个未知环境时给予彼此的关照。我们的中国同事比我们有更多的体会，他们试图把他们的国家推进到现代化的道路上，并让我们参与到他们历史性的实验中。没有任何智力分析或理论框架是有价值的，除非它能指导实践，这需要我们以及我们与中国伙伴之间具备三个条件：值得信赖的关系；在不断的信息收集、商议、测试和重新设置的循环中与地方领导的合作；将学习工具交给实践者，让他们有空间和时间（在中国优质服务项目上是 15 年时间）去应用它。

（解振明翻译、顾宝昌审校）

30

回忆中国优质服务的评估活动

〔美〕露丝·西蒙斯[*]

沉浸在中国优质服务评估的回忆中，我发现自己竟情不自禁地笑出了声——这是一次多么特殊的机会！我能与一群敬业、勤奋的中国同事共事，分享朱迪斯·布鲁斯的优质服务理念，并把它应用到计划生育优质服务项目的评估中。我的一位南亚学生和一些写过印度相关论文的研究者常说，中国与印度差别很大，中国一直是一个迷人的地方。这次评估，我到过中国不同的省份，访问了许多计划生育基层官员和服务人员，走访农村家庭，同村民们谈论日常生活和计划生育，这是我职业生涯中最特殊的机遇。

当我听说国家计生委的高级官员张二力要学习国际计划生育优质服务的理念，并用它来评估正在开展的优质服务试点工作，我很感动。他认为中国的计划生育方案必须改革。从今天的观点来看，他们所付出的艰辛不会被人们完全理解，虽然当时提出的诸如优质服务原则、知情选择等新概念在今天已经被广泛接受了。

---

* 〔美〕露丝·西蒙斯（Ruth Simmons），女，政治学博士，扩展健康质量和获取途径伙伴组织总裁，世界卫生组织拓展网站（ExpandNet）秘书处成员，密歇根大学公共卫生学院荣誉退休教授。曾被国家计生委聘为计划生育优质服务项目国际顾问，在体制建设、卫生系统发展和拓展、计划生育及生殖健康政策和项目制定、优质服务等领域拥有30多年的工作经验，曾参与亚洲、非洲和拉丁美洲的国家项目合作，并发表大量研究论文和著作。

令人印象深刻的是，我们可以开诚布公地讨论优质服务问题，并建设性地提出各自不同的观点。这体现在两个方面。第一，在与当地官员、服务人员和服务对象正式访谈时，我可以不受任何限制地提出问题，我当然没有隐瞒我所要问的问题。第二，晚上在结束访谈后，关于优质服务的交流仍在继续，我们广泛地交流各自不同的观点。我尤其记得与张二力就优质服务有关问题的争论，我们都在捍卫自己的观点。当我在为知情选择的自主和知情的原则辩护时，张二力开玩笑地说我是"troublemaker"（捣乱者），我知道这是基于热诚和友谊的精神，而不是批评指责。

我不仅可以自由地提问，而且得到了很有礼貌的尊重和照顾，以至于发生了相当滑稽的事件。一天，我们访问一个相对偏僻的山村，当时，张二力（团队的中方领队可能是张二力，但我不完全确定是否是他）必须回到北京参加一个重要会议，他对队员们说在他开会期间希望一般情况下不要打电话去打扰他（20世纪90年代中期，在中国乡村要打一个长途电话也确实不容易——译者注）。他离开评估小组回北京后，我们在一个偏僻的村子里进行实地调研。中午时，我正在拜访一个贫困家庭，村民邀请我留下来和他们一起吃饭。我接受了邀请，没有意识到这件事有什么不同寻常之处。后来我了解到，团队成员非常担心我在农民家吃饭，认为这不合时宜，因此决定打个电话到北京，询问张二力："露丝和村里的一家人吃午饭，可以吗？"由于被打扰张二力显得有点不高兴，于是，他回答道："如果她饿了，她应该吃东西，对吧？！"

在当时中国生育政策的背景下，知情选择的原则显然不适用于一位妇女或一个家庭对生育子女数量的决定。但避孕方法知情选择对我来说是一个巨大的启示，因为我知道，即使选择了一种常用的避孕方法，也具有巨大的价值。举个例子，我记得有位妇女知道她可以选择使用某一种类型的宫内节育器时，她很欣慰，并且很高兴能有这样的选择机会。

总的来说，我很钦佩这个团队，因为他们在很多方面采用了新的定性评估方法，并且在中国计划生育领域一些极具挑战性的项目中应用了优质服务的原则和适宜程序。这个团队在实地调研时非常努力，我很高兴地知道

"准时"对他们来说和对我来说是一样重要——这不像我在其他项目中所经历的。

在评估完成后，我们在密歇根大学参与了协助中国代表团访问印度和美国的两项活动，这要感谢福特基金会的资助和支持。印度的访问对中国同事来说很重要，因为印度采取了一种不同的模式让人们接受公共卫生部门开展的计划生育服务。我永远不会忘记张二力在访问印度拉贾斯坦邦诊所时的反应。他完全没有想到26位妇女分两排躺在诊所的地上等待做绝育手术。他不得不退出诊所，他被眼前的景象惊呆了。

中国代表团访问美国第一站来到密歇根大学，这个团队提出的要求让我有点喘不过气来，他们说："我们想访问美国农村，与当地农户进行交流，就像你访问中国时总是想与农村家庭交谈一样。"我还没有准备好接受这个请求，我从来没有和密歇根的村民交流过，因此不得不调动我的关系网，让朋友们联系并安排了一些美国农户，这些访问最终成为每个人的荣幸。

劳拉①的补充回忆②

露丝·西蒙斯（Ruth Simmons）让我回忆1997～1999年的有关活动，在这一段时间里密歇根大学在支持中国计划生育向优质服务转变方面发挥了关键作用。我清楚地记得那几年，因为那是我追随露丝20多个年头里的最初几年，正是这一项由福特基金会资助的活动让我于1997年夏天作为实习生加入露丝的团队，然后于1998年在研究生院获得全职工作。所以，我要

---

① 〔美〕劳拉·格里昂（Laura Ghiron），扩展健康质量和获取途径伙伴组织副总裁，世界卫生组织拓展网站（ExpandNet）秘书处成员。自就读于密歇根大学攻读公共卫生硕士期间起，参与中国计划生育优质服务项目试点工作，同时参与世界卫生组织"加强拉丁美洲性与生殖健康政策和方案的战略方针"项目。2003年，协助创建了世界卫生组织拓展网站（ExpandNet），之后一直从事协助开发指导工作，为在亚洲、非洲和拉丁美洲进行的几项拓展工作提供技术支持。
② 自1997年起，劳拉就跟随露丝一起参与计划生育优质服务项目试点工作，本文是她根据琼·高芙曼的邀请所写的密歇根团队回忆录的补充篇（译者注）。

衷心地感谢你，琼！①

在那年夏天我同露丝开始一起工作之前，记得在她的一次研讨会上，我是作为一名硕士一年级的研究生参会的。1997年3月的一个晚上，露丝在会上讨论了在开罗召开的国际人口与发展大会和在北京召开的世界妇女大会所产生的直接成效。她描述了世界妇女大会对中国计划生育方案产生的影响，它促成了一场关于计划生育优质服务的国家级对话的启动，而这种对话以前从未出现过。

在周二晚上的研讨会上，在讨论中国当时以人口数量控制为主要目标的计划生育的时候，出现了激烈的辩论。一些同学支持"猛攻大门"的必要性，主张从外部采取激进的立场而反对我们提倡的从内部变革着手（那天晚上我一定是说了一些露丝同意的观点，因为不久后，在那年夏天她邀请我作为硕士实习生加入了她的团队）。我们一直都认为，发挥系统内部着力点的作用比仅仅在外面叫叫嚷嚷更加有效。

正是在这种背景下，在琼的支持下福特基金会资助并组建了中国优质服务项目的国际联络小组。这一点我记得很清楚，因为它包括了我早期与露丝开展的工作，还包括了我们在拉丁美洲实施的世界卫生组织"加强拉丁美洲性与生殖健康政策和方案的战略方针"项目的第三阶段工作。在那两三年的福特基金会资助的项目中，我们同人口理事会、国际人口方案管理委员会确定了目标，即支持中国团队，包括张二力、顾宝昌、解振明、郑真真以及其他一些人士在中国推进计划生育优质服务。这是一个不小的壮举！露丝所倡导的一个机制就是让中国同事们了解知情选择和优质服务在全球的进展情况。

密歇根大学团队的一项早期活动是"中印对话"，在福特基金会印度办事处官员迈克·科尼的密切合作下，我们筹划了一次中国代表团对印度的访问，并举行中印同行的对话与交流活动，这样中国同事可以看到另一个人口

---

① 琼·高芙曼当年在福特基金会北京办事处负责中国人口与计划生育事务，本书邀请国际专家学者参与撰写也是由琼·高芙曼负责联络的（译者注）。

大国开展得极为不同的计划生育。此外，我们还筹划中国代表团访问美国的方案、非政府组织和相关基金会的活动。中国代表团包括国家计生委领导、计划生育优质服务项目办公室专家，以及 11 位开展优质服务项目试点的县级领导。我们与中国代表团一起先后访问了密歇根、纽约、华盛顿、旧金山湾区和洛杉矶，至今我还保留着许多有趣的照片。后来我们从解振明先生那里了解到，这次美国之行对试点区县的领导们产生了很大的影响。我了解到，中国代表团的一些关键人物后来成为中国高层领导，在推动计划生育优质服务在全国的拓展方面发挥了重要作用。我很想更多地了解在我们分开之后的这些年里发生了什么，因此我很高兴地知道他们要编写这本新书。

我再怎么强调露丝在促进中国计划生育转变方面的重要性也不为过，她自己永远不会这么说，因为她太谦虚了。正是这种早期的工作让我变得更加充实，让我相信我可以和她一起撬动大山。现在，20 多年过去了，她的才华和周遭的一切都让我惊叹不已。谢谢你们给我这个机会，让我们一起重温我们走过的旅程。

（解振明翻译、顾宝昌审校）

文献回顾

计划生育新概念的引入

——回顾《生殖健康与计划生育国际观点与动向》*

顾宝昌**

1994 年 9 月，联合国在开罗召开的国际人口与发展大会上将"生殖健康"作为重要的一章载入其主要文件《行动纲领》。1995 年，在北京召开的世界妇女大会上，生殖健康问题再次成为关注的焦点之一。"生殖健康"已超出生物医学的传统含义成为以人为本，特别是以妇女为核心的社会问题。

分管外事工作的时任国家计生委副主任彭玉同志，根据国际国内人口和计划生育形势的变化，要求中国人口信息研究中心的专家学者尽快翻译编辑一批国际文件和学术论文，以帮助我国从事人口和计划生育工作的同志了解

---

  * 顾宝昌主编《生殖健康与计划生育国际观点与动向》，中国人口出版社，1996。

** 顾宝昌，1945 年生。1968 年毕业于北京大学哲学系，1981 年获北京大学亚非研究所法学硕士，1983 年获美国得克萨斯大学社会学和人口学硕士，1986 年获美国得克萨斯大学社会学和人口学博士。1986 ~ 1988 年任北京大学社会学系副教授、系副主任，1988 ~ 1989 年任联合国人口基金人口与发展顾问，1990 ~ 1998 年任中国人口信息研究中心（1995 年更名为中国人口信息研究中心，2003 年更名为中国人口与发展研究中心）副主任、研究员，1999 ~ 2000 年任人口理事会纽约总部高级研究员，2001 ~ 2004 年任中国计划生育协会副秘书长兼国际合作部部长，2005 年 3 ~ 5 月应邀成为美国夏威夷东西方中心研究学者，2006 ~ 2018 年任中国人民大学人口与发展研究中心教授、博士生导师。自 1995 年起作为中方专家和顾问参与计划生育优质服务项目试点工作。

国际上关于人口与计划生育的最新动向。她不仅全力资助文献的翻译、编辑和出版，还亲自为《生殖健康与计划生育国际观点与动向》一书撰写序言。彭玉副主任在序言中写道："在 1993 年 3 月召开的全国计划生育工作会议上，彭珮云主任又指出，为了进一步做好计划生育工作，必须在继续执行现行政策的同时，向广大群众提供更多的优质的生殖保健服务。因此，生殖保健问题必然并已经被提到了计划生育工作的重要日程。"今天，我们再次打开这本书，仍然能从彭玉副主任的序言中明显感到国家计生委落实国际人口与发展大会精神和执行《行动纲领》的主动性和紧迫性。

然而 20 多年后，却有人在网络上质疑："1994 年开罗人发大会为何对中国公众秘而不宣？"我们作为国际人口与发展大会精神的引入、传播和履行的参与者、见证者，在回顾这些文献时，也顺便回答了这一质疑。除了我们这本书节选了联合国相关文件外，国家计生委等相关部委还出版了《国际人口与发展大会文件》的中文单行本。然而，确有一些公众和媒体对过去 20 多年发生在中国的计划生育改革与转型不甚了解，他们总是认为中国计划生育一直是强制性的行政管控。实际上 20 多年前，彭珮云主任在国务院召开的全国计划生育"三结合"经验交流会上就指出："实现现代化建设的第二步战略目标，要求有一个与之相适应的良好的人口环境。不仅要控制人口数量，使人口增长同经济社会的发展相适应，同资源利用、环境保护相协调，还要努力提高人口质量，注意研究人口结构及其发展趋势。着眼于人的全面发展，更好地保护妇女儿童的身心健康，促进妇女的进一步解放。"在时隔 20 多年后的今天，我们在阅读这些历史资料时，仍禁不住要为当时领导们的勇气与智慧点赞。

《生殖健康与计划生育国际观点与动向》一书的出版发行主要是为了适应国内人口和计划生育工作的需要。1995 年年初，国家计生委为了探索中国计划生育工作思路和工作方法"两个转变"的有效途径，启动了计划生育优质服务的试点。试点地区的各级领导、计生干部和育龄群众都迫切希望了解国际社会关于生殖健康和计划生育的观点和动向，明确中国计划生育改革的方向。我们作为参与试点工作的学者，也曾在一些会议上介绍过生殖健康、优质服务、避孕方法知情选择等新概念。但有时也遭到误解，一些地方领导以为这些新概念是出自某些从西方留学归国学者自己的观点，有的甚至认为这是我国计划生育领域里的"自由化表现"。因此，这本书的主要任务就是原原本本地把国际组织文件和外国专家学者论文翻译成中文，不带一点点我们自己的观点和解释。我们首先获得了这些国际组织和专家学者的授权，同意我们翻译并出版他们的成果。因此，这本书从选材、翻译到编辑出版，在程序上一直是公开、合法和严谨的。

《生殖健康与计划生育国际观点与动向》一书翻译了"生殖权利"、"生殖健康"和"优质服务"等国际人口和计划生育领域的新概念，介绍了"以人为本、以服务对象为中心"的计划生育生殖健康服务的新理念，引进了计划生育优质服务"六要素"及其评估框架的新方法。这本书的出版发行对中国计划生育优质服务试点工作的开展和试点经验的全面推广发挥了重要的理论指导作用。今天我们重温此书，其中一些篇章仍具有现实指导意义。

《生殖健康与计划生育国际观点与动向》一书节录了联合国、联合国人口基金和世界卫生组织的 3 篇最具代表性的文件和国外著名学者的 9 篇论文。本人作为主编撰写了本书的前言，介绍了所收录文件和论文的主要内容，我愿意与大家一起回顾本书的精华篇章。

《生殖健康与计划生育国际观点与动向》

前　言

为了使各级领导、人口和计划生育系统各级干部与专业人员了解国际上关于生殖健康（Reproductive Health）代表性的重要观点，中国人口信息研究中心人口研究室从有关的人口和计划生育国际文献中选择了 1989 ~ 1995 年部分文件及论文，编译成《生殖健康与计划生育国际观点与动向》一书，其重点是 1994 年以来的资料，反映了国际上关于人口和计划生育的最新动态。为便于读者阅读，将文件及论文分为两个部分，第一部分是联合国组织的有关文件，第二部分为论文著作。这里，对这些资料的主要内容做一简要介绍。

国际人口与发展大会《行动纲领》第七章：生殖权利和生殖健康。《行动纲领》作为联合国1994年国际人口与发展大会的文件，它所表述的观点是在各国协商一致的基础上，得到联合国成员国的同意，成为今后各国统一行动的纲领性文件。作为国际领域中人口与发展方面今后20年的行动纲领，这一文件极其重要。但限于本书的主题及篇幅，本书选编了纲领的第七章：生殖权利和生殖健康。该章包括生殖权利和生殖健康、计划生育、性传播疾病、性行为和两性关系、青少年等五个部分。这部分对生殖健康的定义和内涵及相关的内容做了明确的表述，有助于我们学习和研究关于生殖健康与计划生育的关系、生殖健康与人权等方面的问题。关于生殖健康的有关问题，国际上不少有影响的学者还在继续发表文章进行讨论。

《1995年世界人口状况》是时任联合国人口基金执行主任萨迪克博士署名撰写的联合国人口基金（United Nations Population Fund）文件。此文由时任联合国秘书长加利作序，主要内容是介绍1994年在开罗召开的国际人口与发展大会所通过的《行动纲领》的主要内容及会后各国和联合国有关组织的后续工作。文中重点介绍了这次会议的核心即增进妇女权利、生殖保健及计划生育方面的有关内容，对理解和实施《行动纲领》有着重要的意义。此文已有正式的中文版本发行，这里只节选了前言、提要及第三章生殖健康与计划生育，对文中的背景、图表等均未列入。

《妇女的健康：增进健康造福世界——世界卫生组织立场报告》是世界卫生组织（World Health Organization）1995年8月为世界妇女大会准备的世界卫生组织立场报告。这是一个7万多字的文本，提出了男女保健平等的目标，认为只有当妇女最终有权做出自由的、知情的和负责任的抉择，并且在其所处社会中能够自觉地维护自身利益时，可持续发展才能实现。认为妇女健康是通向全民健康的必由之路。该报告共分为四个部分：①要重视妇女健康——阐述了促进和保障妇女健康的重要性；②影响妇女健康的主要因素——提出了一系列影响妇女健康的经济、社会及文化因素，指出在世界范围内获得妇女健康保障依然任重而道远；③当前妇女健康的主要问题；④世界卫生组织在妇女健康方面的作用。此文另有中文简要版本发行，本书收录的是自行翻译的全文版本。

《对计划生育的再认识：根据、范围和质量》是由人口理事会（The Population Council）署名发表的小册子。该文分为五个方面来阐述：第一，计划生育工作的依据，认为当前应当重新审视国家的人口目标与计划生育工作的关系，提出的主要观点是面对人口的快速增长，国家实行降低生育率的政策是恰当的、有道理的，但国家制定政策及相关的措施，应区别个人的非意愿生育和意愿生育两个方面，通过计划生育的努力去减少非意愿生育率（unwanted fertility），促进生育率的下降；再通过广泛的社会经济发展去降低意愿生育率（wanted fertility），通过这两方面的共同努力来实现人口生育率的下降；第二，计划生育工作的范围，应在提供安全避孕服务的同时，提供安全的人工流产服务及预防、诊断及治疗性传播疾病等内容的生殖健康服务；第三，计划生育工作质量，提出了计划生育优质服务框架的六项要素；第四，对计划生育工作的改进，主要的观点是各级计划生育管理及服务人员都应以满足服务对象的需求为中心；第五，计划生育工作的考核应按计划生育工作新的目标来重新确定。

《贯彻国际人口与发展大会的精神》是人口理事会高级研究员安德鲁·杰恩发表在 1995 年 10 月由该理事会出版的《计划生育研究》上的文章。该文认为要贯彻国际人口与发展大会精神，需要实现在思想认识上的转变，作者提出了三个主要观点。一是要落实大人口政策，人口政策不应仅包括降低生育率，更主要的是提高妇女在教育、卫生和经济活动领域的地位。这方面需要发展部门投入大量的资金，才能有效地提高妇女地位，促进男女平等，缩小家庭规模。二是处理好生殖健康与计划生育的关系。由于生殖健康与计划生育是从个人和社会总体不同角度出发提出的问题，有不易解决的矛盾，建议将生殖健康服务纳入计划生育方案之中，提出了计划生育方案新的定义及计划生育方案综合结果的评估指标。三是提出了人口部门的五项任务。

　　《人权与生殖选择》系莱恩·弗里德曼和斯蒂芬·依萨克斯根据福特基金会生殖健康计划官员会议（1992 年 1 月在墨西哥的奥克萨卡召开）的论文编写的，刊载在《计划生育研究》1993 年第 1 期。此文从法律和历史的角度阐述生殖选择权，着重说明为实施生殖选择而制定国际标准遇到的突出问题，分析了两个特别棘手的问题，即人口目标与生殖选择之间的矛盾，国际标准与各国习俗、宗教之间的矛盾。

　　《人口方案侵犯妇女人权吗》这一论文是美国东西方中心人口研究所的研究员凯伦·梅森撰写的。她是美国人口学会第一副主席，国际人口科学研究联合会（IUSSP）人口和妇女委员会主席，论文发表在美国东西方中心的出版物《亚太问题》1994 年第 15 期。文章是为准备 1994 年 9 月国际人口与发展大会而撰写的。作者指出在国际人口与发展大会之前争论的问题主要是广泛地控制生育的人口方案是否侵犯了妇女的人权，是否忽视了妇女的健康？作者阐述了人权的定义，指出人权既是基本的权利，又是有条件的。有些国家人口迅速增长，为了防止生育失控而影响整体利益，政府限制个人的生育自由是完全正当的。许多组织建议以促进妇女教育、健康和提高妇女地位的方案来代替控制生育的人口方案是否能有效地降低人口增长？正确地回答这一问题至关重要，因为生育率如果不能有效地下降，到 2025 年世界人口将翻一番，超过 100 亿。因此，作者认为更可行的是应该继续强调控制人口增长，改进计划生育方案的质量，开展计划生育的优质服务，而不是完全放弃人口方案。

　　《奖励、人口政策和生殖权：伦理问题》是斯蒂芬·依萨克斯发表在《计划生育研究》1995 年第 6 期上的一篇论文。文章首先回顾了影响生育决策的奖励和惩罚的历史，从古罗马说到当代的欧洲、印度、新加坡乃至中国，与生育有关的奖励和惩罚引起的个人及国际上的不同反应。作者提出生育上的奖励和惩罚，涉及一个非常严肃的政策问题和伦理问题：当人口急剧增长威胁到社会利益时，如何权衡政府为控制人口增长采取的行动和个人生育权的矛盾。文章阐述了最近国际会议上关于这一问题的争论，特别是生殖权利的概念。作者认为在某些特定的情况下，生殖选择也应受到一定限制。

提出了应予限制的五项原则。作者认为在开罗和北京召开的国际会议对生殖健康的概念给予了肯定，现在应对生殖权利一词的真正含义予以明确，确立原则以防对生殖权利的侵犯。作者建议在确定生殖权利的定义和标准时，可对生育政策中的奖励和惩罚进行分析，并制定出广泛应用的政策和伦理标准。

《以妇女为中心的生殖健康模式》是亚太妇女资源与研究中心的拉什达·阿布都拉提交给 1994 年 6 月在北京召开的国际妇女生殖健康研讨会的论文。该文重点阐述非政府妇女组织关于生殖健康的观点，并以表格的方式将人口控制（计划生育）与以妇女为中心的生殖健康分为 14 个项目进行了比较。

《未被听见的妇女之声：论生殖健康及权利》是马来西亚的莉达·拉杰·哈希姆提交给 1994 年 6 月在北京召开的国际妇女生殖健康研讨会的论文。该文重点介绍了国际生殖权利研究组织（International Reproductive Right Research Action Group，简称 IRRRAG）的合作研究项目、研究计划、研究方法，并具体介绍了马来西亚该项研究的具体成果，列图说明各种因素同生殖权利的关系。

《计划生育优质服务框架：六个基本要素》（摘译）是美国的朱迪斯·布鲁斯在人口理事会出版物（Working Paper）上发表的文章。作者总结了100 多个发展中国家关于计划生育服务的资料，提出通过计划生育的优质服务，使育龄夫妇满意，避孕率得以提高，实现生育率的下降。作者提出优质服务由六个基本要素组成：①提供足够选择的避孕方法，②介绍避孕知识和服务内容，③胜任的技术能力，④良好的人际关系，⑤周密的后续服务，⑥适宜的综合服务。

《全球生殖健康：20 年来的进展和未来的挑战》是由国际生殖健康方面的权威专家法塔拉博士发表在 1992 年世界卫生组织人类生殖研究、发展和研究培训特别规划署《生殖健康：走向更美好未来的关键，1990～1991 双年度报告》（纪念 HRP 成立 20 周年特刊）上的论文，其内容从题目上可以一目了然。

从以上介绍的内容可以看出，各位作者对生殖健康，特别是计划生育与生殖健康、生殖权利等问题所持的见解不尽相同，这反映了当前国际上关于生殖健康的一些敏感问题的讨论情况。我们把这些文献原原本本地翻译出来，编辑成册，介绍给大家，以助于结合我国实际，讨论计划生育问题时开阔思路。"他山之石，可以攻玉"，是我们编译这本文集的初衷。值得注意的是，其中有些文献在涉及中国的计划生育时，表现出某些偏见和曲解，是需要我们在阅读中特别加以鉴别的。

在本书的编译过程中得到了国家计划生育委员会彭珮云主任的关怀和彭玉副主任的具体指导，以及中国人口信息研究中心的各位领导的支持，正是这些帮助和支持才使本文集得以成书，特此致谢。

在此，我们要对本书所收录文献的原出版单位，包括联合国人口基金、世界卫生组织、人口理事会和美国东西方中心同意并授权在中国翻译和出版这些文献表示衷心的感谢。

参加本书编译工作的主要是中国人口信息研究中心的工作人员，解振明、顾宝昌同志承担了较多翻译及审校工作，徐毅同志对每篇译文和打印稿进行了认真的审校和核对。参加翻译的还有冯占联、李冬莉、贺玲勇、曾磊及江苏省人口情报研究所的凌援宁等同志。全国妇联妇女研究所的姜秀花同志帮助推荐有关文献，并在百忙之中参加了部分章节的翻译。黄民检、沈丽文同志参加了计算机录入及排版工作。在此一并致谢。

顾宝昌

1996 年 4 月于大慧寺

用数据和事实说话

——回顾《国家计划生育委员会第一批优质服务试点区县
（一九九五——一九九八）评估报告集》*

张二力**

　　1995 年 5 月 5 日，国家计生委办公厅下发了《关于在江苏省盐城郊区
等五县（市、区）开展"计划生育优质服务试点县"工作的通知》（以下
简称《通知》），这标志着具有历史意义的中国计划生育优质服务试点工作
正式启动。开展优质服务试点的目的是要在我国东部相对发达的地区选择少
数区县，率先探索由以行政管理为主的工作模式转向以提供优质服务为主的
工作模式，树立可学习、可借鉴、可推广的示范或典型并在全国推广，最终
实现计划生育工作思路和工作方法的"两个转变"。

---

　*　张二力、顾宝昌、解振明主编《国家计划生育委员会第一批优质服务试点区县（一九九五——
　　一九九八）评估报告集》，中国人口出版社，1999。

**　张二力，1939 年生。1960 年毕业于清华大学无线电系，1960～1986 年留校从事教学与科研
　　工作，1985 年恢复教师职称制度后被聘为副教授。1986～1988 年任国家教委自学考试办公室
　　命题处处长。1988～1998 年调入国家计生委，先后任办公厅副主任，规划统计司副司长、司
　　长。1995 年国家计生委启动计划生育优质服务项目试点工作，任计划生育优质服务项目办公
　　室主任。1998 年任国家计生委计划财务司巡视员，1999 年退休。退休后任中国人口学会副秘
　　书长、前进大学校长、南开大学人口所兼职教授，被聘为计划生育优质服务项目办公室顾问，
　　其间还参加生育政策调整研究课题。

《通知》附上了《国家计生委开展"计划生育优质服务试点县"试点工作的方案框架》，这是一份值得保存的历史性文件，它明确了计划生育优质服务试点方案的背景、试点的目的和近期目标，该方案还提出了在宣传教育、科技服务、计算机信息管理服务系统、完善目标管理责任制等方面的试点内容，以及近期活动和时间安排。

《通知》主要下达给江苏省盐城市郊区、上海市卢湾区、浙江省德清县、山东省即墨市、辽宁省辽阳县等5个作为计划生育优质服务试点的区县，要求各地立即成立优质服务领导小组、编制试点区县的优质服务试点工作方案。《通知》正式发出前收到了吉林省长春市农安县申请加入国家试点的报告以及农安县的试点工作方案，因此，首批国家级优质服务试点就成为6个区县。

试点工作从一开始就注重用数据和事实说话，因此各试点区县在项目正式启动前就组织了基线调查，试点3年后又进行了后续调查。不仅有试点区县自己组织的调查，还组织了专家学者进行了第三方评估。这些调查收集了大量的定量数据和生动的定性案例，我们根据这些定量数据和定性案例，撰写了一系列分析报告，汇编成《国家计划生育委员会第一批优质服务试点区县（一九九五——一九九八）评估报告集》，并正式出版。这本评估报告集成为优质服务试点工作的重要记录，每当翻开这本书，许多生动的故事便展现在眼前。

计划生育优质服务试点县项目启动后，1995年第三季度，优质服务领导小组办公室就运用统一的"知识、态度、实践（KAP）调查问卷"在6个试点区县组织了部分计划生育干部和育龄妇女的抽样调查。北京大学、人民大学和中国人口信息研究中心的专家学者参与了问卷的设计和调查结果的分析。1995年9月，解振明、郭志刚、涂平教授等撰写了《计划生育优质服务KAP调查的分析报告》。1995年的KAP调查为优质服务试点工作提供了基础信息，为3年后1998年的后续调查提供了基线数据。1998年6～7月，优质服务领导小组办公室再次组织了对6个试点区县部分计划生育干部和育龄妇女的问卷调查。专家学者对两次调查的结果进行了对比和分析。这两次调查的方案和问卷都是由专家学者主持设计的，现场调查由各试点区县负责实施。

为了更客观地了解各试点区县 3 年试点工作的进展情况，1998 年 8 ~ 11 月，在福特基金会资助下国家计生委组织了 22 位中外专家学者对首批 6 个计划生育优质服务试点区县进行了深入的、面对面的调研与评估。评估活动前中外专家先在青岛市参加了优质服务国际培训班和评估方案研讨会。通过多天的培训和研讨，参与人员统一了指导思想、统一了评估方法，并在山东省青岛市即墨市进行了试评估。接着，分为两个快速评估小组，分别对辽宁省辽阳县、浙江省德清县和吉林省农安县、江苏省盐都县进行了现场评估。最后，两支专家队伍会集到上海市卢湾区，在完成了对卢湾区的评估后，对这次历时 1 个月有余的评估活动进行了总结。

1999 年 1 月，解振明负责拟定了《国家计生委第一批优质服务试点区县评估报告》（摘要本），简要地向国家计生委汇报了中外专家学者的快速评估结果。1999 年 6 月，张二力负责撰写了《国家计生委第一批优质服务试点区县评估总报告》，详细地介绍了 22 位专家学者对首批 6 个试点区县 3 年来的试点工作所做的评估和总结，同时专家们也完成了对 6 个试点区县评估的分报告。

1999 年 11 月，国家计生委决定正式编辑出版《国家计划生育委员会第一批优质服务试点区县（一九九五—一九九八）评估报告集》，由张二力、顾宝昌和解振明担任主编。该评估报告集不仅收录了上述各项分析报告，还收录了国家计生委办公厅《关于在江苏省盐城郊区等五县（市、区）开展"计划生育优质服务试点县"工作的通知》，以及 1995 年 4 月 25 日起草的《国家计生委开展"计划生育优质服务试点县"试点工作的方案框架》，作为重要的历史性文件放在报告集之首，供读者参考。时任国家计生委主任张维庆同志为该评估报告集撰写了序言，他在序言中写道："这些评估报告是对国家计生委计划生育优质服务的试点地区在 1995 年至 1998 年 3 年来的艰苦探索和长足进展的一个生动和全面的总结，蕴含着许多丰富的经验和启示……试点工作的健康发展令人鼓舞，也给人以信心。它雄辩地表明了，国家计生委提出的计划生育工作思路和工作方法的'两个转变'的战略目标是切实可行的、是能够实现的。"

我们还在报告集后附上顾宝昌教授参与试点工作的体会,他在这篇题为"开展计划生育优质服务是实现'两个转变'的重要途径"的文章中全面而系统地提出了"想服务、会服务、能服务"是优质服务试点工作中要着力解决的三个方面的问题,他还提出了计划生育优质服务试点工作过程中要把握的四个要点,即"先立后破、先点后面、先易后难、先实后虚"。他的这些体会深刻地影响和帮助了各地成功开展优质服务的试点工作,被一些基层干部视为"至理名言",并转化为自己的语言和行动,外国专家学者看了也不得不佩服中国人的聪明才智。今日,当我把这篇文章发给作者看时,顾宝昌教授感慨地说:"谢谢你把这些老账又翻出来了,看看还真有意思。当时怎么写出来的?要现在再写恐怕就写不出来了。"下面就是这篇文章的节选。

开展计划生育优质服务是实现"两个转变"的重要途径

顾宝昌[*]

1995 年,国家计生委提出了计划生育工作要实现工作思路和工作方法"两个转变"的工作方针。作为在全国有步骤地推进"两个转变"的一个重要措施,国家计生委首先选择了一些条件相对较好的地区先行开展计划生育优质服务试点工作。在 1995 年年初,国家计生委在自愿的基础上选择了 6

[*] 顾宝昌,1945 年生。1968 年毕业于北京大学哲学系,1981 年获北京大学亚非研究所法学硕士,1983 年获美国得克萨斯大学社会学和人口学硕士,1986 年获美国得克萨斯大学社会学和人口学博士。1986 ~ 1988 年任北京大学社会学系副教授、系副主任,1988 ~ 1989 年任联合国人口基金人口与发展顾问,1990 ~ 1998 年任中国人口情报信息中心(1995 年更名为中国人口信息研究中心,2003 年更名为中国人口与发展研究中心)副主任、研究员,1999 ~ 2000 年任人口理事会纽约总部高级研究员,2001 ~ 2004 年任中国计划生育协会副秘书长兼国际合作部部长,2005 年 3 ~ 5 月应邀成为美国夏威夷东西方中心研究学者,2006 ~ 2018 年任中国人民大学人口与发展研究中心教授、博士生导师。自 1995 年起作为中方专家和顾问参与计划生育优质服务项目试点工作。

个区县作为第一批试点，包括吉林省农安县、辽宁省辽阳县、山东省即墨市、江苏省盐城市郊区（盐都县）、浙江省德清县和上海市卢湾区，后来在1997年又增加了5个区县（北京市宣武区、天津市和平区、南京市玄武区、湖南省株洲市和湖南省浏阳市）作为国家计生委的试点。3年来，国家计生委的优质服务试点地区在结合本地实际，努力改进计划生育的管理和服务工作，为广大群众提供更好的生殖保健，保护妇女和儿童的权益，以及有效地稳定低生育率方面开展了大量艰苦的探索，成果是令人鼓舞的。本文介绍的是在参与计划生育优质服务的试点工作中的一些认识和体会。

一 在开展计划生育优质服务的过程中要着力解决的三个方面的问题

从试点地区几年来的体会来看，要在一个地区有效地开展计划生育的优质服务工作，要围绕着努力解决"想服务、会服务、能服务"三个方面的问题下功夫。这几个字说起来非常简单，但实际上做起来却非常困难。而在"想服务、会服务、能服务"中最困难的是解决"想服务"的问题。

"想服务"指的是思想观念。难道我们的计划生育干部还有不想为群众服务的吗？但重新反思我们所做的工作就会发现，我们有些时候想得更多的是群众怎么为我们服务，想得较多的是如何对我们的工作更方便。真正要建立一个"想服务"的观念是一个非常艰巨的过程。在各地的试点中，在转变计生干部的思想观念、解决"想服务"方面花费的力量最大。真正从育龄群众需求的角度来审视计划生育工作，而不是从计划生育部门的角度来看待计划生育工作，更不是从领导的角度来看待计划生育工作，还有许多工作要做。

比如，有的地方，农村育龄妇女趁农闲时节来做节育手术，不少是带着吃奶的孩子连同丈夫一家三口都来了，一时间县服务站楼上楼下、走廊楼梯拐角都挤满了人。群众自觉接受避孕节育，我们更应表现出对群众的关心和爱护。结果县计生委、县服务站领导都下班回家去了。能不能给每个人送一碗热汤面？能不能让当地领导抽出一点宝贵的时间和每个妇女握一握手，感谢她们对国家计划生育政策的支持？能不能找电视台电台报道一下？这要多少钱呢，基本上不存在钱的问题，但它的影响、它的作用比钱厉害得多。这是思想认识问题，是"想服务"的问题。又比如，我们的一些宣传品，以小册子为例，图很小，字很多，内容很复杂很专业，但不实用，育龄群众看不懂，因为育龄群众大多只有初中甚至小学文化水平。宣传教育的目的是把育龄群众培养成医学专家呢，还是使他们能够掌握易懂实用的避孕节育和生殖保健知识？要真正为群众服务，就要从服务对象的需求出发，要从了解群众的需求入手。但要了解群众又很难，因为计划生育涉及隐私问题。如果群众没有真正感到对他（她）的尊重、信任、体贴，了解群众就还是一句空话。这无疑对计划生育干部提出了一个很高的要求。

"会服务"指的是服务技能。各地在试点中发现要开展优质服务却面临着"会不会服务"的巨大挑战。比如，要为群众开展知情选择服务，但如果对各种避孕药具的长短处及注意事项等，连自己都不明白，又怎么能给群众讲明白。优质服务要求加强咨询服务，但我们的计生干部却发现自己不具备咨询的知识，不具备咨询的能力，想开展咨询服务而往往力不从心。优质服务工作对计生干部的业务能力提出了更高的要求，这就使各地在试点工作中纷纷把计生干部的建设和培训摆在了十分重要的地位。

"能服务"指的是工作条件。开展优质服务需要有一定的投入，使优质服务的开展在人员、设施、资金等方面具备必要的物质保证。不具备相应的工作条件，优质服务的开展就难免仍是空中楼阁。试点地区的实践表明，开展优质服务所需要的投入比过去搞突击补救的花费实际上要小得多，而效果要好得多。试点地区的实践也表明，开展优质服务并不是投入越多越好，恰恰相反，投入越多的试点在面上的推广价值往往就越小。

总的来说，从试点地区的实践来看，开展计划生育优质服务的工作尽管千头万绪，但归纳起来，就是要解决"转变观念想服务、提高技能会服务、创造条件能服务"三方面的问题。

优质服务的开展也必然促进计划生育评估工作的改革。优质服务要求以了解群众的需求为工作的出发点，以满足群众的需求为工作的归宿点，这就决定了开展优质服务必然是一个因地因时、因人而异的动态发展的过程。所以评估应是纵向的而不是横向的。评估改革的一个重要方面就是纵向看而不是横向比。纵向看就是自己跟自己比，横向比最大的弊端就是"一刀切"，把不同水平、不同情况的地方放到同一天平上称，这是根本上的不公平，不能有效地促进工作。应该说，如果一个地方能很好地了解群众的需求，并能很好地满足群众需求，就是做好了应该做的工作。

二 在开展计划生育优质服务的过程中要把握的四个要点

国家计生委指出，开展计划生育优质服务是一项开创性的工作，需要积极而慎重地向前推进。各地努力学习和领会小平同志改革开放的思想，在试点中注意把握了四个要点，即"先立后破，先点后面，先易后难，先实后虚"。

（一）先立后破

在"立"和"破"的关系上最容易出现的倾向就是急于"破"而疏于"立"。在试点之初人们往往急于在"破"的方面下功夫。但试点地区在实践中体会到，开展优质服务取得成功的关键是"立"，而最忌讳的就是"破"字当头。因此在试点中要随时注意在条件不成熟的时候不要轻易地去"破"，而要花大量的精力去探索和做好"立"的工作。要吸取历史的教训，千万防止出现"破字当头、立又不在其中、结果两头落空"的局面。在试点中一定要坚持"积极地立"而"谨慎地破"的原则，以保证试点稳妥发展。

（二）先点后面

开展优质服务并没有现成的经验，要一步步摸索着前进，千万不能急于求成，不要急于铺开。需要根据各地的实际情况先从试点入手取得经验、总结教训，并逐步地向面上推广。这就要求试点中的"点"应该是对面上有推广价值的"点"。不应该是为试点而试点，或是为"盆景"而试点，而是为了推动面上的工作而试点。因此，试点的成功与否应以在面上的推广价值为标准。那些对面上的工作最有推广价值和启发意义的试点也就是最成功的试点。

（三）先易后难

开展优质服务怎样入手为好也是试点之初面临的一个重要问题。人们往往想一下子什么都抓起来，结果是面面俱到而重点不突出，力不从心而效果不佳，就容易挫伤积极性。在试点中要积极进取但又不宜操之过急。所谓"伤其十指不如断其一指"就是要求集中力量找好切入点，在一点上取得进展，取得突破。各试点地区在实践中体会到，还是从自己感到比较容易做起的、比较有把握的方面入手为好，以求初战必胜。有的地方觉得从开展知情选择入手比较有条件就从知情选择做起；有的地方觉得可以从把准生证改成生育证做起，那也未尝不可，没有一定之规。各地的情况不一样，但是都应该从比较可行、比较现实的地方做起。万事起步难，因此在试点中要坚持"平稳起步、小步前进"。

（四）先实后虚

开展优质服务，实现"两个转变"从根本上是一个实践的问题，因此，应该避免坐而论道，要坚持实践第一。开展优质服务作为一项开创性的事业，人们在思想上难免存在疑虑，认识上也不尽相同，这应该看作是一个正常的、可以理解的现象。各地的试点表明，人们对计划生育优质服务的认识正是在实践中不断深化的，也是在实践中不断统一的。各地在试点中坚持多交流、不争论的精神，鼓励各地在试点中积极探索，不要急于下结论。试点不搞统一的步骤、统一的标准、统一的时间表，而是提倡各地根据自己的实际，不拘一格、不求一律、百花齐放、异彩纷呈。几年来，各试点地区在自身的实践中不断消除顾虑，提高认识，统一思想，积极探索，创造性地开展工作，加深了对开展优质服务和实现"两个转变"的认识，也在实践中增强了开展优质服务和实现"两个转变"的信心。

从试点地区 3 年的实践来看，只要把握"先立后破，先点后面，先易后难，先实后虚"四个要点，就能大体上保证优质服务的试点工作比较稳妥健康地向前推进。

三 在开展计划生育优质服务的过程中要注意的四个关系

（一）管理和服务的关系

开展优质服务并不是不要管理或削弱管理，而是要解决怎样管理的问题。因此，把开展计划生育优质服务理解为计划生育从管理型向服务型的转化，并不恰当，容易引起误解。开展计划生育优质服务，是把管理和服务有机地结合起来，寓管理于服务之中，恰恰是要解决低生育率条件下计划生育的管理机制问题，解决社会主义市场经济条件下计划生育的管理机制问题。正如国家计生委从试点工作一开始就指出的，开展计划生育优质服务是计划生育管理体制的一场改革，是对从计划经济下过来的计划生育管理体制进行改革，最终建立一个适应社会主义市场经济的计划生育管理体制。因此，开展计划生育优质服务的目标是实现更好、更有效、更科学的管理，而不是不要管理。

（二）抓紧和抓好的关系

国家计生委一贯强调，计划生育工作必须坚持"既要抓紧又要抓好"的方针。计划生育工作必须保证国家下达的人口计划的完成，要保证在2000 年我国人口控制在 13 亿以内的目标的实现。开展优质服务的目的并不是不要抓紧了，恰恰相反，是为了用抓好去巩固抓紧、促进抓紧、提高抓紧，通过开展优质服务来把目前不稳定的低生育率真正稳定下来，更有效、更扎实地控制人口的过快增长，在"九五"期间取得计划生育工作既抓紧又抓好的双丰收。

（三）计生和卫生的关系

计划生育要走向优质服务，对计生工作的业务要求必然会越来越高，计生和卫生联手的问题必然会提到日程上来。计生和卫生如何做到优势互补，配合协调，共同为群众服务，是一个在开展优质服务的过程中必须探索和解决的问题。各地试点的实践表明，在当地党委政府的统一领导下，本着携起手来共同为群众服务的宗旨，跳出部门的界限，正在出现一个各展其长、各得其所、优势互补、共同发展的良好局面。

（四）免费和有偿的关系

计划生育是一个社会公益型的事业，这就决定了必须坚持以社会效益为主的方针。但也不等于不要讲经济效益、不要讲投入产出。在市场经济的条件下，计划生育同其他各项事业一样，也必须寻求和建立一个有利于自身生存、自我发展的机制。而且，随着市场经济的发展和生活水平的提高，广大群众对生殖健康的要求也在提高，并不是免费就一定受欢迎，有偿就一定不受欢迎。人们恰恰愿意为了自身的生殖健康支付一定的费用以求获得优质的服务。各地的实践表明，在优质服务的试点过程中，充分地考虑群众的承受能力，从当地的实际情况出发，把免费服务和低偿服务恰当地结合起来，为群众提供优质的避孕节育和生殖保健的服务，不仅受到了广大群众的欢迎，也为计划生育优质服务工作带来了勃勃生机，为优质服务的持续开展提供了坚实的保证。

最近，国家计生委组织对首批开展优质服务试点的 6 个区县过去 3 年来的试点工作情况逐个进行了评估。评估的结果表明，各个试点区县在过去的 3 年中，结合本地的实际，都开展了形式多样的极富创造性的探索，把工作思路和工作方法的"两个转变"的精神切实贯彻到对宣传教育、干部队伍、技术服务、信息体系、规章制度、管理机制等计划生育工作的各个方面的改革中去，积累了丰富的经验和体会，在实现"两个转变"的道路上迈出了坚实的步伐，各试点地区的计划生育工作出现了既蒸蒸日上又各具特色的喜人局面。应该说，今后试点地区的工作在实现国家计生委提出的"两个转变"的道路上还需要继续前进。但是，过去 3 年试点区县的实践的确为"两个转变"在中国大地上的实现展示了广阔的前景，以生动的事实雄辩地证明了实现"两个转变"对我国计划生育深入发展的重要性和可行性。可以相信，随着计划生育优质服务工作的进一步深化和发展，必将能在 2000 年到来之际在全国涌现一批率先实现工作思路和工作方法"两个转变"的地区，并为在进入 21 世纪后全国全面推进计划生育工作的"两个转变"提供有益的范例和宝贵的经验。

3

便于操作的实用工具

——回顾《中国计划生育优质服务工作指南》[*]

史远明　解振明[**]

　　2005 年 3 月，中外专家学者和实际工作者约 100 人聚集在北京市昌平区，回顾中国计划生育优质服务的 10 年历程，总结经验，展望未来，心潮起伏，感慨万千。一方面，大家为优质服务试点的成功感到自豪，另一方面，大家又为优质服务试点经验迅速在全国推广感到责任重大。会议期间召开了中外专家联席会，专家们建议编写一本指导优质服务工作的工具书。同

---

　[*]　解振明、王铁明、冯庆才编著《中国计划生育优质服务工作指南》，中国人口出版社，2007。
　[**]　史远明，1953 年生。本科就读于厦门大学英美文学系，2000～2004 年先后在美国斯坦福大学、普林斯顿大学进修战略规划和实施、项目管理。1989～1992 年任卫生部国际合作司项目官员。1992～2014 年先后任国家计生委国际合作司项目官员、处长、副巡视员，其间参与了中国计划生育优质服务能力和标准建设以及项目组织管理工作。任中澳人权对话框架下生殖健康权利维护和促进项目专家、生殖健康产品 WHO－PQ 认证技术顾问、性与生殖健康咨询能力建设专家。
　　解振明，1946 年生。1982～1985 年由国家教委派往美国加州大学伯克利分校留学，获人口学硕士学位。1992 年从安徽大学人口所调到中国人口情报信息中心（1995 年更名为中国人口信息研究中心，2003 年更名为中国人口与发展研究中心）。1992～2007 年先后任中国人口与发展研究中心人口研究室主任、中心副主任、研究员。自 1995 年起参与计划生育优质服务项目试点工作，1999～2010 年任计划生育优质服务项目办公室副主任，2003～2010 年任中国/联合国人口基金生殖健康/计划生育项目中国专家组组长。2007～2014 年任中国人口学会第七届常务理事、秘书长。

年 6 月和 9 月先后在天津市宝坻区、浙江省德清县举办了部分专家和首批优质服务项目试点区县主任会议，讨论了编写《中国计划生育优质服务工作指南》（以下简称《工作指南》）的有关事项。

会议围绕着《工作指南》的理论框架和指导思想开展了充分研讨，明确了以国际人口与发展大会的主要原则和理念为《工作指南》的指导思想，确定了以计划生育优质服务试点区县的主要经验为《工作指南》的实践基础，总结了中国计划生育优质服务工作机制分析框架图并作为《工作指南》的写作框架。

会议还确定了撰写原则，明确指出它不是一部纯理论的论文，不能写成几十万字的大部头理论著作，而是一本指导实际工作的工具书。既要有国际先进理念和科学方法的介绍，又要有中国具体实践的应用案例。既要有试点成功经验的总结，又要有面对困难与挑战的建议，更要有在失败与挫折中获得的启迪。

2006 年 3 月，在《工作指南》初稿形成后，计划生育优质服务项目办在江苏省盐都区召开了会议，听取专家和部分试点区县实际工作者的修改意见，又先后到江西省九江市和贵州省安顺市组织两次培训研讨会，逐章逐节介绍了《工作指南》的主要内容，又再次收集反馈意见，对《工作指南》做了多次修改。

经过一年多的努力终于编写出《中国计划生育优质服务工作指南》。直接参与《工作指南》编写的中方专家有解振明、冯庆才、王铁明、黄鑫楣和熊源发等。此外，还有一大批中外专家学者和实际工作者参加了《工作指南》理论框架的研讨以及经验和案例的收集与总结。

2007 年 4 月，《中国计划生育优质服务工作指南》由中国人口出版社正式出版发行，它作为计划生育优质服务项目办公室组织编写的"生殖健康/计划生育优质服务系列丛书"之一，与在 2003～2006 年期间编写的其他 4 本小册子组成了一套完整的系列丛书：

黄鑫楣、杨立舫、解振明、武俊青编著《避孕方法知情选择工作指南》，中国人口出版社，2003。

黄丽丽、黄鑫楣、许凌编著《避孕方法知情选择咨询案例》，中国人口出版社，2003。

杨立舫、解振明、杨明明、潘丽编著《生殖道感染防治工作指南》，中国人口出版社，2004。

王铁明、解振明、冯庆才、张二力编著《管理与评估工作指南》，中国人口出版社，2006。

计划生育优质服务项目办公室在组织编写《中国计划生育优质服务工作指南》的同时，还组织各试点地区编写了优质服务项目试点工作回顾文集，如浙江省德清县的《在创新的激情中前行——德清县计划生育优质服务回顾（1995～2005）》、山东省即墨市的《一切从群众需求出发——即墨市计划生育优质服务回顾（1995～2005）》、吉林省农安县的《路在探索中延伸——农安县计划生育优质服务回顾（1995～2005）》、江苏省盐都县的《优质服务 一心为民——盐城市盐都区计划生育优质服务回顾（1995～2005）》、上海市卢湾区的《在机遇和挑战中前进——上海市卢湾区计划生育优质服务回顾（1995～2006）》、北京市宣武区的《优质服务 国策惠民——北京市宣武区计划生育优质服务回顾（1997～2006）》、南京市玄武区的《优质服务造福百姓——南京市玄武区计划生育优质服务回顾（1996～2005）》等，这些专著的出版为中国计划生育优质服务百花园献上了最灿烂的花卉。

丰富的实践结出了丰硕的理论成果。专家们又先后编写了《中国计划生育优质服务倡导手册》、《管理与评估工作手册》以及《优质服务培训提纲》等，有的正式出版，有的作为内部资料。这些成果不仅引进了国际先进的理论，并把这些国际理论本土化，而且在基层大量实践的基础上进行理论升华与理论创新，形成了"中国计划生育优质服务理论框架"和"中国计划生育优质服务工作机制"。

"中国计划生育优质服务理论框架"也就是"三元结构框架"，即由服务对象、服务系统和管理系统三者联结而成的正三角形。服务对象处在三角形顶端，服务系统处在三角形左下角，管理系统位于右下角。此外，三元结构又是处在一个与之相适应的社会、经济、政治、文化的大环境中，而领导决策者则是外部环境的集中代表。于是，优质服务框架涉及四个人群——服务对象、技术服务人员、管理人员、领导决策者，这四个人群的互动便形成了优质服务工作机制。

"中国计划生育优质服务工作机制"就是充分调动计划生育管理系统和服务系统的能力与优势，以满足群众在计划生育和生殖健康方面的需求，达到提高群众生殖健康水平、稳定低生育水平的宏观目标。于是，领导决策者同计划生育管理系统和服务系统相互作用形成一个完整的工作体系。在实践中大家都认识到，仅靠服务系统提高服务能力、改善服务条件，而没有管理系统制定相关制度、实施管理与评估的改革，则难以实现优质服务的目标。这就是为什么有的试点区县或项目区县在开展避孕方法知情选择时感到困难重重，主要是上级仍然采用过去的考核指标和考核方式，特别是结扎率、及时率等指标，基层干部头上的"紧箍"没有取消。记得 1998 年，国家计生委在中西部省份选择 32 个区县，实施中国/联合国人口基金第四周期生殖健康/计划生育项目。项目区县学习借鉴了优质服务试点区县的一些做法，但是有的省份管理改革滞后，项目区县不得不以两手准备应付上级考核。有个省份计生委分管领导威胁说"项目结束之日就是黄牌警告之时"，吓得该项目县不敢再承接国际合作项目。

相反，仅有管理系统独自运转，没有以技术服务为重点的服务系统的改进与完善，也无法实现真正意义上的优质服务。这就是为什么有的中心城区由于没有计划生育服务机构，而感到优质服务的底气不足。而北京市宣武区却蹚出了一条计卫联手在社区开展优质服务的新路。时任宣武区计生委主任郭新华成功地做好领导决策者的倡导工作，在区委区政府的支持下，突破重重阻力，实现了计生卫生的联手，利用卫生部门的技术优势和计生部门的管理优势在社区开展优质服务，让群众获得了优质的计划生育生殖健康服务。

此外，无论是管理系统还是服务系统都要在领导决策者直接领导或指挥下，尤其是计划生育的每一项改革都必须得到领导决策者的支持，包括区县领导和上级主管部门领导。常言道，"领导是关键"，在现有体制下，这绝不是套话。没有领导决策者的"政治承诺、决策支持、人财物投入、政策制度、部门协调"等，优质服务试点工作很难开展。在这方面我们有成功的案例（本书其他文章列举了大量事实，这里就不多说了），也有深刻的教训。在首批优质服务项目区县中，有一个县接连三位计生委主任都为优质服务做出了创新性工作，却因年终考核没有达标，遭遇市计生委"一票否决"，被县政府提前下岗或调离，有的还积怨成疾，竟早早离开了人世。而正是这个试点县在全国第一个探索如何退还群众为避孕节育缴纳的押金，并在全国计生卫生没有合并的条件下大胆探索了计划生育服务站与妇幼保健院"两站合一"的工作模式。2017年10月，习近平总书记在党的十九大报告中，就完善干部考核评价机制指出，"建立激励机制和容错纠错机制，旗帜鲜明为那些敢于担当、踏实做事、不谋私利的干部撑腰鼓劲"。现在看来，我们的试点工作还缺乏这种干部考评机制，没能从政治上很好地呵护勇于改革的地方干部。当然，这毕竟是少数，优质服务试点的成功，说明了改革是大势所趋，不以少数人的意志为转移。

优质服务的另一个重要成果是在理论与实践相互促进的过程中，培养了一大批懂理论、会操作的专家，形成一支集"官、学、民"于一体的专家队伍。在这支40多人的团队中，有的是来自中国高等院校或研究机构的学者、研究人员和民间组织成员，涉及人口学、社会学、法学、管理学、公共卫生、临床医学等不同学科和研究领域；有的是来自基层长期从事计划生育工作的行家里手；还有的是来自国家、省、市、县行政管理部门的官员。伴随着优质服务进程的专家团队，拥有共同的价值观，具备专业知识和技能，是保障优质服务项目成功的重要因素。今天，他们中大多数人又拿起笔，参与优质服务回忆录的撰写活动。我们提议重温《工作指南》第一章"优质服务的理论框架"的部分内容，其中凝结了我们这些专家多年的心血，重读它将会引起我们美好的回忆。

《中国计划生育优质服务工作指南》

第一章 优质服务的理论框架

国家人口和计划生育委员会①在1995年启动优质服务试点工作时就明

---

① 国家计划生育委员会于2003年更名为国家人口和计划生育委员会。

确指出，要向广大育龄群众提供全面的、优质的计划生育和生殖健康服务。优质服务概念的提出不仅符合育龄群众的心愿，也顺应了计划生育工作转变的要求。随着优质服务的深化，优质服务概念也在不断地发展。

一 中国计划生育优质服务概念

目前计划生育优质服务正在成为一种科学的管理理念，它的核心是以人为本，以群众的需求为出发点，开展以避孕节育为重点的生殖健康服务，维护群众生殖健康权益，稳定低生育水平，提高人口素质，促进计划生育工作思路和工作方法的转变。

"优质服务"的英文是 Quality of Care，简称 QoC，它包含两层含义。

一是服务。它突出以技术服务为重点的服务，强调避孕节育和生殖健康的服务内容、服务程序及规范，包括服务人员的素质和服务设备的质量。

二是关爱。它突出对人的关心和理解，对人的生殖健康权利的尊重和维护，强调"以人为本，以服务对象为中心"的服务提供体系，包括管理系统和工作机制，以及对待服务对象的方式方法。

1995 年，国家计划生育委员会在启动中国计划生育优质服务项目试点时，提出在试点地区开展以人为本，以人的全面发展为中心，以群众的需求为出发点，以稳定低生育水平、提高人口素质为目标，围绕生育、节育、不育开展优质服务。

1999 年，国家计生委主任张维庆在中国计划生育优质服务国际研讨会上，界定了中国计划生育优质服务的内涵与外延，他指出："开展计划生育优质服务就是要不断满足不同人群在不同时期的不同需求。计划生育优质服务是全方位的、全过程的，包括工作的各个环节，涵盖计划生育工作的各个方面。"

2003 年，张维庆主任在全国人口和计划生育综合改革试点工作座谈会上对优质服务进一步提出了明确要求，指出："要大胆探索计划生育优质服务的有效实现形式，以创建计划生育模范村（居）和优质服务先进县（市）

为载体，围绕群众的婚、孕、育和整个育龄期的实际情况，改革人口与计划生育工作的内容、形式、手段和方法，叫响优质服务的口号，树立优质服务的理念，创新优质服务的机制，打造优质服务的品牌。"

二　中国计划生育优质服务理论框架

为了向广大人口和计划生育基层工作者开展优质服务提供一份可供参考的工作指南，计划生育优质服务项目办公室决定，在总结中国优质服务 10 年实践的基础上，编写一本《中国计划生育优质服务工作指南》，作为 10 年实践的理论总结，也作为指导未来工作的指南。

国家计生委主任张维庆在总结优质服务试点工作经验时①运用了一个"三元结构框架"（见图 1），它为我们总结经验、分析问题提供了一个思维框架。

"三元结构框架"即由服务对象、服务系统和管理系统三者构成的交互关系框架。"服务对象"处在三角形的顶端，表示我们应该把有一定需求、有一定权益的服务对象始终放在中心；处在三角形左下角的是"服务系统"，包括宣传服务、技术服务、信息服务、法律服务等；处在三角形右下角的是"管理系统"，包括法律法规、评估考核、人事制度、投入保障等。此外，"三元结构"又处在一个与之相适应的社会、经济、政治、文化的大环境中。

"三元结构框架"告诉我们，优质服务的根本目的是满足群众在计划生育和生殖健康方面的需求。为此，必须树立"以人为本，以群众需求为中心"的理念，同时需要服务系统的支撑和管理系统的保障，而且服务系统

---

① 张维庆主任于 2000 年 6 月在黑龙江省齐齐哈尔市召开的"计划生育生殖健康现场交流及研讨会"上运用"三元结构框架"总结了计划生育优质服务试点工作的实践和经验，他说："全国各地的工作实践表明，优质服务是人群、技术和管理系统三者的辩证统一和优化组合。""三元结构框架"引自世界卫生组织的专家小组在中国重庆开展的"加强生殖健康政策和方案的战略研究"（Strategy Approach for Strengthening RH Policy and Program）。

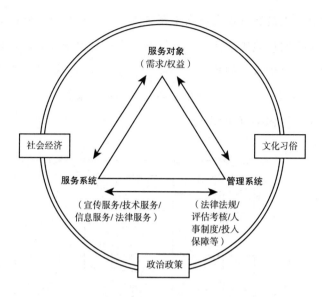

图 1　中国计划生育优质服务"三元结构框架"

和管理系统必须相互连接形成一个完整的体系。换句话说，仅靠服务系统提高服务能力、改善服务条件，而没有管理系统制定相关制度、实施管理与评估的改革，则难以实现优质服务体系的正常运转。相反，仅有管理系统独自运转，没有以技术服务为重点的服务系统的改进与完善，也无法实现真正意义上的优质服务。因此，在开展优质服务的地区必须建立服务对象、服务系统和管理系统三者相互联系、互为支撑的整体。此外，优质服务必须得到社会、经济和政策环境的支持，而领导决策层就是这种社会、经济、政策支持的集中代表，从而保障"三元结构"的有效运转。

三　中国计划生育优质服务工作机制

"三元结构框架"概括了参与优质服务活动的四个不同人群：服务对象、技术服务人员、管理人员、领导决策者。这四个人群的相互活动又构成了一个横向的逻辑关系：领导决策者在优质服务中的主要活动是投入保障，即在政策、经费、人员和部门协调上，保障服务系统和管理系统的正常运行。而技术服务人员和管理人员在本系统内部的活动主要是确保能够开展以服务对象为中心的优质服务活动，最后达到服务对象积极主动参与计划生育生殖健康活动，维护自己的权益，提高生殖健康水平，这是优质服务的效果与目标。把上述四个人群的活动和互动关系描述出来就形成了中国计划生育优质服务工作机制框架（见图2）。

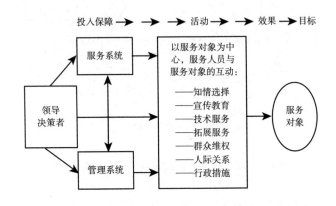

图2　中国计划生育优质服务工作机制框架

用逻辑框架法分析中国计划生育优质服务工作机制，便清楚地揭示出工作机制不同构件之间的逻辑关系。逻辑框架法从目标、效果、活动、投入保障四个层次概括了优质服务不同人群所开展的各项活动。

目标：以服务对象为中心，维护公民生殖健康权益，提高群众生殖健康水平。

效果：提高群众计划生育生殖健康的认识和能力，提高群众计划生育生殖健康的参与率和满意率。

活动：为了实现上述目标，达到上述效果，各试点地区围绕群众的需求，主要开展了以下活动。这是包括宣传和管理人员在内的服务提供者与服务对象的一种互动，是一种以服务对象为中心的互动：推进避孕方法知情选择，改进宣传教育的内容和形式，提供优质的技术服务，拓展服务领域和扩大服务对象，开展群众维权活动，建立良好的人际关系，改革行政管理措施。

投入保障：为了实现和完成上述互动，必须在计划生育部门的服务系统和管理系统中进行一系列的改革与创新。

首先，在以技术服务为重点的服务系统，须转变服务提供者的观念，开展人员培训，加强服务能力建设，确保服务可及性，建立制度规范，严格检查指导等，从而保障服务提供者能够面对服务对象开展优质的服务。

其次，在管理系统的主要环节上进行改革，即在制定计划、实施计划、评估考核和信息系统等四个主要环节加大改革力度，确保上述各项活动能够顺利开展。

最后，在领导决策层，则从政治上、政策上、人财物以及部门协调上给予有力保障，协调服务系统和管理系统互相配合和支持，共同完成与服务对象的互动。

4

一种科学的管理理念

——回顾《管理与评估工作指南》[*]

王铁明　冯庆才　解振明[**]

　　随着计划生育优质服务试点工作的深入开展，优质服务正在成为一种更加科学的管理理念，传统的管理与评估理念和方法已不能适应新形势的需要，改革势在必行。2000 年起在福特基金会的资助下，设在中国人口信息研究中心的计划生育优质服务项目办公室成立了"管理与评估改革"课题

[*]　王铁明、解振明、冯庆才、张二力编著《管理与评估工作指南》，中国人口出版社，2006。

[**]　王铁明，1943 年生。1988～2004 年，先后任河北省计生委副主任、天津市计生委副主任，自 2000 年起被聘为计划生育优质服务项目办公室专家，任中国/联合国人口基金生殖健康/计划生育项目"管理与评估改革"课题组组长。
　　冯庆才，1946 年生。1981 年毕业于山东医学院（1983 年更名为山东医科大学，2000 年并入山东大学）医学系。1985 年由青岛市人民政府文教卫生办公室调到青岛市计生委任副主任，1995 年后主要负责青岛市计划生育优质服务试点工作。2002～2010 年被聘为计划生育优质服务项目办公室和中国/联合国人口基金生殖健康/计划生育项目专家组专家。
　　解振明，1946 年生。1982～1985 年由国家教委派往美国加州大学伯克利分校留学，获人口学硕士学位。1992 年从安徽大学人口所调到中国人口情报信息中心（1995 年更名为中国人口信息研究中心，2003 年更名为中国人口与发展研究中心）。1992～2007 年先后任中国人口与发展研究中心人口研究室主任、中心副主任、研究员。自 1995 年起参与计划生育优质服务项目试点工作，1999～2010 年任计划生育优质服务项目办公室副主任，2003～2010 年任中国/联合国人口基金生殖健康/计划生育项目中国专家组组长。2007～2014 年任中国人口学会第七届常务理事、秘书长。

组，时任天津市计生委副主任王铁明为课题组组长，已经退居二线的原国家计生委规划统计司司长张二力为顾问，课题组还聘请了国际人口方案管理委员会（ICOMP）的执行主任杰·萨迪亚（Jay Satia）博士为外国顾问。参加该课题的还有上海、天津、山东和辽宁的 5 个项目区县。

课题组抓住计划生育管理过程中的"制订计划、实施计划、评估考核、信息系统"四个主要环节，以问题为导向，针对主要环节存在的突出问题，与项目区县的同志们一起讨论，找出解决问题的思路和办法。

比如，在"制订计划"环节，针对当时普遍存在的围着上级下达的人口控制指标转、忽视群众需求的现象，提出了要把群众需求作为制订工作计划的重要依据，要把群众需求作为工作的出发点和落脚点。为此，提出了必须开展的三项活动。一是在制订下年度工作计划前，要组织群众需求调查，收集群众需求信息，提交群众需求分析报告，列出需要开展的活动或服务的清单。二是根据各项活动的重要性、难易程度和领导重视程度（或与政策一致性）进行排序，提交可行性分析报告，确定项目区县下年度将要开展的活动。三是以活动为中心，以结果为导向，运用逻辑框架法，形成项目区县年度的工作计划和逻辑框架矩阵表。

在管理过程的主要环节提出了多项重大改革，既获得了经验，也领受了教训，挫折与失败使我们感受到改革的艰难，但更多的是为改革的成功倍感自豪。在所开展的课题活动中，令我们印象最深刻的是逻辑框架法的引进、学习和应用。

2002 年春，课题组在天津市举办培训班，组织 5 个项目区县的同志们研讨如何改革传统的考核评估，建立适合于优质服务的考核评估体系。培训班筹备期间，张二力同志和萨迪亚博士不约而同地向项目办公室推荐并寄来了逻辑框架法的相关资料。张二力同志提供的是他弟弟张三力教授编写的《逻辑框架法在项目评估中的应用》，而萨迪亚博士发来的是英文版的逻辑框架法介绍。中外两位顾问互不懂得对方的语言，无法直接交流，但是却向我们推荐了同一个方法，真是英雄所见略同！通过层层培训，中方专家认识到逻辑框架法的科学性和重要性，并逐步掌握了逻辑框架法的主要内容。通过反复实践，项目区县的同志们也学会了运用逻辑框架法制定本区县的考核评估指标体系。山东省即墨市还组织了乡镇和村级的培训，编制了基层的计划生育优质服务工作的逻辑框架表。

正当课题组和项目区县的同志们学习和应用逻辑框架法的时候，2002年6月，国家计生委提出在全国开展计划生育优质服务先进县（市、区）的创建活动，时任国家计生委副主任兼优质服务领导小组组长赵炳礼要求我们项目办公室为优质服务先进县（市、区）的创建活动制定一个全新的考核评估体系，包括评估指标和评估方案。庆幸的是，我们课题组在两年前就围绕计划生育管理评估的改革开始了探索，为完成赵炳礼副主任交代的任务奠定了坚实的基础。也就是说，我们项目办在制定考核评估指标体系方面，既有先进的理论框架，又有丰富的实践经验，还有一批中外专家组成的团队。

2002年10月，优质服务领导小组在云南省大理市召开了部分省市计生委主任参加的"中西部地区优质服务座谈讨论会"，时任国家计生委副主任兼优质服务领导小组组长赵炳礼和国家计生委国际合作司司长赵白鸽参加并主持会议。解振明和冯庆才代表项目办公室介绍了优质服务先进县（市、区）评估指标和评估方案的初步设想，与会人员进行认真热烈的讨论并提出修改建议。会后，又多次征求国家计生委各司局和各省份计生委的意见，最终形成了33个国家级优质服务先进县（市、区）的评估指标。

2003年2月，国家计生委印发了《优质服务先进县（市、区）评估指标体系》（以下简称《评估指标体系》）并指出，这是按照目前国际国内项目管理与评估中通常采用的逻辑框架法制定的。将优质服务先进县（市、区）创建活动的主要内容分解为目标、效果、活动和投入保障等四个层次，根据不同层次的工作内容提出相应的评估指标和评估方法。各级要按照《评估指标体系》提供的基本框架，结合本地工作实际，在制订创建活动工作计划的同时设定评估指标和评估方法，把制订优质服务先进县（市、区）创建活动的规划、具体工作计划同考核评估结合起来，形成较为科学完整的工作计划和评估方案。这套评估指标体系既为各地开展优质服务先进县（市、区）创建活动明确了方向、规定了主要动作，也为评估验收活动提供了标准和方法。这套指标体系在实践中不断修改完善，持续使用了 10 年之久。

"管理与评估改革"课题组先后设立并完成了两项课题研究，即"计划生育优质服务管理与评估体系的探索（2001～2003 年）"和"建立与完善优质服务框架下的管理与评估体系（2003～2005 年）"。2006 年编写出版了《管理与评估工作指南》，作为"生殖健康/计划生育优质服务系列丛书"之一，这是课题组多年研究的理论成果，也是优质服务项目试点工作 10 年实践的结晶。

就在优质服务项目试点深入开展的同时，中国/联合国人口基金第四周期（1998～2002 年）和第五周期（2003～2005 年）相继在更广泛的地区开展项目。尤其是中国/联合国人口基金的生殖健康/计划生育项目不仅借鉴了优质服务项目的许多做法，而且还聘用了优质服务项目的中外专家，一部分优质服务试点区县也被选为联合国人口基金项目区县，这两大项目共享了专家资源和实践基地。

2006 年，中国政府与联合国人口基金启动了为期 5 年的第六周期（2006～2010 年）的合作项目，"管理与评估改革"是第六周期生殖健康/计划生育项目的主要活动之一，该子项目专家组除了聘请原"管理与评估改革"课题组的中外专家，还先后增加了江苏省计生委副主任张春延、南京人口管理干部学院教授温勇等。为了积极有效地推进我国人口和计划生育管理与评估改革，国家人口计生委发展规划司、国际合作司借助第六周期项目的实践，组织专家组在认真总结各省份考核评估改革的经验、计划生育优质服务项目和中国/联合国人口基金项目地区经验的基础上，积极探索人口和计划生育管理系统的改革与创新，形成《管理与评估工作手册》。时任国家人口计生委副主任赵白鸽担任主编并撰写了序言，2008 年 11 月由中国人口出版社正式出版发行。

《管理与评估工作手册》（以下简称《工作手册》）在结构框架和主要内容上与 2006 年的《管理与评估工作指南》（以下简称《工作指南》）有许多相似的地方，但又有许多创新的地方。可以说《工作手册》是《工作指南》的升级版，它吸收了中国/联合国人口基金项目区县更多的实践经验，回答了中国计划生育管理评估改革中面临的更多具体问题。

《工作手册》继续研究在计划生育管理过程中的"制订计划、实施计划、评估考核、信息系统"这四个主要环节改革的思路和重点，应用逻辑框架法构建了新时期人口计生评估考核指标体系，《工作手册》还附上一本《〈管理与评估工作手册〉操作框架》，它用图表和框架的形式列出了计划生育管理系统各主要环节应该采取的行动，文字简练，框架清晰，容易理解，便于操作。我们愿意向读者推荐其中的重要章节，即《管理与评估工作手册》第一篇总论的第二章《〈管理与评估工作手册〉的框架》。

《管理与评估工作手册》*的框架

《管理与评估工作手册》全面系统地阐述了人口和计划生育管理与评估改革的工作模式，即坚持"以人为本，以服务对象为中心"的管理理念，明确管理评估在优质服务中的地位和作用，针对管理系统的四个主要环节，分析各个环节需要重点解决的问题，探讨改革的思路与重点以及改革的关键要素。

第一节　管理系统的主要环节

为了研究和探索人口和计划生育管理系统的改革，国家人口计生委启动了"计划生育优质服务管理与评估体系的探索"的课题研究，中外专家在试点实践的基础上，总结了人口和计划生育管理系统需要改革的主要环节。管理系统中的"制订计划、实施计划和评估考核"三个环节，构成了一个循序渐进、首尾相接的管理过程，这是人口和计划生育管理与评估的核心体系。此外，人口和计划生育管理信息系统作为上述三个环节的数据基础和信息平台，近年来获得迅速发展，形成了与上述三个环节相对独立又相互联系

---

* 赵白鸽主编《管理与评估工作手册》，中国人口出版社，2008。

的环节。这四个环节构成了我国人口和计划生育工作的管理系统。

在人口和计划生育管理系统中，制订计划、实施计划、评估考核和信息系统，这四个环节各自并共同发挥着重要作用（见图1）。

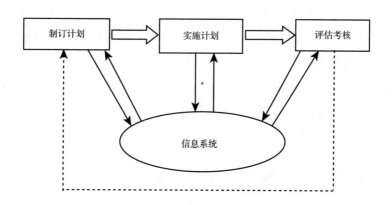

图1　人口和计划生育管理系统的主要环节

一　制订计划是管理系统的首要环节

管理通常从制订计划开始，人口和计划生育管理以制订年度工作计划为起点。工作计划的制订是一个科学决策的过程，要把"以人为本，以服务对象为中心"的理念和社会性别的意识充分体现在科学决策的过程中，将群众的需求和意见纳入决策者的视野和规范的决策程序中，最终形成一个群众比较满意、基层能够执行、符合上级要求的工作计划。

二　实施计划是管理系统的主体环节

工作计划一旦形成，就要组织实施，从对党政领导及相关部门的倡导到对广大干部群众的宣传动员，从人员机构的配备到人员的培训，从规章制度的制定到落实情况的检查和指导。工作计划的实施是一个科学管理的过程，通过宣传、学习和培训让相关人员知道应该做什么、为什么做、怎样做。用合理的规章制度去激励、引导和约束相关人员为计划的实施做出贡献。中国/联合国人口基金项目的一些活动仅靠人口和计划生育部门很难完成，还需要协调相关部门共同参与计划的实施。

在工作计划的组织实施中，常常需要在现有的法律、规章和制度的框架下，对行政管理措施进行改革，比如在生育政策不变的情况下，进行取消生育间隔规定或放宽生育间隔限制的探索；在社会抚养费征收政策不变的情况下，对征收方式和办法进行改进。在行政管理措施改革获得成功的基础上，进一步探索修改和完善相关政策的可能性。

在工作计划的实施中，离不开群众参与和群众监督，这是改革中最难的一步，也是最重要的一步，只有真正实现了群众参与和群众监督，以人为本的理念才能落到实处。

三 评估考核是管理系统的关键环节

评估考核的主要目的是对照年初的工作计划，评价计划的完成情况，将计划实施过程和效果的评价结果及时反馈给决策者和管理者，为制订下一年度计划提供参考依据。使管理在一个新的起点上进入下一个循环，不是周而复始地原地打转，而是使管理活动实现螺旋式地上升。

评估考核具有强烈的导向作用，评估考核结果可以用来奖励或处罚责任单位和责任人，但是，评估考核的根本目的是促进工作，引导基层为群众提供优质的综合服务。

四 信息系统是管理系统的基础环节

制订计划、实施计划和评估考核都离不开信息系统的支持，都需要信息系统提供准确的信息和数据。同时，它们又产生大量信息和数据，需要借助信息系统去收集、汇总和分析，然后反馈到管理的各个环节中。利用信息引导服务、指导管理。

信息系统包括各种硬件和软件、信息管理的流程和制度，以及参与信息系统建设和运行的人员和机构。通过信息系统的建设和应用，引导基层开展优生优育、避孕节育、生殖健康等各项服务，落实计划生育各项奖励优惠政策，不断提高人口和计划生育科学决策、社会管理和公共服务的水平。

第二节　改革的思路与重点

探索和建立优质服务框架下的人口和计划生育管理评估体系，首先要做好现状分析，找出当前存在的问题，分析问题产生的主要原因，提出整改的措施。"管理与评估改革"课题组的中方专家在国际人口方案管理委员会（ICOMP）执行主任杰·萨迪亚（Jay Satia）博士的指导下，召开了多次专家和管理人员的研讨会，集思广益，分别对人口和计划生育管理系统各个环节的现状进行了分析，找出当前存在的主要问题，明确了改革与创新的思路，提出了应该重点解决的问题。

一　制订计划的重点是掌握群众需求

在调查研究中，课题组发现一些项目区县在制订工作计划时，或是靠笔杆子闭门造车；或是由主要领导拍脑袋，主观臆断；或是拷贝别人的文本，盲目照搬。工作计划的制订更多地依赖上级布置的任务和要求，主要任务是为了完成上级下达的人口控制指标，很少或根本就没有考虑群众需求。

针对制订计划环节中存在的问题，确定的改革思路是：把满足群众需求作为计划生育工作的出发点和落脚点，首先就应体现在制订工作计划时，从围着"人的数量"转，转变到围着"人的需求"转，体现对上负责与对下负责的一致性。

改革的重点是：掌握群众需求，把群众需求作为制订工作计划的重要依据。

二　实施计划的重点是抓好制度建设以及规范管理和服务行为

在实施计划环节，过去存在的主要问题是以行政制约为主，通过给老百姓定规矩，制定各种以限制、制约为主要内容的制度规范，约束老百姓的行为，与"以人为本，以服务对象为中心"的理念相悖。比如，在群众签署的避孕方法知情同意书上，有的还保留着"对不按时参加查环查孕的育龄妇女和村委会分别给予处罚"的条款。就是开展服务，有时也带有强制性，比如，要求育龄妇女必须参加统一组织的宣传培训活动。另外，有的项目区县规章制度的制定是自上而下地进行，越往下规章制度越多、越复杂，对老百姓的约束性越强；有的项目区县为应付上级领导检查，满足于规章制度上墙，而没有落实在行动上；相关人员对规章制度的知晓率低，即使知道一些规章制度，也不知道为什么要制定这些规章制度；对基层工作的检查不力，发现问题后，或是走过场，轻描淡写，或是批评指责得多，帮助指导得少。

为此，在实施计划环节确定的改革思路是：建立保障服务质量和工作效果的制度和规范，提高人口和计划生育干部自觉履行制度、规范管理以及提高管理水平、依法服务的意识和能力，改革行政管理措施，发挥群众参与和群众监督的作用，切实把计划落到实处。

改革的重点是：抓好制度建设，规范管理和服务行为，发挥群众参与和群众监督的作用。

三 评估考核的重点是正确发挥评估考核的导向作用

在一些项目地区，评估考核改革的相对滞后，影响了项目工作的进一步发展和推广，主要表现为：年终评估考核以人口控制指标为主，由上级确定评估考核指标，与基层实际工作特别是与项目区县的实际工作不相符，形成"两张皮"，甚至阻碍了项目区县工作的创新。另外，考核指标随意性强，使基层无所适从；下级只能被动地接受上级的评估考核，影响了基层干部的主动性和创造性；"一把尺子量长短"，很少考虑各县、各乡镇和各村的差异性，挫伤了基层干部的积极性；评估考核的结果主要用于奖励和惩罚，造成普遍存在"重结果、轻过程"的现象，甚至出现"做好现场、应付考核"的投机心理；为了迎接上级评估考核，有的从省、市到县、乡，层层加码，增加考核次数、扩大考核范围、加大考核力度，造成基层把大量时间和精力用在应付上级的评估考核上。

面对评估考核存在的诸多问题，确定评估考核的改革思路是：评估考核的根本目的在于促进工作，充分发挥评估考核的导向作用，把群众满不满意作为衡量计划生育工作的重要标准，把基层的注意力和工作重点引导到为群众提供优质服务、提高工作水平上来，实现"稳定低生育水平、统筹解决人口问题"的宏观战略目标。

改革的重点是：实现评估考核与工作计划的链接，正确发挥评估考核的导向作用。

四　信息系统的重点是建立与综合服务相适应的信息系统

中国/联合国人口基金第五周期项目管理信息系统（MIS）和各省份的育龄妇女信息管理系统（WIS）的广泛应用，极大地促进了基层计划生育管理的规范化、科学化，为稳定低生育水平做出了重要贡献。"十一五"时期，国家将加大对人口和计划生育信息化建设的投入力度，人口和计划生育管理信息系统的发展遇到了难得的机遇期。新时期、新形势、新任务对人口和计划生育信息化建设也提出了新要求，目前项目区县在信息系统建设与应用方面还存在着许多问题：信息系统主要是为管理服务，还没有真正做到信息引导服务；有的项目区县服务信息还没有纳入管理系统，大量服务信息流失或没有分析利用；有的决策者和管理者缺乏循证研究的意识和能力，不重视信息和数据的收集、汇总、分析和利用；有的信息系统缺乏数据质量控制的有效措施和机制，数据质量令人担忧。

针对信息系统面临的问题和挑战，改革的思路是：信息系统是人口和计划生育管理中不可缺少的环节，不仅应该为管理提供服务，更应该为优质的综合服务提供信息支持，注重采集汇总群众需求，反馈服务效果，为工作计划的制订和活动效果的评估提供可靠的数据支持。

改革的重点是：建立和完善与生殖健康/计划生育综合服务相适应的信息收集、汇总、分析和运用的管理信息系统。

第三节　改革的关键要素

针对计划生育管理系统各主要环节存在的主要问题，确定了各主要环节的改革思路和改革重点后，"管理与评估改革"课题组通过项目区县的探索与实践，总结了管理系统各主要环节在改革中必须认真研究和解决的几个主要问题，即各主要环节改革的关键要素。

一　制订计划改革的关键要素

制订工作计划应从基层开始，工作计划的制订主要以群众需求为依据，把满足群众需求作为工作重点，由村、乡镇到县，自下而上逐级制订工作计划。形成县级的工作计划后，报市人口计生委审查批准后，逐级组织实施落实。这种制订工作计划的方法，给基层以更大的工作空间和自主权。这样的决策过程具备了科学决策的主要特征：一是把群众需求纳入了决策体系；二是坚持对上负责和对下负责的一致性；三是建立较为完整、系统的决策程序和决策制度。

在科学决策过程中，必须把握以下三个要素。

一是建立收集、汇总、分析群众需求信息的制度，将群众需求纳入决策体系，建立以服务对象为中心的决策机制。

二是建立和规范制订工作计划的程序。通过可行性分析，确定目标及其优先活动领域。

三是运用逻辑框架法制订年度工作计划，制订工作计划的同时，确定年终评估考核的指标，实现年初制订工作计划与年终评估考核的连接，确立工作计划的严肃性和权威性。

在三项改革中，"将群众需求纳入决策体系"是重中之重。收集群众需求比较容易做到，但是，难度在于决策者和管理者转变观念，摆脱惯性，建立一个收集、汇总、分析群众需求的程序和制度，建立起以服务对象为中心的决策机制。

二　实施计划改革的关键要素

实施计划的关键是抓好制度建设，其他工作都是围绕着规章制度开展的。建立必要的规章制度，不仅是因为制度建设在实施计划环节中的重要地位，还因为它具有以下三个重要特征。首先，制度建设要清理现有规章制度，而清理的过程，是一个转变观念、提高认识的过程。其次，制度建设必然要建立一些新的、体现"以人为本，以服务对象为中心"理念的规章制度，这是一个学习和培训的过程。最后，制度建设不能只靠少数几个笔杆子坐在屋里整理文件，应该组织相关科室及基层的有关人员，按一定程序组织讨论、参与修改，最终形成大家愿意遵守的规章制度，这实际上也是一个团队建设的过程。

在实施计划过程中，应该把握以下四个要素。

一是加强制度建设，清理不符合以人为本理念的制度和规范，建立新的制度和规范。随着人口和计划生育工作的不断深入开展，法制建设趋向完善，群众维权意识和自我保健意识不断增强，要树立优质服务、以人为本的服务理念，就必须适应新形势要求，不断清理、修改、完善现有的制度和规范，同时也要建立符合当前新形势要求的新的制度和规范。

二是技术服务标准化和规范化建设。国家有关部门制定一系列技术标准和规范的目的在于实施，而不是贴在墙上供领导检查，也不是放在抽屉里存档。要让技术服务人员理解标准和规范的重要性，知晓相关内容，自觉地按照标准化程序提供优质的、以服务对象为中心的综合服务。

三是行政管理措施的改革。一些项目区县在现有的人口和计划生育法律框架下进行了行政管理措施的改革与创新，项目区县和所在省、市，一方面要勇于探索，另一方面要善于总结，将改革的成功经验上升到政策和制度层面，使更广泛的地区和更多的人群受益。

四是群众参与和社会监督。计划实施离不开群众参与和社会监督，项目区县在实践中需要不断探索和完善广大群众和社会团体民主参与和民主监督的形式和内容。

三 评估考核改革的关键要素

中国人口和计划生育工作在新时期的任务发生了重大转变，即从过去单纯以完成人口计划为目标，转变为以稳定低生育水平、统筹解决人口问题、实现人的全面发展为目标。这一重大转变需要一个过渡阶段。在过渡阶段，评估考核指标、评估考核方法和评估考核结果的分析与运用也要经历一系列的调整与创新，也就是说，评估考核需要进行一场全面的、渐进的改革。

评估考核是人口和计划生育管理工作的关键环节，也是管理与评估改革的重点和难点。它的重要性和特殊性在于以下三点。一是中国人口和计划生育工作的成功在很大程度上取决于对各级党政领导、计划生育部门和相关部门实行了"人口和计划生育目标管理责任制"，评估考核的改革不是否定这一责任制，而是要改进和完善这一责任制。二是评估考核的改革不允许失败，因为这种失败的代价太大。因此，新的评估考核体系没有建立之前，不能轻易地废除原有的评估考核体系，否则就会形成"旧方法不能用，新方法又没有"的那种"两头落空"局面。应遵循"先立后破"原则，积极探索并建立新的评估考核体系。三是评估考核是"指挥棒"，一套新的指标体系一旦确立，就应该明确地表明其发展方向，引导基层为群众提供优质的、满意的计划生育生殖健康综合服务。

在建立评估考核工作新机制过程中，应该把握以下三个要素。

一是因地制宜，制订分类、分线、分级的评估考核方案。承认地区差异，根据工作水平不同、社会经济发展水平不同，实行分类评估考核，强调评估考核的公平性。明确党政、计生部门和相关部门的责任，实行分线评估考核，突出评估考核的针对性。根据省、市、县、乡等不同行政级别的职能，在评估考核中掌握不同的侧重点，提高评估考核的有效性。

二是群众满不满意是衡量人口和计划生育工作的重要标准。要把群众满意度科学地纳入评估考核的指标体系中。测量群众满意度，可以直接从服务对象那里获得评价，也可以在与群众切身利益相关的问题上设置可以客观测量的指标，运用定量和定性方法，把群众的满意程度测量出来、反映出来，作为评估考核人口和计划生育工作效果的重要指标。

三是评估考核的目的是改进计划生育工作。要科学地分析和正确地运用评估考核的结果，促进人口和计划生育工作水平的不断提高。

四 信息系统改革的关键要素

国家人口计生委在中国/联合国人口基金第五周期项目中将管理信息系统建设作为项目的重点之一，通过软件的开发和应用，在项目区县建立了标准统一、业务规范、基本覆盖基层管理服务工作的管理信息系统，推进项目区县建立了以人为本、不断满足群众生殖健康和计划生育需要的优质服务工作机制，促进了计划生育优质服务工作的深入开展，为项目区县管理与评估改革提供了信息支持。

中国/联合国人口基金第五周期项目管理信息系统在多数地区得到了较好的应用，对各地育龄妇女信息系统的建设起到了示范作用。一些地方借鉴并采纳第五周期管理信息系统中的一些功能及特点，修改和完善了本地育龄妇女信息系统。无论是应用第五周期软件还是应用各省、市自己开发的软件，科学的信息管理系统应该具有以下功能和特点。一是为科学决策提供信息支持。二是发挥管理和服务信息的记录、收集和反馈作用。三是构建起群众民主参与的渠道。四是为评估考核党政领导和相关部门的工作提供科学依据。

在信息系统建设和应用过程中，关键不在于各地应用什么软件、采用哪一套系统，关键在于其基础数据结构和代码是否符合国家标准、业务流程和规范，能否满足优质服务工作的需要。因此，信息系统改革的关键要素是：

（1）建立"信息引导服务"的信息收集、分析和反馈的信息管理程序和制度；

（2）坚持数据标准统一和业务流程规范，规范基层的管理与服务；

（3）充分发挥信息系统的作用，利用信息科学管理，利用信息引导服务；

（4）整合人口和计划生育行政管理机构与技术服务机构的信息，重视数据的开发与利用，发挥信息系统在人口和计划生育管理中的智库作用。

5

中国计划生育的最佳实践

——回顾《聚焦优质服务的中国计划生育》[*]

郑真真　解振明[**]

中国计划生育优质服务从试点项目到全面拓展，始终得到了来自国际社会的理解、支持和帮助。通过"引进来、走出去"，国际合作不仅为我们学习和引进国际理念和方法搭建了平台，也为我们向国际社会宣传和介绍中国

* 解振明、郑真真、顾宝昌、汤梦君、梁颖：《聚焦优质服务的中国计划生育》，载人口与发展南南合作伙伴组织主编《分享创新经验：应对人口与生殖健康挑战的经验》，全球南南发展学院，2011。

** 郑真真，女，1954 年生。1977 年毕业于中国科技大学电子学系，1985 年自费赴美留学，先后获医学信息学和统计学硕士学位，2000 年获北京大学人口学博士学位。1993～2003 年就职于北京大学人口研究所，2003 年至今就职于中国社会科学院人口与劳动经济研究所，同时任中国社会科学院研究生院教授、博士生导师。自 1998 年起参与计划生育优质服务项目评估工作和相关项目活动。曾任中国/联合国人口基金国别项目专家组成员（2003～2015 年）、世界卫生组织生殖健康与研究部科技咨询组专家（2006～2011 年）、国际计划生育联盟（IPPF）东亚/东南亚/大洋洲（ESEAOR）区域理事会司库（2008～2011 年）、IPPF 审计委员会委员（2011～2014 年）、ESEAOR 区域理事会常务理事（2014～2017 年）。

解振明，1946 年生。1982～1985 年由国家教委派往美国加州大学伯克利分校留学，获人口学硕士学位。1992 年从安徽大学人口所调到中国人口情报信息中心（1995 年更名为中国人口信息研究中心，2003 年更名为中国人口与发展研究中心）。1992～2007 年先后任中国人口与发展研究中心人口研究室主任、中心副主任、研究员。自 1995 年起参与计划生育优质服务项目试点工作，1999～2010 年任计划生育优质服务项目办公室副主任，2003～2010 年任中国/联合国人口基金生殖健康/计划生育项目中国专家组组长。2007～2014 年任中国人口学会第七届常务理事、秘书长。

计划生育改革提供了机会。

2009 年年初，人口与发展南南合作伙伴组织（Partners in Population and Development）与联合国开发计划署南南合作办公室、联合国人口基金合作，决定编撰一本《分享创新经验：应对人口与生殖健康挑战的经验》特辑。编委会从人口与发展南南合作伙伴组织成员国提交的 80 多个案例中筛选出孟加拉国、中国、加纳、印度等国家的 10 个最佳案例，介绍了这些国家自 1994 年国际人口与发展大会以来在生殖健康计划生育领域取得的成功经验。中国计划生育优质服务项目被选中作为中国的最佳实践，这是我们向国际同行们介绍中国计划生育优质服务的最好机会，也是我们向国际组织和专家学习如何为国外读者写好中国故事的一个机会。

2009 年 11 月，我们接到编委会发来的写作大纲和要求后，立即组织中国最佳实践写作小组，主要成员有解振明、顾宝昌和郑真真，还有计划生育优质服务项目办公室的汤梦君和《当代中国人口》（英文版）的编辑梁颖。写作小组还邀请了一些专家学者参与提纲和文稿的讨论和修改。

2010 年 2 月，人口与发展南南合作伙伴组织在孟加拉国达卡举办"最佳实践撰写技术研讨会"，解振明代表中国写作小组参加了这次研讨会。国际专家斯南·饶（Sethuramiah L. Rao）博士介绍了最佳实践的撰写框架，他指出有用的实践不一定等于最佳实践。有用的实践通常是指在一定条件下这些做法是最好的，但是没有经过严格评估，没有被证实是可以复制和可以推广的实践，比如成功路径、好的做法、创新经验、可能成功的试验等。而最佳实践（best practice）是指这一有用的实践通过评估被证明是可以复制、可以推广到其他地区的。所谓"最佳"是指它比其他做法能够更有效地推广，在推广中遇到的困难更少、风险更小、成功概率更大。中国计划生育优质服务不正是这样的最佳实践吗！它不仅在试点区县被证明是有用的、成功的，而且在中国的国际合作项目中、在优质服务先进县（市、区）创建活动中已经被证明是可以推广的。解振明在达卡会上介绍了中国写作小组的写作方案和框架，获得了国际专家的首肯。

2010 年 8 月，郑真真应邀参加在泰国曼谷召开的第二次技术研讨会，介绍了中国最佳实践的初稿。国际专家在会上再次强调了最佳实践是可推广的实践，应当有别于一次性完成、没有持续的研究项目。中国最佳实践的撰写思路和初稿内容得到了参会专家的鼓励和认可。

2011年5月，《分享创新经验：应对人口与生殖健康挑战的经验》正式出版，并举行了新书发布会，中国计划生育改革的故事随着这本书的发行在全球传播。人口与发展南南合作伙伴组织执行主任在发布会仪式上说："分享这些成功案例将有利于推动全球人口稳定和生殖健康议程，加快实现千年发展目标和国际人发大会目标。"

中国计划生育优质服务作为最佳实践得到国际社会的认可。但是，我们在国内外媒体包括网络上仍然可以看到一些对中国计划生育改革与转型的不实报道，对计划生育存在误解或偏见的说辞时有出现。有人认为生育政策调整了，人口控制任务完成了，计划生育不再需要了。我们愿意借回顾计划生育优质服务的机会向国内的读者介绍这篇文章，它说明维护公民生殖权利、提供生殖健康和计划生育优质服务还任重道远。原文是用英文起草的，我们用中文把它译成《人口与生殖健康领域的最佳案例：中国计划生育优质服务》，让它更符合国人的阅读习惯。全文约1.8万字。如果没有时间阅读全文，至少可以扫一眼只有800字的综述。

这篇文章运用大量的数据和案例有力地证明了计划生育优质服务在中国是成功的，表明了以优质服务为导向的计划生育工作不仅能够提供更好的技术服务，维护服务对象的健康和权利，而且项目的开展使得中国的计划生育工作更加有效，更受广大群众的欢迎。用一句时兴的话说，优质服务为中国计划生育改革转型探索了一条有效途径，它也是实现健康中国战略的不可缺少的组成部分。

人口与生殖健康领域的最佳案例：中国计划生育优质服务

一　综述

1994年国际人口与发展大会召开后，中国和许多其他国家一样，根据大会通过的《行动纲领》，对本国的人口和计划生育工作进行了认真反思和重新定位。

本文介绍的最佳案例是中国计划生育优质服务，这是 1995 年由国家计划生育委员会（2003 年更名为国家人口和计划生育委员会）在部分区县启动的试点项目，把优质服务的理念和方法引入计划生育工作中，实现了服务的规范化，维护了服务对象的权利。2000 年后国家计生委又不失时机地将试点项目的成功经验拓展到全国，推动了中国计划生育的改革与转型。

为了实现中国计划生育工作思路和工作方法的"两个转变"，国家计生委在 1995 年决定通过试点项目树立一批示范和典型，探索如何实现"两个转变"，回答什么是以服务对象为中心的优质服务，并运用事实和证据去说服和教育各级管理者和服务提供者，使他们认识到全面推进计划生育工作改革的可行性。

试点地区在项目实施过程中，围绕优质服务理念和方法开展的一系列活动，始终以三个目标为工作重点，以四项原则为工作策略。三个目标是：想服务、会服务、能服务。四项原则是：先立后破、先点后面、先易后难、先实后虚。

试点的成功经验提供了有力的证据，表明以优质服务为导向的计划生育工作不仅能够提供更好的技术服务，维护服务对象的健康和权利，而且项目的开展使得计划生育工作更加有效，更受广大群众的欢迎。

国家计生委在启动优质服务项目试点工作时没有依赖外部资助，但是，试点工作始终得到了来自国际社会的指导、合作和支持。20 世纪 90 年代中后期，中国计划生育优质服务项目的经验被引入一些国际合作项目中，如中国与联合国人口基金合作开展的生殖健康/计划生育项目，中国与日本国际协力财团合作开展的结合项目。优质服务试点与国际合作项目的整合形成了不同类型的优质服务工作模式。自 2002 年起，国家计生委启动了计划生育优质服务先进县（市、区）创建活动，将优质服务的成功经验和工作模式逐步推广到全国。目前全国 2800 多个县级单位中有 70% 以上的单位达到了国家级或省级优质服务的标准，计划生育工作的"两个转变"基本实现。

二　背景

中国计划生育优质服务强调技术服务的规范和服务对象的权利，它首先在部分区县启动试点，然后推广到全国范围，成为推进中国计划生育改革的有效途径。

在中国开展计划生育优质服务并不是一个孤立的事件，它与20世纪90年代初发生在国内外的一系列重大事件紧密相关。

中国计划生育的全面开展始于20世纪70年代初，当时中国人口年增长率超过2%，一对夫妇平均生育5~6个孩子。经过20年的努力，人口年增长率降到1%以下，中国不再是人口快速增长的国家。20世纪90年代初，一对夫妇平均生育的孩子数量降到2个以下，育龄妇女总和生育率低于更替水平，中国人口增长不再处于高生育水平阶段。到20世纪末，中国完成了历史性的人口转变。

在人口快速转变的同时，20世纪70年代末中国开启了改革开放的新时代，高速的经济增长和深刻的社会转型推动中国快速进入现代社会。20世纪90年代后，计划生育工作所面对的育龄群众基本上是在改革开放环境中长大的，是在市场经济的熏陶下成长起来的。在市场经济的环境下，人们的行为趋于多样化，人们的权益趋于个体化，他们思想开放、自主性强。随着生活水平的提高，人们对自身的生活质量包括生殖保健日渐关注，人们的维权意识和隐私意识也不断增强。与此同时，国际人口和计划生育领域也发生了巨大变化。1994年国际人口与发展大会在开罗召开，1995年世界妇女大会在北京举行，这些国际重大会议向中国传递了一系列新概念，如"知情选择"、"生殖健康与权利"、"妇女赋权"和"社会性别视角"等。

所有这些变化都构成了中国计划生育改革的重要前提，于是，国家计划生育委员会于1995年正式提出计划生育工作思路和工作方法的"两个转变"，以推动全国范围的计划生育改革。作为转变的第一步，选择了 5 个农村区县和 1 个城市市区作为首批试点单位开始了计划生育优质服务的探索，从以人口控制为主转向以服务对象为中心的优质服务。

（一）国家计划生育改革的宏观目标

1995 年 9 月 28 日，中国共产党十四届五中全会通过了《中共中央关于制定国民经济和社会发展"九五"计划和 2010 年远景目标的建议》，国家计生委正式提出计划生育工作必须从以人口控制为重点转向以服务对象为中心，从单纯的避孕节育服务转向综合的生殖健康服务，包括妇女赋权。1998 年年初，国家计生委重申了计划生育改革的目标，阐述了具体要求：到 2000 年，通过优质服务项目试点成功地树立一批可供示范的典型，将以服务对象为中心的优质服务模式逐渐推广到全国，到 2010 年基本实现计划生育工作思路和工作方法的"两个转变"。

（二）试点的具体目标

为了实现中国计划生育工作思路和工作方法的"两个转变"的宏观目标，国家计生委要求通过试点树立示范，探索如何实现"两个转变"，回答什么是以服务对象为中心的优质的服务，并运用事实和证据去说服和教育各级管理者和服务提供者，使他们认识到在全国推进计划生育工作改革的可能性和可行性。1995 年以来的试点地区的实践表明，开展计划生育优质服务是一项开创性的工作，尽管千头万绪，归结起来，就是要着力解决"想服务、会服务、能服务"三个方面的问题。

1. 转变观念"想服务"

"想服务"指的是思想观念的转变。开展优质服务从根本上来说是一个对广大育龄群众的态度问题。要改变长期以来以完成上级下达的指标和任务为主导的工作模式，真正从广大育龄群众需求的角度来审视计划生育工作，从满足广大育龄群众需求出发来筹划计划生育工作，使计划生育的整个工作系统真正以育龄群众的生殖健康为中心运转起来，把以人为本的精神渗透到计划生育工作的每一个环节中去。

2. 提高技能"会服务"

"会服务"指的是服务技能的提高。优质服务工作的开展对计生干部的业务能力提出了更高的要求。如果我们仍然停留在落实"避孕节育四项手术"数量的水平上,就必然会远远偏离广大育龄群众的要求。计生人员不仅要掌握更多更广泛的避孕节育知识,提高技术水平,更要学会尊重和体贴服务对象,将心比心,掌握与服务对象沟通和交流的本领。这就必然要把计生干部队伍的建设和培训摆到一个十分重要的地位。

3. 创造条件"能服务"

"能服务"指的是服务条件的改善。计划生育要对群众的生殖健康负责,因此必须遵循必要的技术规范,具备必需的服务条件。不具备相应的工作条件,优质服务就难免仍是空中楼阁;没有一定的制度保障,优质服务也很难实现。当然,优质服务试点的实践也表明,开展优质服务并不是投入越多越好。把优质服务理解为"昂贵的服务",在理论上是误导的,在实践中是没有根据的。

在"想服务"、"会服务"和"能服务"三者中,"想服务"是关键,离开了思想观念的根本转变,提高服务技能和改善服务条件就会缺乏动力甚至迷失方向。"会服务"是核心,不管思想观念如何转变,不管工作条件如何改善,最终都要在为群众服务中去体现、去落实。群众最关心的是他们能得到多少和多好的服务,能在何种程度上满足他们在生殖健康方面的需求,否则一切都是空话。"能服务"是基础,离开了一定的工作条件,"想服务"和"会服务"都无从实现,开展优质服务必然需要一定的物质条件和制度条件来保障实施。

(三)试点工作的策略

计划生育工作向来是一个很敏感的事情。计划生育优质服务试点的实践表明,要使试点工作能健康稳步地向前发展,需要遵循四个原则。

1. 先立后破

"先立"就是在试点地区首先引入先进理念和科学方法，并尽可能使这些理念和方法在试点地区可以操作，被当地群众所接受，包括服务对象、服务提供者、管理者和领导者能够认可和接受这些新的方式方法。这一过程需要一定的时间，要避免在新的做法和制度没有确立前就盲目地破除原来的做法和制度。"后破"是指当新的方式方法建立后，并被人们所认识或欢迎，这才到了破除旧的方式方法的时候。试点能否成功关键在于"立"，我们要在"立"字上下功夫。在事情起步时要积极地去立，要下最大功夫去立，而要非常谨慎地去破。一定要防止"两头落空"的情况发生，从而保证试点稳步向前发展。

2. 先点后面

在中国计划生育领域引入优质服务理念没有先例可循，只能采取走一步试一步的方式，小心谨慎地选择一些试点并把它们培育成为优质服务的示范或典型。选择部分社会经济条件相对较好、计划生育工作有一定基础的地区作为试点，以确保试点工作获得成功。当示范和典型被成功地树立后，再将它们的经验推广到其他更广泛的地区。从点上入手，千万不要急于求成，千万不要急于全面铺开。从小范围开始，从试点入手，在试点过程中逐渐取得经验，有步骤地向面上推开。这就要从面上着眼、从点上着手，即为面上的工作在点上探索经验，坚持为面而点，而不是为点而点。试点工作成功与否最终要以能不能在面上推广为标志。

3. 先易后难

开展试点不要操之过急，不要面面俱到、四面出击。凡事开头难，试点要从最容易做的做起，从最有把握的做起。要找准切入点，以期"初战必胜"，即所谓"伤其十指不如断其一指"。要迈小步，不要急于迈大步。特别是在起始阶段，更要注意"平稳起步，小步前进"。尽管国家计生委设定了国家层面的战略目标，但是在项目开始时对各试点区县没有设定统一的时间表和具体程序。试点项目自始至终强调尊重地方的创造性，鼓励各地因地制宜，先易后难，逐步把试点工作引向深入。各试点区县从本地情况出发，从容易的事情做起，使得试点项目顺利开展。

4. 先实后虚

开展优质服务，实现"两个转变"，从根本上是一个实践问题。因此，应该避免坐而论道，要坚持实践第一，即坚持实践先行。在实践尚未开展之前，人们对问题的认识不尽相同，存有疑虑都是正常的、可以理解的，只能在实践的过程中逐渐统一认识。要提倡多交流、不争论，积极探索，鼓励创新。各地的试点表明，人们对计划生育优质服务、"生殖健康与权利"以及"两个转变"的认识正是在实践中不断深化的，也正是在实践中逐步统一的，而不是从书本上或在课堂里弄清楚的。把理论上的抽象概念变成实践中的具体做法，这一点对于项目管理者和技术服务人员都是非常重要的。

三　试点项目的实施

优质服务项目在启动和实施阶段（1995～1999年），开展了一系列活动，主要概括如下。

（一）选择试点地区

国家计划生育委员会采取了先试点、后推广的策略，决定先在少数区县进行优质服务的试点，树立起优质服务的示范。1995年年初，国家计生委在农村地区选择了5个县、在城市选择了1个区作为首批国家级试点地区，1997年国家级试点地区又增加了5个区县。

（二）成立领导小组

在选点的同时，1995年年初，国家计生委成立了优质服务领导小组，由分管规划和统计的副主任担任领导小组组长，各司局的司长担任领导小组成员。在国家计生委规划统计司下设计划生育优质服务项目办公室，负责试点项目的计划、监测和评估。同时，还从国内外高校和研究机构聘请了不同学科领域的专家学者成立了顾问组和专家组。

在国家计生委领导下，各试点区县也成立了自己的领导小组，制订工作计划，正式下发文件，开展社会动员和宣传倡导，正式启动了试点项目。

（三）建立伙伴关系

优质服务项目从一开始就引起了国际社会的关注，并逐步与一些国际机构和组织建立起合作伙伴关系。自 1997 年起，福特基金会给予试点项目经费资助，并聘请人口理事会项目官员、美国密歇根大学教授露丝·西蒙斯和国际人口方案管理委员会执行主任杰·萨迪亚等作为国际专家和顾问提供技术支持。他们主要参与国家级培训、检查指导、监督评估，并帮助中方进行项目设计。露丝·西蒙斯教授在培训中向试点地区介绍了人口理事会专家朱迪斯·布鲁斯的"优质服务六要素"，为项目活动的设计提供了一个理论框架。有的试点区县（如农安县和盐都县）把"六要素"制成展牌或广告画，向广大干部和群众进行宣传和发动。

国内高校和研究机构的学者和专家共 20 多人参与了优质服务试点工作，有的作为专家组或顾问组成员，有的作为培训师资，有的参与监督和评估活动。中国人口信息研究中心的研究员顾宝昌、解振明等作为项目办公室的专家和工作人员，还参与了项目文本的起草、预算编制、项目活动和战略的设计等。顾宝昌教授根据试点地区的经验教训，在试点一年多后于 1997 年提出了"四个原则"（先立后破、先点后面、先易后难、先实后虚），对于指导试点工作发挥了重要作用，现在已经成为试点项目的工作策略。

（四）加强能力建设

试点项目启动后，围绕能力建设开展了一系列的活动，这些活动得到了国际和国内专家的支持。

1. 师资培训(TOT)

国家级和省级管理人员和技术服务人员参加了由国际和国内专家组织的师资培训。师资培训后，各试点区县随后开展了分级培训。

2. 服务阵地建设

各试点区县根据"以服务对象为中心"的理念，对所辖的县级和乡镇级的计划生育服务机构进行了重建或改建，使它们成为"育龄群众之家"。

3. 现场考察与交流

计划生育优质服务项目办公室组织试点区县计生委主任出国考察和交流，1996年10月到泰国，1999年7月到美国，学习国外同行们的先进经验，同时也对外介绍和宣传了中国计划生育优质服务。

4. 高官研修

国家计生委与美国大众传媒中心（PMC）在1998~2002年，分5期组织省级计生委主任和国家计生委司局级干部赴美国参加高官研修。优质服务项目所在省份的计生委主要领导都参加了培训。这项研修对省级领导是一次很及时的倡导和培训，培训回国后他们对优质服务项目给予了极大的支持和关注。

（五）开展支持性交流

支持各试点区县相互开展交流，相互学习，共同提高，具体做法如下。

计划生育优质服务项目办公室在试点区县组织经验交流活动，开展现场学习和研究。1997年5月在江苏省盐都县组织了80多名中外专家和试点地区的官员参加的研讨会，针对项目初期取得的变化进行了总结和交流。1999年11月，在北京召开了"中国计划生育优质服务国际研讨会"，100多名中外代表参加会议，11位优质服务试点区县的领导在会上介绍了自己的经验和体会。

1998年4月，在人口理事会和福特基金会的支持和帮助下，国家计生委组织了一个由优质服务领导小组成员单位代表组织的代表团赴印度考察和交流，两国同行就计划生育的改革和创新进行了对话。

1997~2000年，计划生育优质服务项目办公室多次组织各试点区县的领导和基层干部进行相互参观、考察和学习，并选择一些成功的案例作为示范，进行现场交流。

国家计生委国际合作司将优质服务项目的主要理念引入其他国际合作项目，1998 年启动了中国/联合国人口基金第四周期生殖健康/计划生育项目，借鉴了中国计划生育优质服务项目的经验。同时优质服务项目也向其他国际合作项目和国内项目学习了许多经验。中国/联合国人口基金项目、中国和日本合作的结合项目、婚育新风进万家等项目的先进经验和优秀成果丰富了中国计划生育优质服务的理念和内涵。

1995～1999 年，各试点区县接受了大量来自国内外专家和各级领导的检查和指导，联合国人口基金、福特基金会等国际机构的项目官员也多次赴试点区县进行检查和指导。

四　试点项目的成果与影响

优质服务项目试点开展 3 年后，在试点区县开展了跟踪调查和效果评估。调查结果显示，所有试点区县在"两个转变"方面都表现出显著效果，计划生育工作发生了一系列变化。优质服务不仅受到当地群众的称赞，也得到了基层服务人员和管理者的普遍欢迎。从此后开展的全国人口和计划生育调查结果中，也可以看到优质服务的长远影响。

（一）主要成果

试点项目的主要成果体现为四个方面的变化：首先是在开展知情选择后避孕节育措施构成的变化；其次是计划生育和生殖健康信息与知识内容的丰富，以及宣传教育方法的改善；再次是随着服务能力的增强和服务设施的改善，育龄群众能够享受更优质的技术服务、咨询服务和随访服务；最后，也是最为重要的是，计划生育管理的思路和实践发生了改变。

1. 知情选择和避孕节育措施构成的变化

知情选择是以服务对象为中心实现优质服务的核心内容。长期以来，大多数避孕节育服务采取"一环二扎"的固定模式，除个别特殊情况外，生了一个孩子的妇女一律上环，生了两个孩子的夫妇一律结扎。优质服务项目开展知情选择之后，服务人员在服务对象选择避孕方法前开展了咨询服务，提供更多信息和知识，介绍各种避孕方法的特点，并能够提供不同种类的避孕药具，从而使更多服务对象能够在进行咨询后自己决定采取哪种避孕措施。

据调查对象回答，当前采取的避孕措施是由计划生育服务人员要求或推荐、而不是自己选择的比例，从开展试点之前的38.7%下降到优质服务开展之后的17.8%。开展优质服务后，更多育龄妇女在采取避孕措施之前咨询服务人员或与丈夫商量。调查对象对于自己所用的避孕措施也更为了解，例如上环的妇女能够说出她所使用宫内节育器的类型、功能和可能产生的副作用。

作为知情选择的效果之一，避孕节育措施的使用构成产生了显著的变化。由于避孕方法的选择更为自主和个性化，避孕措施的构成变得更为多样化，而不是只有上环和结扎。以项目县德清为例，在开展知情选择后，14339对夫妇中有44.8%上环，12.2%结扎，31.2%使用避孕套，10.5%使用避孕药或避孕针，还有1.3%使用其他方法。

2. 宣传教育内容和方式的改善

各试点区县在宣传教育的改善方面都加大了投入，做了大量的工作，根据群众需求调整宣传教育内容和方式。

开展优质服务以前，计划生育宣传教育往往是分发宣传单。由于这些文字材料内容针对性不强，有些内容难以理解，所以群众并不重视。优质服务工作开展以后，各地针对育龄期不同阶段，开发了图文并茂的宣传教育材料，形成避孕节育知情选择、婚前教育、母乳喂养和育儿、预防生殖道感染等重点突出的宣传品。同时还注意利用各种宣传媒体和宣传渠道，如广播、电视和墙报等形式进行宣传教育。例如农安县开发了便携式宣传包，其中包括避孕药具实物、计划生育用户手册等，提供给各级计生干部、计生服务人员和中心户长，使他们便于与群众开展面对面的宣教工作（见图1）。

3. 服务质量的改善，尤其是咨询服务和随访服务的加强

随着优质服务的开展，各试点都加强了县、乡、村三级服务阵地的建设（见图2），为服务对象营造了友好的服务环境，包括在候诊区摆放宣传品和录像设施、在入口处设置触摸屏式的信息咨询系统等。

图 1 　农安县的计划生育宣传员带着图文并茂、配有实物的
宣传包到育龄妇女家中访问

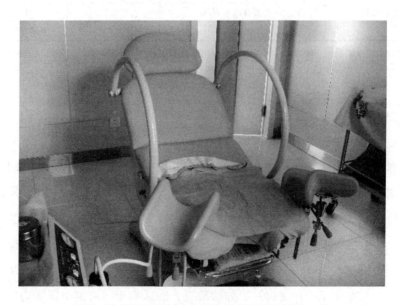

图 2 　盐都县乡计划生育服务站的手术室装备一新

各地在试点工作中加强了技术规范，规范了知情选择服务的程序与步骤，技术服务质量进一步改善，尤其是过去没有受到足够重视的咨询服务和随访服务得到了加强（见表1）。服务站能够提供更多种类的、质量较好的避孕药具，使育龄群众有了更多选择。

表1 1995年前后试点区县育龄妇女接受咨询服务和随访服务的调查结果

单位：%

手术前后接受的服务	计划生育手术	接受服务比例	
		1995年以前	1995年以后
介绍避孕方法的优缺点	女性绝育	61.1	93.7
	放置宫内节育器	66.6	89.9
介绍手术大致过程	女性绝育	50.5	81.0
	放置宫内节育器	56.9	85.2
	人工流产	50.5	70.5
介绍术后异常处理	女性绝育	79.8	93.7
	放置宫内节育器	81.0	94.9
	人工流产	67.9	86.0
约定随访日期	女性绝育	65.0	77.8
	放置宫内节育器	71.2	91.8
	人工流产	50.5	79.8

资料来源：张二力、顾宝昌、解振明主编《国家计划生育委员会第一批优质服务试点区县（一九九五——九九八）评估报告集》，中国人口出版社，1999。

4.生殖健康服务领域的拓展

随着优质服务试点工作的深入开展，试点区县都在不同程度上拓宽了服务内容，除了避孕节育服务、"五期"（青春期、新婚期、孕产期、育儿期、更年期）教育外，还逐渐拓展了生殖保健相关内容，如生殖道感染的预防与诊治。不少区县针对不同年龄和性别的人群开展覆盖不同生命周期的生殖健康服务，如青少年性教育和避孕服务、更年期妇女保健服务等。各地将妇科检查作为基本生殖健康服务加以普及，1998年的跟踪调查发现，约90%的被调查妇女都至少接受过一次妇科检查，远远高于当时的全国平均妇科检查比例（61%～65%）。

5. 行政管理措施的改进

对于每个试点区县来说，管理思路的转变是开展优质服务的关键。优质服务试点开展过程中，通过组织各种会议、培训班和反复讨论，各级干部在计划生育管理思想上发生了重大转变，从而改变了一些管理手段。例如试点区县将"准生证"改为"生殖健康服务手册"，包含了夫妻双方的基本情况、孕产动态、子女状况、避孕动态、服务记录等，既保留了计划生育的管理内容，又增加了服务功能。这一改变之后在全国得到了推广。

试点区县先后建立或完善了人口管理信息系统，该系统兼顾了管理和服务的功能。在管理方面，保持了常规的计划生育统计信息；另外，这些信息也可以作为服务需求分析和随访的依据。

为了能够使考核内容和考核方式适应优质服务要求，各地都在评估考核改革方面进行了探索与创新，例如调整考核指标、改进考核方式等，特别是在考核中增加了服务对象满意度的指标。尽管试点时间仅有 3 年，新的考核指标和考核内容还有待完善，但这些探索与创新为以后的管理系统改革打下了良好的基础。

（二）主要效果及影响

优质服务试点产生的影响可以从来自服务对象的评价和对服务系统的影响两个方面来分析。其中有些是优质服务产生的直接效果，有些则是它带来的长期影响。

1. 来自服务对象的评价

当地群众对优质服务试点工作给予了积极评价和称赞。群众不仅感受到技术服务质量的提高，而且对优质服务开展以后服务人员在与服务对象人际交流方面的改善感受得尤其明显。在计划生育服务站，受过培训的服务人员能够耐心倾听服务对象的诉说，并根据育龄群众的需求提供更好的、更适宜的避孕方法，群众感到在接受生殖健康/计划生育服务时受到了尊重和关爱。管理人员重视服务对象对优质服务的满意程度。这些做法都明确向服务对象表示，他们并没有被作为管理对象对待，他们是计划生育的主人，他们应当受到尊重和关爱。

优质服务试点中开展的咨询服务、知情选择、计划生育知识宣传教育以及随访等工作，使服务对象，尤其是年轻妇女对她们所使用的避孕药具有了更多的了解。因而，妇女作为优质服务的直接受益者，更加积极地参与知情选择，对于避孕药具的使用乐于接受并主动配合，减少了避孕失败和人工流产。据试点地区农安县计生局统计，1998 年的前 9 个月发生的意外妊娠与 1995 年同期相比减少了近 57%。

2. 对服务系统的影响

为了满足优质服务的需要，试点区县的服务设施都得到了改善，相关服务人员的服务能力得到了提高。基层服务人员的年龄结构和技术服务知识水平发生了显著变化。通过加强培训和吸引人才，计划生育服务站技术人员的个人技能显著提升。在项目试点期间，德清县的县级技术服务人员从 7 人增加到 12 人，盐都县招收了 60 名大专毕业生充实计划生育服务队伍。同时，服务人员的在职培训不断得到加强，培训重点包括服务规范化、新技术引进、增进服务技能和人际交流能力等。

所有试点区县都在县、乡、村进行了服务阵地和服务环境的改善，保证所有服务场所都遵守规范、达到标准。在技术服务方面，制定和落实了严格的技术规范，特别强调了计划生育手术全程的咨询和术后随访。开展优质服务带来的服务系统中的改革与创新为此后计划生育服务机构的生存与发展奠定了基础，产生了深远影响。

五　试点项目的评估

在优质服务项目的实施过程中，国家和各级计生委组织了不同类型的评估和考核，评估的结果表明：试点项目成功地实现了项目所设定的目标，即成功地实现了计划生育工作思路和工作方法的"两个转变"。试点项目带来的变化是显著的，尤其是在技术服务和科学管理方面的变化是喜人的。评估小组认为优质服务项目的经验是可持续的，也是可拓展的。

（一）评估方法

1995 年优质服务项目试点工作启动后，6 个试点区县立即组织了基线调查，采用 KAP（Knowledge，Attitudes and Practices，知识、态度和实践）调查方法，抽取部分服务对象、项目管理者和技术服务人员作为样本。基线调查的主要目的是了解基层群众的需求，同时也是后期评估的依据。3 年后，在 6 个试点区县先后又组织了跟踪调查和快速评估调查。

1998 年年中在 6 个区县开展的跟踪调查采用了两种问卷，一种是对服务对象的调查，另一种是对服务人员和管理人员的调查，获得了大量的定量数据，部分调查对象参加过 1995 年基线调查，因此，这两次调查的结果提供了可以对比分析的数据。

1998 年 8~11 月，国家计生委在 6 个试点区县组织快速评估，邀请了20 多名来自社会学、管理学、人口学、妇女研究、公共卫生等不同领域的中外专家，以及部分省份的管理人员，分为 2 个评估小组，在国际专家和顾问的帮助下，对 6 个区县进行了评估。快速评估调查采用的方法包括焦点组访谈（focus-group discussion）、深入访谈（in-depth interviews）、入户访问和其他定性调查方法。这次调查获得了大量定性数据和信息，是对定量跟踪调查的一次很好的补充。关于优质服务试点区县评估调查的总报告和 6 个分报告由计划生育优质服务项目办公室负责编写，并于 1999 年正式出版。①

（二）主要发现

1998 年的跟踪调查和快速评估调查发现，大多数服务对象对计划生育工作表示满意。在跟踪调查问卷中，85.8% 的调查对象表示了对避孕节育服务的满意。不过，各试点区县的调查结果存在明显差异，满意率最低的只有75.6%，最高的达 95.6%。有 76.9% 的受访者回答，他们总是参加或经常

① 张二力、顾宝昌、解振明主编《国家计划生育委员会第一批优质服务试点区县（一九九五—一九九八）评估报告集》，中国人口出版社，1999。

参加社区开展的计划生育活动。

当地群众还提到试点项目给他们带来了一些意想不到的效果和影响，具体如下。

1. 提高了群众生殖权利的意识

优质服务项目所传递的重要信息是尊重人们的生殖权利。例如，改革后的宣传教育不仅关注生殖健康知识的传播，而且强调生殖权利和利益。计划生育管理者和服务对象都明白计划生育必须依法行政，人们有权享受计划生育法律和规定所赋予的权利和利益。一些试点区县还建立了制度，规定服务对象如果没有及时、有效地获得政府承诺的服务，他们有权获得补偿。

接受过服务的妇女感到在开展避孕方法知情选择后，她们的生殖权利得到了更好的尊重。在对比分析 1998 年跟踪调查和 1995 年基线调查后发现，妇女们报告她们采用的避孕方法是由计划生育工作人员或其他人推荐的比例显著下降，在 1998 年跟踪调查中约 50% 的受访妇女表示她们使用的避孕方法是由自己决定的或与丈夫一起决定的。这种自愿选择避孕方法的做法对更多的群众产生了深远影响。2006 年的一项全国人口和计划生育抽样调查发现，在 24176 名育龄妇女中，避孕方法是由她们自己决定的或夫妇共同决定的比例为 76%，在较低年龄组（20～29 岁）的妇女中，自己决定或夫妇共同决定避孕方法的比例更高，达到 83%。

2. 改善了服务对象和服务人员的关系

服务人员感到试点项目给他们的工作带来了变化，由于开展了术前和术后咨询服务和入户访视，虽然增加了工作量，但是工作却比以前更容易做了。能满足服务对象的需求使他们感到欣慰，有的服务对象还成为他们的朋友。在计划生育服务站，服务人员努力改进同服务对象的关系，例如在服务场所张贴彩色标语或招贴画，设立保护隐私的咨询室，使用礼貌温馨的语言提供耐心的解释，这些改进帮助建立起服务对象和服务人员之间相互信任的关系。温馨舒适和用户友好的环境吸引更多的服务对象到服务站来。无论城乡，计划生育工作者和医生都成为群众最欢迎的人，群众向他们咨询健康问题、日常生活问题，甚至诉说自己的家务事。

一位县服务站医生说，过去她到村里访问，村民们都离她远远的（因为她的工作主要是发放避孕药具），现在服务内容扩大了，包括妇科病的检查和咨询，村民们都期盼着她的访问，想知道她进村服务的时间表，因为她提供的服务都是群众需要的。村民们亲切地称她"大姐"或"大婶"。人际关系的改善激励了服务人员和计划生育工作者更努力地同群众建立更加信任的关系，有效地开展计划生育工作。

3. 改变了计划生育的形象

优质服务项目的实施逐渐改变了计划生育在人们心中的形象，从单纯完成人口指标抓计划生育转向以人为本开展综合服务。在以人口指标为导向的管理中，计划生育仅仅是完成指标的工具或手段，缺少对人的关怀和理解。优质服务项目对计划生育进行了重新定位，把人民福祉和生殖健康作为计划生育的目标，这就极大地改变了计划生育在服务对象心中的形象，也改变了计划生育在社会公众中的形象。

4. 稳定了低生育水平

开展优质服务项目试点工作后，夫妇在计划生育和生殖健康方面的需求得到了更好的满足，他们能更有效地避免意外妊娠和意外生育，使低生育水平更加稳定。试点区县的育龄妇女总和生育率都低于更替水平（2.1），试点区县的统计报表显示，引入优质服务后，1997 年各区县的粗出生率都低于 1994 年项目开始之前的水平。试点地区保持了低生育水平这一事实，改变了人们曾经对引入优质服务的担心，并为后来推广优质服务经验提供了重要的依据。

六　经验与教训

优质服务项目的试点成功不仅为中国计划生育工作的改革起到示范作用，也提供了一些经验和教训。

（一）政府的承诺与责任

中国各级政府的承诺，包括国家、省、市、县履行各自的责任是优质服务项目试点成功的关键。

国家计划生育委员会负责国家级人口和计划生育方案，负责启动优质服务项目试点并在全国推广，它的主要作用是：制定国家试点战略，组织实施，并制订拓展计划；为优质服务试点和创新提供支持性的政策环境；动员国际和国内各种资源，包括经费投入和技术支持。

试点项目所在的省份和地市发挥着重要的联系和桥梁作用，它一头连接国家计生委，另一头连接试点区县。作为基本的行政单位，区县政府和区县计生委（或计生局）有权决定是否参与试点项目，他们需要动员自己的资源去实施改革与创新。

（二）优质服务工作机制的建立

优质服务工作机制的框架包括参加优质服务活动的四个人群：领导决策者、技术服务人员、管理人员和服务对象。四者之间形成了以下逻辑关系：领导决策者的投入确保了服务系统和管理系统的正常运行，技术服务人员和管理人员的主要活动则确保了优质服务活动的开展，以实现服务对象参与计划生育和生殖健康，维护服务对象的权利，提高服务对象的生殖健康水平。四者之间的关系如图3所示。

优质服务三元结构框架中的三个人群是服务对象（目标人群）、服务系统和管理系统，三者之间形成了以服务对象为中心的互动。根据试点项目的经验，三者之间的互动缺少任何一方都不行。没有服务系统的改进和完善，服务对象不可能获得更好的计划生育生殖健康服务；没有管理系统的改革与创新，不取消对服务人员结扎率的考核指标，服务对象也不可能自主地选择适合自己的避孕方法；没有服务对象（目标人群）的参与也就失去了服务系统和管理系统改革的动力和基础。

（三）试点项目获得的外部支持

优质服务项目的成功没有依靠大量的外部经济援助，尽管在过去10年中国社会经济得到快速发展，为试点地区创造了较好的条件，但是从项目一开

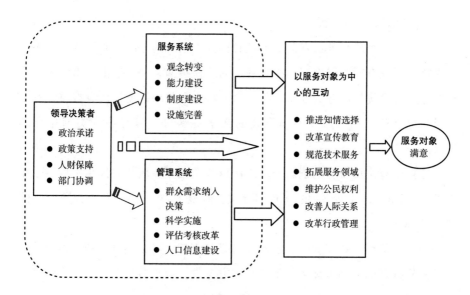

图 3　中国计划生育优质服务工作机制

始，试点地区就被告知，除了技术援助外，试点不会得到中央政府和国际机构的经费支持，它们必须从地方政府筹措资金去支持自己的改革。这对于项目的可持续发展是至关重要的，因为优质服务是计划生育的经常性工作，它不能依赖外部资金，必须建立在地方资源的基础上，这就确保了该项目能够拓展到中国中西部社会经济相对落后的地区。但是，为了保证试点项目沿着正确的方向，来自国内外的培训和交流等技术援助和支持是必不可少的。

七　可复制性和可拓展性

由于小范围的计划生育优质服务试点取得了很大的成功，国家计生委很快制定了拓展策略，将优质服务推广到全国。

（一）复制的前提条件

在推广之前，经验拓展需要的一些基本因素应该到位，如创新经验、有利环境以及专家团队的支持。

1. 可接受的创新经验

计划生育优质服务试点的成功经验得到了系统的总结，并形成了许多文字资料。不仅有国家层面用于指导基层的工作指南，各地还汇编出版了各自开展计划生育优质服务的经验材料。这些材料有倡导手册，还有教材；有中文的，也有英文的。这些不同形式的文字资料可以满足不同类型拓展的需求。

计划生育优质服务的创新经验之所以能够拓展，因为它满足了世界卫生组织与 ExpandNet 制定的《创新经验拓展框架》中的"七项原则"（CORRECT）。

一是可信性（Credible），创新经验是基于确凿有力的证据或是由权威人士或机构推荐的。国家计生委下发了官方文件，要求各地学习和推广优质服务的试点经验。

二是可见性（Observable），确保未来或潜在的拓展对象能看到干预活动的结果。优质服务试点区县建立了不同类型的示范和典型，供各地学习和观摩。

三是有针对性（Relevant），该经验针对需要解决的问题，与现实问题高度相关。优质服务试点提供了计划生育工作思路和工作方法转变的有效途径，因此，它与计划生育中心工作高度相关。

四是先进性（Relative Advantage），该经验优于现有的工作实践。优质服务试点被誉为引领中国计划生育改革的火车头，因此，各地领导都深信，开展优质服务虽然要有一定投入，但必定会有收益。

五是可行性（Easy），创新经验应该容易理解和实施。优质服务项目执行"先易后难"的原则，使得它的经验容易学习和推广。

六是与拓展地区的相容性（Compatible），与拓展地区在价值观、准则与设施条件上较为一致。由于中国的地区差异大，采取"分类指导"的原则，允许各省份制定自己的标准，创建"省级计划生育优质服务先进县（市、区）"，获得"省级计划生育优质服务先进县（市、区）"3年后再申报"国家级计划生育优质服务先进县（市、区）"。

七是可验证性（Testable），创新经验在拓展前必须得到验证，证明它是成功的，否则拓展地区是不会完全采纳创新经验的。因此，国家计生委从一开始就注意对试点工作的监督和测量，跟踪它的进展，评估它的效果。

2. 有利的拓展环境

中国各级政府都将人口和计划生育工作纳入当地的社会经济发展规划中。这就意味着，政府主要领导对人口和计划生育工作负总责。2000 年以来，中国颁布了一系列的相关法律和政策，如 2001 年出台的《人口与计划生育法》《计划生育技术服务管理条例》等，其中都明确提到了要保障群众的知情选择与生殖健康的权利。2002 年，国家计生委将优质服务作为计划生育改革创新的重大举措，要求各级政府实施计划生育优质服务。又下发了官方文件正式推广计划生育优质服务，这些都为优质服务经验的拓展创造了良好的政策环境。

3. 专家团队的支持

计划生育优质服务有一支专家队伍，兼有国内与国际的专家，有学者也有实际工作者。这些专家参与计划生育优质服务项目的设计、监督与评估的全过程，并且与中央及地方的政府官员有良好的合作关系，可以协助进行经验拓展的高层倡导与总体方案设计。

（二）复制与推广

中国优质服务经验的拓展可以分为两个阶段：自发拓展阶段（1998 ~ 2000 年），纵向与横向拓展阶段（2001 ~ 2010 年）。

在第一个阶段，由于项目评估结果显示试点工作取得了积极进展，一些省、市、县计生委领导纷纷自发到试点地区去学习和参观，并在国家计生委的鼓励下也开始了自己的试点。同时，一些国际合作项目，如 1998 年启动的中国/联合国人口基金第四周期生殖健康/计划生育项目、日本协力集团资助的计划生育结合项目，也开始学习和借鉴计划生育优质服务的经验。随着试点经验的自发拓展，开展计划生育优质服务的试点区县的数量从 1998 年的 200 个，上升到 1999 年的 300 个，到 2000 年则超过了 800 个。

在第二个阶段，国家人口计生委发布了文件在全国推广计划生育优质服务。为了系统地推广经验，采取了自上而下的策略，在 2002 年启动了"计划生育优质服务先进县（市、区）创建活动"。这一活动与 20 世纪 90 年代中期开展的优质服务试点的目标是一致的，它希望在各省份树立典型和示范，并逐步在各省份推广。国家人口计生委为评选全国计划生育优质服务先进县（市、区）制定了统一的标准与指标体系，并要求省级人口计生委先评选省级计划生育优质服务先进县（市、区），然后再推荐给国家。自 2003 年起，国家人口计生委每年组织若干个评估小组，由专家与政府官员组成，赴各省份验收由本省份推荐的计划生育优质服务先进县（市、区）。至 2009 年，约 2021 个区县已经被评为省级计划生育优质服务先进单位，约占全国区县总数的 70%，其中有 918 个区县获得"全国计划生育优质服务先进单位"的称号。目前，这一创建活动在优质服务尚未全面覆盖的省份仍在继续。

（三）拓展中的经验与教训

计划生育优质服务拓展的经验与教训可资借鉴，尤其是那些在计划生育与生殖健康服务方面还存在较大差距的国家和地区。在中国，优质服务试点经验在拓展过程中也存在一些争论。

1. 自上而下策略的优点与不足

利用"计划生育优质服务先进县（市、区）创建活动"的国家行动去自上而下地推广优质服务试点经验，这样做的好处是力度大、速度快。但是，由于国家表彰级别高、荣誉大，获得这项荣誉还能给获奖的地方官员带来很好的政绩和利益，有的地方官员往往不遗余力地争取这一荣誉。于是，在一些地区，这一策略也出现负面影响，如为了争取这一荣誉，有的弄虚作假，只注重争名誉、喊口号，而不愿下功夫、干实事。

2. 中央集权与地方分权

中国是一个幅员辽阔的国家，各地情况各不相同，因此在经验拓展中要特别注意发挥地方尤其是省级的作用。也正因为如此，国家人口计生委要求省级人口计生委先确定省级计划生育优质服务先进县（市、区），然后再申报国家级计划生育优质服务先进县（市、区）。另外，近些年来，地方政府在当地的社会经济发展包括人口计生工作中有了更大的自主权。因此，某些省份并没有严格按照国家的要求来评选省级计划生育优质服务先进县（市、区），这使得全国范围内先进县（市、区）的标准很不一致，有的地方政府甚至对创建活动不积极、不主动，影响了创新经验的拓展。

3. 统一与灵活的标准

为了确保优质服务经验尽量以同一个标准在全国拓展，对于优质服务先进县（市、区）制定了统一的评估指标体系，包含有33个评估指标，并且还制定了评估方法，要求各省份采纳使用。由于近些年快速的社会经济发展，优质服务的概念在不断深化，服务领域和内容也在不断拓展。例如，为了纳入社会性别视角并且积极应对老龄化，计划生育与生殖健康服务的对象不仅包括育龄妇女，也包括她们的家庭成员如丈夫、婴幼儿、老年人，还包括青少年与流动人口。提升优质服务水平是没有止境的，优质服务的标准必须随着社会经济发展和群众需求的变化而变化。同时，虽然考虑到地方差异，给予地方灵活性，但还必须鼓励各地按照国家制定的标准来开展计划生育优质服务。

4. 所有权与资源共享

计划生育优质服务是国家计生委发起的项目，这是中国本土的项目。但是，这并不意味着这个项目是一个孤立的、封闭的项目。在过去的几十年里，中国已经开展了众多的国际合作项目与国内创新项目。虽然这些项目有它们各自的执行机构，但在国家层面，这些项目都相互借鉴，并且建立了相互之间协调、资源与经验共享的机制。优质服务与其他项目相结合，一方面推动了其他项目理念的深化，另一方面极大地丰富了优质服务的内涵。

八　未来的机遇与挑战

中国政府强调计划生育是一项民生工程。2010年国务院《政府工作报告》中指出要"着力保障和改善民生，促进社会和谐进步"，其中包括"做好人口和计划生育工作。继续稳定低生育水平。做好流动人口计划生育服务工作。落实好农村妇女妇科疾病定期检查和住院分娩补助政策。加强出生缺陷干预，开展免费孕前优生健康检查试点，做好孕产妇和婴幼儿保健工作。继续实施农村部分计划生育家庭奖励扶助制度和西部地区少生快富工程。切实保护好妇女和未成年人权益。加强应对人口老龄化战略研究，加快建立健全养老社会服务体系，让老年人安享晚年生活"。而计划生育优质服务正是实施计划生育民生工程的重要体现。

目前，尽管计划生育优质服务在中国很多地方都取得了显著的成绩，各级党政领导和服务提供者越来越重视服务对象的需求，计划生育工作和群众之间的关系得到了极大改善，但在全国计划生育优质服务先进单位的创新活动中，仍然面临着如下挑战。

仍有近30%的区县没有达到优质服务的标准，而这些区县大多处于中西部、经济相对比较落后的地区。然而，越是贫困地区，群众对计划生育和生殖健康优质服务的需求就越迫切，更需要各级政府提供更多的支持性政策和增加投入。

在优质服务的拓展中，一部分区县虽然已经取得先进单位的称号，但实际上，它们与优质服务的要求还存在差距，主要表现在两个方面：一是面对不断增长的群众需求，管理和服务的能力明显不足；二是无论是社会政策还是工作方式，都存在社会性别敏感性不足和男性参与程度较低的问题。

体制机制建设相对滞后已经成为制约优质服务深入发展的瓶颈问题。优质服务先进理念和方法要求相应的体制机制与时俱进，做出相应的调整和改善。

通过计划生育优质服务多年的实践，国家人口计生委已经充分认识到：优质服务的深化必须同计划生育综合改革、社会经济发展、反贫困战略和千年发展目标相结合。为此，2008年，国家人口计生委根据各地实际，坚持分类指导，明确提出优质服务"提质提速"① 的思路、目标和任务；2009

---

① 提质就是要把提高出生人口素质、治理出生人口性别比的失衡问题、流动人口的管理与服务、积极应对人口老龄化问题等纳入人口和计划生育综合治理之中；提速就是加快实现优质服务先进单位的全覆盖。

年，国家人口计生委对于计划生育优质服务先进单位创建活动在提质提速方面做出了新部署，提出中西部地区要加快改革创新步伐，争取于 2010 年有80％的区县达到优质服务先进单位的标准，而东部地区则要求优质服务全覆盖。同时强调提质提速重在提质，要创建计划生育服务优质资源，加强人口和计划生育社会管理的创新，推进人口和计划生育公共服务均等化和城乡一体化建设。力争到 2015 年，在全国建立起基本满足事业发展需要的人口和计划生育公共服务体系。具体的实施计划如下。

进一步强化优质服务建设，大力加强职业化建设，拓展面向家庭的计划生育和生殖健康服务。

实施优生促进工程，全面开展出生缺陷一级预防，开展免费孕前检查试点工作。

提高技术服务信息化水平，建立全员人口信息系统，提高群众通过信息技术获取优质服务信息的可及性。

加快计划生育目标管理责任制改革，建立新时期人口和计划生育评估体系，大力推进全国计划生育优质服务先进单位创建活动。

进一步推动综合改革，创新人口和计划生育工作体制机制，促进优质服务向更高层次发展。

通过以上措施，我们期望计划生育优质服务充分体现以人为本的理念，实现最终的目标，即重视群众的要求，尊重他们获得必要信息、享有优质服务的权利，使人民生活得更加幸福、更加有尊严。

九　致谢

笔者衷心感谢参与中国计划生育优质服务项目以及为优质服务拓展做出贡献的所有人员和机构，包括国际机构和国际专家顾问，尤其是中方专家学者和实际工作者，他们为中国计划生育优质服务 15 年来取得的成功付出了巨大努力，应该在中国人口和计划生育历史上留下光辉的一页。

附　录

中国计划生育优质服务项目的重要文献

汤梦君　蔚志新*

一　中国计划生育优质服务项目的重要文献及说明

中国计划生育优质服务是一项人口和计划生育领域的重要改革与创新，它是探索和实现中国计划生育工作思路和工作方法"两个转变"的有效途径。从 1995 年 5 月国家计生委启动计划生育优质服务项目起，经过多年努力，于 2000 年 7 月国家计生委印发《国家计划生育委员会关于全面推进计划生育优质服务工作的意见》，并于 2002 年在全国启动"计划生育优质服

* 汤梦君，女，1974 年生，中国人民大学人口学学士（1996 年），英国约克大学硕士（2006 年），中国人民大学人口学博士（2013 年）。自 1996 年起在中国人口信息研究中心（2003 年更名为中国人口与发展研究中心）任职，现为中国人口与发展研究中心国际合作部负责人、研究员。长期从事计划生育与生殖健康的运作式研究，深度参与计划生育优质服务项目管理和国际合作。

蔚志新，1974 年生，山西医科大学预防医学专业本科毕业（2000 年），昆明医学院（2012 年更名为昆明医科大学）社会医学与卫生事业管理专业硕士毕业（2003 年），吉林大学人口学博士（2013 年）。自 2003 年起在中国人口与发展研究中心工作，现为中国人口与发展研究中心国际合作部项目管理室主任、研究员。主要以中西部地区计划生育优质服务示范工程项目和中国/联合国人口基金生殖健康/计划生育项目为平台，长期致力于生殖健康、计划生育领域的国际合作项目运作式干预研究。

务先进县（市、区）创建活动"，标志着优质服务从试点阶段进入全面拓展阶段。

2003年12月，国家人口计生委表彰了首批99个国家级计划生育优质服务先进县（市、区）。2004~2013年，国家人口计生委每年下发《国家人口计生委关于评估验收计划生育优质服务先进县（市、区）创建活动的通知》和《国家人口计生委关于表彰全国计划生育优质服务先进县（市、区）的决定》。截至2013年年底，全国共评估验收并表彰了1818个国家级优质服务先进单位，占全国2853个县级单位的63%左右。至此，基本上实现了中国计划生育工作的"两个转变"。

2016年5月，国家卫生计生委决定开展新一轮全国计划生育优质服务先进单位创建活动，这是在新形势下计划生育优质服务的深化与发展，也说明了优质服务作为一项改革与创新只有起点没有终点。作为优质服务不同阶段的参与者和见证者，重点回顾了1995~2013年发生的中国计划生育改革的故事，《亲历者记述：计划生育优质服务》一书重点记录了这一时期个人参与优质服务活动的故事和体会，因此，中国计划生育优质服务文献的收集与整理也限于此期间。

二 中国计划生育优质服务项目相关文件

1995年5月5日，国家计生委办公厅发出《关于在江苏省盐城郊区等五县（市、区）开展"计划生育优质服务试点县"工作的通知》（附件：1995年4月25日，国家计生委优质服务领导小组草拟的《国家计生委开展"计划生育优质服务试点县"试点工作的方案框架》）。

1995年9月，国家计生委在6个计划生育优质服务试点区县开展 KAP 调查，解振明、郭志刚、涂平等专家学者撰写了《计划生育优质服务 KAP 调查的分析报告》。

1998年11月，顾宝昌撰写了《开展计划生育优质服务是实现"两个转变"的重要途径》。

1999 年 1 月,解振明撰写了《国家计划生育委员会第一批优质服务试点区县(一九九五——一九九八)评估报告集》的摘要。

1999 年 6 月 10 日,张二力撰写了《国家计划生育委员会第一批优质服务试点区县(一九九五——一九九八)评估报告集》的总报告。

1999 年 12 月,周美林撰写了《中国计划生育优质服务国际研讨会综述》,收录于计划生育优质服务项目办公室编印的《中国计划生育优质服务国际研讨会大会文件汇编》,《中国计划生育优质服务国际研讨会大会文件汇编》还收录了《会议简讯》、《会议综述》和《张维庆与外国专家座谈会纪要》。

2000 年 2 月 15 日,计划生育优质服务项目办公室编印的《计划生育优质服务试点工作信息交流》第 5 期收录了时任湖南省副省长潘贵玉"在湖南省计划生育优质服务试点工作汇报会上的讲话"以及配发的"编者按"。

2000 年 2 月 29 日,计划生育优质服务项目办公室发布《2000 年优质服务工作研讨会会议纪要》。

2000 年 4 月 11 日,计划生育优质服务项目办公室发布《江苏盐城盐都县全国优质服务现场会会议纪要》。

2000 年 7 月,国家计生委印发《国家计划生育委员会关于全面推进计划生育优质服务工作的意见》。

2002 年 5 月,国家计生委印发《国家计生委关于开展计划生育优质服务先进县(市、区)创建活动的通知》。

2003 年 2 月,国家计生委印发《优质服务先进县(市、区)评估指标体系》。

2003 年 10 月,国家人口计生委印发《国家人口计生委关于评估验收计划生育优质服务先进县(市、区)创建活动的通知》。

2003 年 12 月,国家人口计生委印发《国家人口计生委关于表彰全国计划生育优质服务先进县(市、区)的决定》。

2013 年 11 月 29 日,国家卫生计生委办公厅发布《国家卫生计生委办公厅关于做好 2013 年计划生育优质服务先进单位评选工作的通知》。

2016 年 5 月 5 日，国家卫生计生委发布《国家卫生计生委关于开展新一轮全国计划生育优质服务先进单位创建活动的通知》。

三　中国计划生育优质服务项目相关论文和著作

Bruce, Judith, "Fundamental Elements of the Quality of Care: A Simple Framework," *Studies on Family Planning* 21（1990）.

Gu, Baochang, Ruth Simmons, and Diana Szatkowski, "Offering a Choice of Contraceptive Methods in Deqing County, China: Changing Practice in the Family Planning Program since 1995," in Population Council, eds., *Responding to Cairo: Case Studies of Changing Practice in Reproductive Health and Family Planning*（Population Council, New York, 2002）.

Kaufman, Joan, Erli Zhang, and Zhenming Xie, "Quality of Care in China: Scaling Up a Pilot Project into a National Reform Program," *Studies in Family Planning* 37（2006）.

Population Council, *Report on the International Symposium on Quality of Care in China*, November17 – 19, 1999, Beijing, China.

Xie, Zhenming, and Mengjun Tang, "From Population Control to Reproductive Health: Evolution of China's Family Planning Program," in Zhang Kaining, eds., *Sexual and Reproductive Health in China: Reorienting Concepts and Methodology*（Leiden/Boston: Brill, 2011）.

Xie, Zhenming, Zhenzhen Zheng, Baochang Gu, Mengjun Tang, and Ying Liang, "Focusing on Quality of Care in the Family Planning Program," in Partners in Population and Development, eds., *Experiences in Addressing Population and Reproductive Health Challenges*（Global South-South Development Academy, 2011）.

陈德广主编《路在探索中延伸——农安县计划生育优质服务回顾（1995～2005）》，吉林文史出版社，2006。

陈丽琴主编《在机遇和挑战中前进——上海市卢湾区计划生育优质服务回顾（1995～2006）》，上海锦绣文章出版社，2008。

冯冬绪主编《生殖健康需求与服务——徽县实施中西部地区计划生育优质服务示范工程项目历程》，三秦出版社，2004。

冯兴平主编《一切从群众需求出发——即墨市计划生育优质服务回顾（1995～2005）》，海天出版社，2006。

顾宝昌主编《生殖健康与计划生育国际观点与动向》，中国人口出版社，1996。

黄丽丽、黄鑫楣、许凌编著《避孕方法知情选择咨询案例》，中国人口出版社，2003。

黄鑫楣、杨立舫、解振明、武俊青编著《避孕方法知情选择工作指南》，中国人口出版社，2003。

刘高英、潘洁元主编《优质服务 一心为民——盐城市盐都区计划生育优质服务回顾（1995～2005）》，中国人口出版社，2007。

牟定县计划生育优质服务示范工程项目协调领导小组编《勤俭务实谱新篇——牟定县实施中国中西部地区计划生育优质服务示范工程项目历程》，云南民族出版社，2004。

彭秀颖、李晶主编《优质服务 国策惠民——北京市宣武区计划生育优质服务回顾（1997～2006）》，长城出版社，2008。

王铁明、解振明、冯庆才、张二力编著《管理与评估工作指南》，中国人口出版社，2006。

武俊青、史远明、吴尚纯主编《性与生殖健康综合咨询技巧教员手册》，中国人口出版社，2006。

武俊青、史远明、吴尚纯主编《性与生殖健康综合咨询技巧学员手册》，中国人口出版社，2006。

西安交通大学人口与发展研究所、浙江省德清县人口和计划生育局编著《社会性别和计划生育/优质服务融合的过程——基于德清县的案例分析》，中国人口出版社，2008。

解振明：《中国计划生育优质服务：渐进的全面改革》，载顾宝昌、解振明、郑真真、张开宁等主编《国际人口与发展大会：中国的十年》，2004。

解振明、汤梦君：《计划生育优质服务》，载谭琳主编《2006~2007 年：中国性别平等与妇女发展报告》，社会科学文献出版社，2008。

解振明、王铁明、冯庆才编著《中国计划生育优质服务工作指南》，中国人口出版社，2007。

杨立舫、解振明、杨明明、潘丽编著《生殖道感染防治工作指南》，中国人口出版社，2004。

杨亚平主编《结合、互动、发展——当阳市计划生育优质服务和综合改革历程》，湖北人民出版社，2005。

张二力、顾宝昌、解振明主编《国家计划生育委员会第一批优质服务试点区县（一九九五——一九九八）评估报告集》，中国人口出版社，1999。

张开宁、唐月华、郑晓瑛、刘湘源主编《人口文化建设与计划生育优质服务模式研究》，中国人口出版社，2006。

张开宁、熊源发、刘湘源、唐月华编著《中西部计划生育优质服务探索与实践》，中国人口出版社，2007。

张之明主编《生殖健康个性化服务——祥云县实施中国中西部地区计划生育优质服务示范工程项目历程》，云南科技出版社，2003。

张之明主编《延伸之路——生殖健康个性化服务在祥云》，云南民族出版社，2005。

赵白鸽主编《管理与评估工作手册》，中国人口出版社，2008。

赵白鸽主编《〈管理与评估工作手册〉操作框架》，中国人口出版社，2008。

浙江省德清县人口和计划生育局编《在创新的激情中前行——德清县计划生育优质服务回顾（1995~2005）》，中国人口出版社，2007。

周长洪、薛丽娟主编《优质服务 造福百姓——南京市玄武区计划生育优质服务回顾（1996~2005）》，中国人口出版社，2007。

四 计划生育优质服务项目办公室编印的内部资料

2007 年 9 月，计划生育优质服务项目办公室编印了《中国计划生育优质服务倡导手册》（中英文对照的内部资料），简明扼要地介绍了优质服务开展的主要工作领域以及试点区县的典型经验，可用于对国内外计划生育领导者、管理者与专家进行优质服务理念的宣传与倡导。

1999～2005 年，计划生育优质服务项目办公室编印了《计划生育优质服务试点工作信息交流》（内部资料），交流国际国内计划生育优质服务试点工作的经验和体会，传递各地开展优质服务试点工作的情况和信息，报告优质服务项目试点的动态，共编辑发行 35 期。

1998 年 11 月，计划生育优质服务项目办公室编印了《全国计划生育优质服务试点县资料汇编（一）》（内部资料），收录了 1995 年启动计划生育优质服务试点工作的政策文件、领导讲话，以及试点区县在 1998 年关于试点工作的情况汇报。

2000 年 6 月，计划生育优质服务项目办公室编印了《全国计划生育优质服务试点县资料汇编（二）》（内部资料），收录了 1995～2000 年全国计划生育优质服务的重要文献与资料，其中收录了 1999～2000 年国家计生委领导关于计划生育优质服务工作的讲话、研讨会会议综述以及国家计生委第一批优质服务试点区县评估总报告等。

2
中国计划生育优质服务活动大事记

汤梦君　蔚志新　王　晖　刘冬梅[*]

1995 年 2 月　国家计生委组织优质服务试点区县的选点活动，吉林省农安县、辽宁省辽阳县、山东省即墨市、江苏省盐城市郊区（盐都县）、浙江省

---

[*]　汤梦君，女，1974 年生，中国人民大学人口学学士（1996 年），英国约克大学硕士（2006 年），中国人民大学人口学博士（2013 年）。自 1996 年起在中国人口信息研究中心（2003 年更名为中国人口与发展研究中心）任职，现为中国人口与发展研究中心国际合作部负责人、研究员。长期从事计划生育与生殖健康的运作式研究，深度参与计划生育优质服务项目管理和国际合作。

蔚志新，1974 年生，山西医科大学预防医学专业本科毕业（2000 年），昆明医学院（2012 年更名为昆明医科大学）社会医学与卫生事业管理专业硕士毕业（2003 年），吉林大学人口学博士（2013 年）。自 2003 年起在中国人口与发展研究中心工作，现为中国人口与发展研究中心国际合作部项目管理室主任、研究员。主要以中西部地区计划生育优质服务示范工程项目和中国/联合国人口基金生殖健康/计划生育项目为平台，长期致力于生殖健康、计划生育领域的国际合作项目运作式干预研究。

王晖，女，1971 年生，天津医科大学预防医学专业本科毕业（1994 年），中国协和医科大学（2007 年更名为北京协和医学院）社会医学与卫生事业管理专业硕士毕业（2001 年）。自 2007 年起在中国人口与发展研究中心工作，现为中国人口与发展研究中心人口研究部部长、研究员。长期从事生殖健康科研工作，致力于计划生育优质服务促进，2006 年获得"全国人口和计划生育科技工作先进个人"荣誉称号。

刘冬梅，女，1969 年生，山东医科大学公共卫生系（2000 年更名为山东大学公共卫生学院）本科毕业（1991 年），1997 年获山东大学公共卫生学院卫生统计学硕士学位并留校任教 14 年，山东大学卫生管理学博士（2006 年），曾作为访问学者公派赴美国学习交流一年（2008 年）。现为中国人口与发展研究中心人口研究部研究员。自 2013 年起参与国家卫生计生委开展的"计划生育优质服务先进单位评估指标体系完善研究"和"计划生育优质服务创新发展研究"。

德清县和上海市卢湾区等 6 个区县被确定为国家首批优质服务试点区县。

1995 年 6 月 1995 年 6 月 5 日，国家计生委在北京召开优质服务试点县项目启动大会，由时任国务委员、国家计生委主任彭珮云亲自动员，国家计生委相关司局干部和部分专家学者出席了会议，首批国家级优质服务试点县和所在省（市）计生委主要领导出席了会议。会后，各试点区县根据国家计生委办公厅 1995 年 5 月 5 日发出的《关于在江苏省盐城郊区等五县（市、区）开展"计划生育优质服务试点县"工作的通知》要求，组织了针对部分育龄妇女和计生干部的知识、态度、实践（KAP）调查。6 月 8 日，国家计生委在北京召开全国计划生育优质服务试点县方案研讨会，时任国务委员、国家计生委主任彭珮云同志出席大会并讲话，她指出了开展优质服务试点工作的重要意义、为什么要在有条件的地区下决心开展优质服务的试点、计划生育优质服务试点县的工作目的、我们下一步如何搞好试点、应当注意的问题和几点要求。国家计生委张维庆副主任主持会议，他要求首批试点区县尽快地研究、制订出符合本区县实际情况、切实可行的试点实施方案，经本省份计生委认可后，报"国家计生委计划生育优质服务试点县领导小组"备案。

1996 年 12 月 1996 年 12 月 26 日，国家计生委在北京召开全国计划生育优质服务试点县阶段工作汇报会，6 个试点区县的政府领导和所在省份计生委主任出席会议并分别做了汇报。时任国务委员、国家计生委主任彭珮云在听取了汇报后，高兴地指出，"我们终于找到了一条群众欢迎、干部又好做工作的路子，这就是计划生育优质服务"。

1997 年 3 月 国家计生委决定将优质服务试点扩大到 11 个区县，并同意有条件的省份可以开展不同层次的计划生育优质服务试点工作。北京市宣武区、天津市和平区、南京市玄武区、湖南省浏阳市和株洲市加入国家级优质服务试点行列。

1997 年 12 月 福特基金会决定支持并参与计划生育优质服务项目。在福特基金会的支持下成立"国际联络小组"，人口理事会、美国密歇根大学、国际人口方案管理委员会的专家学者作为国际顾问参加中国计划生育优质服务项目试点活动。

1998 年 4 月　中国与印度在人口和计划生育领域展开对话。以时任国家计生委宣传教育司司长江亦曼为团长的中国人口和计划生育代表团在福特基金会的资助下访问印度，就中印两国共同面临的人口和计划生育问题与印度同行进行了对话。中国代表介绍了计划生育优质服务试点工作的经验与体会，强调了"先立后破、先点后面"的原则。印度代表介绍了"取消指标"的做法和后果。

1998 年 9 月　中国/联合国人口基金第四周期项目启动，在中西部地区22 个省份的 32 个县开展生殖健康/计划生育项目。联合国人口基金第四周期援华项目借鉴计划生育优质服务项目试点工作的一些做法，要求在项目区县取消人口指标管理到人的准生证制度，实行避孕节育方法知情选择，切实保障和维护群众的生殖健康权利。中国政府与联合国人口基金经过多年谈判终于达成协议，该项目原计划 1995 年启动，推迟到 1998 年启动，为期五年，2003 年结束。

1998 年 8 ~ 11 月　在福特基金会资助下国家计生委组织了 22 位中外专家学者对首批 6 个计划生育优质服务试点区县进行了快速评估。评估前中外专家在青岛市召开了评估方案研讨会，统一思想、统一方法，并在山东省青岛市的即墨市进行了试评估，然后分为两组分别对辽宁省辽阳县、浙江省德清县和吉林省农安县、江苏省盐都县进行了现场评估，最后两组专家集中到上海市卢湾区进行了评估和总结。1999 年 11 月，由张二力、顾宝昌、解振明主编的《国家计划生育委员会第一批优质服务试点区县（一九九五——一九九八）评估报告集》由中国人口出版社正式发行，该报告集汇集了 1995年基线调查、1998 年后续调查和快速评估的分析报告。

1999 年 7 月　国家计生委组织优质服务试点区县的主任访问美国。在福特基金会的资助下，应人口理事会的邀请，11 位优质服务试点区县的主任和部分专家组成了访美代表团，先后访问了美国密歇根大学、人口理事会纽约总部、约翰斯·霍普金斯大学宣传教育中心、美国大众传媒中心等。有10 多位主任在不同场合介绍了中国计划生育优质服务试点工作的经验和体会，并把各试点区县制作的计划生育生殖健康宣传品赠送给约翰斯·霍普金斯大学宣传教育中心。

1999 年 9 月　1999 年 9 月 1~3 日，国家计生委科技司和国家计生委科研所在北京召开"生殖健康适宜技术与优质服务研讨会"，计划生育优质服务试点江苏省盐都县和北京市宣武区的代表应邀出席会议，刘高英和郭新华分别代表两个单位做了"运用信息引导优质服务"和"计生卫生联手开展优质服务"的报告。

1999 年 11 月　1999 年 11 月 17~19 日，国家计生委在北京新大都饭店召开"中国计划生育优质服务国际研讨会"，100 多名中外代表参加了研讨会，其中有 20 多名国际人口和计划生育生殖健康领域的知名专家和学者出席了研讨会。国家级优质服务试点区县和部分省份优质服务试点区县的代表在会上介绍了计划生育优质服务试点工作的经验和体会。会议围绕"优质服务的意义与实践、宣传教育与知情选择、技术服务与生殖健康保健、中国欠发达地区如何开展计划生育优质服务、中国城市地区如何开展计划生育优质服务、评估/信息与管理、挑战与展望"等七个专题进行了研讨。时任国家计生委主任张维庆出席大会并讲话，他指出："中国优质服务工作不仅将成为实现我国人口与计划生育战略目标的成功途径，而且将为国际社会解决人口与发展问题创造重要的经验。"

1999 年 11 月　国家计生委成立计划生育优质服务项目办公室，设在中国人口信息研究中心（2003 年更名为中国人口与发展研究中心）。

2000 年 6 月　国家计生委在黑龙江省齐齐哈尔市召开全国计划生育生殖健康现场交流及研讨会，会议提出要把优质服务试点工作的经验推广到全国。张维庆主任在会上发表讲话，总结了计划生育优质服务试点工作的实践和经验，指出："全国各地的工作实践表明，优质服务是人群、技术和管理系统三者的辩证统一和优化组合。"同年 7 月，国家计生委印发《国家计划生育委员会关于全面推进计划生育优质服务工作的意见》的通知（国计生委〔2000〕65 号），标志着计划生育优质服务从试点阶段进入拓展阶段。

2000 年 5~12 月　计划生育优质服务项目办公室设立 4 个子课题组，

分别就"中西部地区计划生育优质服务示范工程"、"计划生育优质服务管理与评估体系的探索"、"育龄夫妇避孕方法知情选择及其效果评价"和"生殖道感染预防与治疗"四个课题，起草了项目文本并通过专家评审。

2001 年 2 月 福特基金会资助的计划生育优质服务第二周期试点项目（2001～2003 年）正式启动。4 个子课题是：①张开宁、顾忠伟的"中西部地区计划生育优质服务示范工程"；②王铁明、原新的"计划生育优质服务管理与评估体系的探索"；③黄鑫楣、武俊青的"育龄夫妇避孕方法知情选择及其效果评价"；④杨立舫、孙晓明的"生殖道感染防治与治疗"。国家计生委同时启动了人口和计划生育综合改革项目。同年 7 月，福特基金会资助的计划生育优质服务第二周期项目又增加一项课题，即由刘伯红、解振明负责的"优质服务与社会性别"。

2001 年 2 月 由福特基金会资助，中国组团参加了在菲律宾马尼拉召开的亚太地区生殖健康大会。中国政府和非政府组织代表分别在会上介绍中国计划生育优质服务试点情况，中国人口学会副秘书长张二力做了题为"从强迫命令到优质服务"的发言，介绍自己参与计划生育优质服务试点工作的故事。

2002 年 7 月 国家计生委召开全国电视电话会议，全面启动全国计划生育优质服务先进县（市、区）创建活动。时任国家计生委主任张维庆提出："把优质服务先进县的创建活动作为落实党中央'三个代表'的一面旗帜"。

2002 年 10 月 2002 年 10 月 10～13 日，优质服务领导小组在云南省大理市召开了部分省份计生委主任参加的"中西部地区优质服务座谈讨论会"，时任国家计生委副主任兼优质服务领导小组组长赵炳礼和国家计生委国际合作司司长赵白鸽参加并主持会议，浙江、江苏、四川、贵州、上海、黑龙江、辽宁、甘肃等 8 个省份计生委主任参会。会上计划生育优质服务项目办公室介绍了"优质服务先进县（市、区）评估指标体系"的初步设想，与会人员进行了认真热烈的讨论并提出修改建议。

2002 年 10 月 2002 年 10 月 14～18 日，在云南省昆明市召开了"第六届亚太地区社会科学与医学大会"。优质服务领导小组在大会上介绍了中国计划生育优质服务。计划生育优质服务项目办公室在大会组织了一天的"中国专题论坛",部分项目区县主任和中方专家系统介绍了优质服务项目的进展情况。

2003年1月 福特基金会聘请美国学者苏珊·何尔康（Susan Holcombe）、露丝·西蒙斯（Ruth Simmons）和部分中国专家对计划生育优质服务第二周期试点项目进行外部评估。评估活动持续约一个月,高层访谈主要在北京进行,访谈了国内著名的人口与计划生育专家、妇女问题专家、卫生部门的专家等。考察活动主要在山东省即墨市、湖南省浏阳市以及云南省牟定县进行,三地代表了三种不同类型的优质服务模式。考察活动包括召开座谈会（主要与政府领导、相关部门人员、计生干部以及计生技术服务人员）、深入访谈（与技术服务人员、育龄群众）、实地考察（考察县级计生服务站、乡镇计生服务站以及人口学校活动情况）。

2003年2月 国家计生委印发《优质服务先进县（市、区）评估指标体系》的通知。通知指出,这是按照目前国际国内项目管理与评估中通常采用的逻辑框架法制定的。将优质服务先进县（市、区）创建活动的主要内容分解为目标、效果、活动和投入保障等四个层次,根据不同层次的工作内容提出相应的评价指标和评估方法。评估指标共33个,为指导全国各地开展优质服务先进县（市、区）创建活动提供了规范和方法。

2003年3~4月 国家人口计生委和联合国人口基金合作开展第五周期生殖健康/计划生育项目,在30个省份的30个区县开展计划生育生殖健康优质服务。2003年3月,国家人口计生委组成6个专家组赴各省份推荐的2个候选区县进行了现场考察,最终确定了30个项目点。2003年4月初,国家人口计生委在南京召开了项目启动大会,中外专家和各省份的代表200多人参加了启动大会。第五周期项目文本建议开展如下活动:维护公民权利、开展知情选择、提供规范服务、改革管理评估。并建议针对群众的需要,开展适合当地情况的活动,如生殖道感染/艾滋病的预防,青少年性和生殖健康教育与服务,促进社会性别平等和提高男性参与度等。国家级优质服务试点区县大多被选为联合国人口基金项目区县，计划生育优质服务项目的中外专家也被聘为联合国人口基金项目专家。从此，计划生育优质服务项目和联合国人口基金项目共享专家资源和实践基地。

2003 年 7 月 福特基金会资助的计划生育优质服务第三周期试点项目启动，项目周期为 2003 年 7 月至 2005 年 12 月，项目设立 5 个子课题。它们是：①张开宁的"避孕方法知情选择及生殖道感染的预防、诊断和治疗的规范化"；②王铁明的"建立与完善优质服务框架下的管理与评估体系"；③翟振武、郑真真等参与的"探索非政府组织参与和监测《人口与计划生育法》实施的工作模式"；④曾光、汝小美参与的"艾滋病预防的宣传、倡导和培训"；⑤朱楚珠、李树茁负责的"社会性别视角与分析"。

2003 年 11 月 国家人口计生委组织 11 个专家小组赴全国各地评估验收首批优质服务先进县（市、区）。同年 12 月，国家人口计生委在北京组织召开全国电视电话会议，表彰首批 99 个优质服务先进县（市、区）。在全国表彰会上，国家人口计生委张维庆主任热情洋溢地祝贺首批优质服务先进县（市、区），称它们"是改革创新的先锋，是全心全意为广大育龄群众服务的典范，是引领全国人口和计划生育工作前进的火车头"。

2004 年 9 月 国家人口计生委、全国人大外事委员会等机构在武汉市举办"国际人口与发展论坛"。计划生育优质服务项目办公室在联合国人口基金和福特基金会的资助下，组织专家编写了《国际人口与发展大会：中国的十年》作为大会交流材料，全面系统地介绍了中国计划生育优质服务的进展。

2004 年 11 月 国家人口计生委组织 16 个专家小组赴各地评估验收第二批优质服务先进县（市、区）。

2005 年 1 月 国家人口计生委组织召开全国电视电话会议，表彰第二批 151 个优质服务先进县（市、区）。

2005 年 2 ~ 3 月 2005 年 2 月 28 日至 3 月 4 日，优质服务项目区县的人口计生委主任和中外专家在北京市昌平区召开"国家人口计生委优质服务试点项目 2005 年工作会议及知情选择研讨会"。重点研讨"知情选择的现状与不足"，围绕避孕方法知情选择的定义、程序、制度和规范进行研讨，并广泛交流在知情选择宣传、咨询、技术服务、管理与评估中的经验。会议决定尽快编印《避孕方法知情选择工作指南》小册子，制定知情选择的规范。

2005 年 3 月 2005 年 3 月 5 日，在北京市昌平区召开了中外专家联席会。会议决定由计划生育优质服务项目办公室负责组织专家撰写《中国计划生育优质服务工作指南》，全面系统介绍计划生育优质服务项目的主要成果和经验教训。

2005 年 6 月 2005 年 6 月 7 ~ 11 日，在天津市宝坻区举办部分专家和首批计划生育优质服务试点区县计生干部会议，讨论了《中国计划生育优质服务工作指南》的写作提纲，项目国际顾问露丝·西蒙斯教授和杰·萨迪亚教授及秘书丘苏伦参加了研讨会并给予了精心指导。会后外国专家与部分国内专家赴吉林省长春市农安县进行现场考察。

2005 年 9 月 2005 年 9 月 5 ~ 7 日，在浙江省德清县召开《中国计划生育优质服务工作指南》研讨会，20 多个项目区县的代表和专家共 70 人参加会议。负责撰写《中国计划生育优质服务工作指南》的专家介绍了编写提纲，听取了与会人员的意见，并收集了各项目区县的案例和故事，极大地丰富了《中国计划生育优质服务工作指南》的内容。

2005 年 10 月 2005 年 10 月 19 ~ 26 日，借露丝·西蒙斯来华的机会，参加《中国计划生育优质服务工作指南》编写的专家先后在北京和西安举行了编写工作会。10 月 19 ~ 21 日，计划生育优质服务项目办公室在北京组织解振明、郑真真、刘鸿雁等专家分别对《中国计划生育优质服务工作指南》的初稿进行了口头翻译，露丝·西蒙斯记录下的英文稿就达 80 页。10 月 22 ~ 26 日，编写工作会转移到西安继续进行，完成了对《中国计划生育优质服务工作指南》全部章节的讨论。10 月 28 日，解振明和顾宝昌等与露丝·西蒙斯在北京就未来合作计划进行了磋商。这次会议的主要成果是：中外专家对《中国计划生育优质服务工作指南》提出了具体的修改意见和建议；再次明确了《中国计划生育优质服务工作指南》的编写目的；统一了格式，不是论文集，不能写成论文；要求既要有成功的经验介绍，又要有针对困难和教训的建议或启迪。

2005 年 10～11 月 国家人口计生委组织 6 个专家组对各地申报的第三批优质服务先进县（市、区）进行了抽查，并对部分国家级优质服务先进县（市、区）进行了复查。

2006 年 1 月 国家人口计生委组织召开全国电视电话会议，表彰第三批 100 个优质服务先进县（市、区）。

2006 年 2006 年上半年《中国计划生育优质服务工作指南》初稿形成，并在《中国计划生育优质服务工作指南》的基础上编写了培训提纲。6 月和 7 月，分别赴江西省九江市和贵州省安顺市，组织参与《中国计划生育优质服务工作指南》编写的专家就《中国计划生育优质服务工作指南》的重点章节进行了讲解和培训，并征求修改意见。国际顾问露丝·西蒙斯于 12 月 7～14 日，赴九江市和安顺市重点考察《中国计划生育优质服务工作指南》的应用效果和反馈意见。

2007 年 4 月 2007 年 4 月，经过反复修订与征求项目区县意见，《中国计划生育优质服务工作指南》由中国人口出版社正式出版。此书内容涉及中国计划生育优质服务的各个领域，资料翔实丰富，兼顾理论性与操作性，是一本不可多得的关于中国计划生育优质服务工作的指导性书籍。

2007 年 8 月 2007 年 8 月 26～28 日，在北京召开了"社会性别与管理评估专题研讨会"。两个课题组（"建立与完善优质服务框架下的管理与评估体系"课题组和"社会性别视角与分析"课题组）首次一起进行专题研讨。会议邀请了天津市和平区、山东省青岛市即墨市、浙江省湖州市德清县、北京市宣武区四个项目区县的负责人、全国妇联妇女研究所和中国计生协的研究人员参加研讨会。这次会议的目的是通过与会人员集思广益，围绕计划生育优质服务的管理程序、制度及评估指标和方法，重点研讨如何引入社会性别视角，以建立具有社会性别视角的计划生育优质服务管理评估体系，在优质服务中实现计划生育生殖健康的男女平等。

2007 年 1～8 月 2007 年 1 月 15～16 日，计划生育优质服务项目办公室与西安交通大学人口与发展研究所项目组合作召开"社会性别现状与需求调查工作交流会",参会的项目区县交流了试用"社会性别工具箱"的使用情况与体会。会后课题组专家赴甘肃省敦煌市指导试用。2007年8月,计划生育优质服务项目办公室邀请国际人口方案管理委员会的专家杰·萨迪亚与秘书雷切尔·蔡共赴北京市宣武区、天津市和平区与山东省即墨市考察社会性别与计划生育管理评估结合的情况。考察中重点了解了各地"社会性别工具箱"的使用情况,在计划生育管理与服务中如何结合社会性别视角,以及如何在管理与评估中体现社会性别视角。

2007年9月 在国际人口方案管理委员会的帮助下,计划生育优质服务项目办公室编写、翻译和设计制作了《中国计划生育优质服务倡导手册》。这一手册简要地介绍了计划生育优质服务开展至今取得的成果,中英文对照,采用活页形式,印刷精美。该手册主要用于中国计划生育的对外宣传,并在多个国际会议上分发。

2007年9月 全国妇联与国务院妇儿工委在北京联合组织了"社会性别主流化培训班",邀请计划生育优质服务项目办公室专家介绍国家人口计生委在计划生育优质服务中推进社会性别主流化的经验。计划生育优质服务项目办公室专家还参与了妇联组织的《2006～2007年:中国性别平等与妇女发展报告》的编写工作,其中重点介绍了"中国计划生育的改革与创新"。

2008年1月 2008年1月11日,计划生育优质服务项目办公室在北京召开了一次跨学科的专家研讨会,邀请中国人民大学性社会研究所创办人潘绥铭、北京纪安德健康教育研究所郭雅琦、北京林业大学"男性解放沙龙"负责人方刚、性别健康国际组织(EngenderHealth)费伯·赛尼(Fabio Saini)、上海计划生育科研所武俊青等从不同角度介绍性概念、社会性别,以及性与生殖健康综合咨询能力建设项目的进展和研究成果。

2004～2008年 从2004年起,计划生育优质服务项目办公室督促与指导优质服务试点区县参与"计划生育优质服务十年回顾"的撰写与出版工作。截至2008年1月,云南省大理白族自治州祥云县、云南省楚雄彝族自治州牟定县、青海省海东市互助县、甘肃省陇南市徽县、湖北省当阳市、吉林省长春市农安县、山东省青岛市即墨市、江苏省南京市玄武区、浙江省湖州市德清县、江苏省盐城市盐都区、北京市宣武区、上海市卢湾区等项目区县编写和出版了优质服务项目试点工作回顾文集。计划生育优质服务项目办公室协助各项目区县进行了书名与目录的英文翻译工作。

2009 年 10 月　经国务院批准，国家人口计生委、中国计划生育协会、国际计划生育联合会、中国人口学会、联合国人口基金、人口与发展南南合作伙伴组织等于 2009 年 10 月 18～20 日在北京召开第五届亚太生殖健康大会。大会设立了"国际项目对中国人口项目的影响"的卫星会，邀请了中国/联合国人口基金第六周期生殖健康/计划生育项目的部分县（市、区）人口计生局（委）局长（主任）参加了中国专题卫星会。

2009 年 11 月至 2011 年 5 月　经国家人口计生委国际合作司的推荐，2009 年 11 月，计划生育优质服务项目办公室接到人口与发展南南合作伙伴组织（以下简称南南合作组织）执行主任哈瑞先生的信件，受邀参与南南合作组织发起的成员国生殖健康领域最佳实践的收集和撰写活动。解振明、郑真真、顾宝昌等组成的写作小组，负责撰写《聚焦优质服务的中国计划生育》。2010 年 1 月 15 日提交了写作提纲。2010 年 2 月 19 日解振明应邀参加在孟加拉国达卡召开的审稿和交流会。2010 年 8 月，郑真真应邀参加在泰国曼谷召开的第二次技术研讨会，介绍了中国生殖健康领域最佳实践的初稿。《聚焦优质服务的中国计划生育》于 2011 年 5 月正式出版发行。

2010 年 7 月　2010 年 7 月 12～13 日在云南省迪庆州召开了 2010 年计划生育优质服务项目工作年会。计划生育优质服务项目 25 个试点区县及所在省份主管领导或处室的代表、迪庆州人口计生委的代表、优质服务项目办公室专家、综合改革项目专家与工作人员，约 68 人参加会议。会议设 4 个专题：①中国计划生育优质服务十五年历程回顾，②计划生育优质服务在某些领域取得的创新经验与成果，③计划生育优质服务经验向综合改革的推广和拓展，④讨论和交流计划生育优质服务未来的发展方向。

2013 年 8 月　2013 年 8 月 23 日，国家卫生计生委计划生育基层指导司在北京召开计划生育优质服务评审工作专家座谈会。与会专家围绕计划生育优质服务先进单位创建工作的历史和现状、评估指标的设定、动态管理机制的建设、计划生育优质服务评审的创新、计划生育转型的推动等方面发表了各自的意见，中国人口学会秘书长解振明等专家学者以及国家卫生计生委妇幼健康司的有关同志参加了座谈会，计划生育基层指导司部分同志参加会议。

2013 年 9 月 2013 年 9 月 23～24 日，国家卫生计生委计划生育基层指导司在贵阳市召开全国部分省份计划生育优质服务创建工作研讨会。江苏、山东、河南、湖南、广西、贵州、陕西等省份卫生计生委科学技术处（出生缺陷预防处）负责人及部分市、县相关工作负责同志参加会议。与会代表对新时期的计划生育优质服务创建工作提出了很好的意见与建议。

2013 年 11 月 国家卫生计生委办公厅下发了《关于做好 2013 年计划生育优质服务先进单位评选工作的通知》，明确了申报条件、评选程序、上报材料、组织管理及相关要求。2013 年的评选工作围绕计划生育工作的新形势和新任务，以巩固加强基层计划生育工作网络和队伍建设为着力点，以全面提升依法管理水平、综合服务水平为落脚点，调整充实了重点评估指标，并将通知附件《2013 年"国优"单位重点评估指标》一起下发。

2014 年 1 月 2014 年 1 月 12～17 日，国家卫生计生委派出调研考察组，分别对安徽、江西、山东、湖南、广东、甘肃等省份计划生育优质服务先进单位创建工作进行了实地调研考察。本次调研考察活动由计划生育基层指导司牵头组织，监督局、家庭司、流动人口司、驻委纪检组监察局和有关专家共同参与完成。调研考察组深入县、乡、村和街道、社区，通过听取报告、实地考察、查阅创建资料、核查重点指标、与相关部门同志和计生专干座谈等多种方式，全面了解基层创建活动情况，广泛听取各方对创建工作的意见和建议。

2014 年 7 月 各地按照公开、公平、公正和优中选优的原则，经县级申报自评、地市级初审择优、省级评审验收等程序，推荐产生了候选单位。国家卫生计生委经过资格审核、抽查评估、监督核查和公示，授予 262 个单位"全国计划生育优质服务先进单位"荣誉称号。

2016 年 5 月 国家卫生计生委计划生育基层指导司下发了《国家卫生

计生委关于开展新一轮全国计划生育优质服务先进单位创建活动的通知》，在通知中作为附件下发的还包括《全国计划生育优质服务先进单位创建活动管理办法（试行）》和《全国计划生育优质服务先进单位创建活动评估重点》（2016 年版）。

2016 年 6 月　2016 年 6 月 17～18 日，国家卫生计生委计划生育基层指导司在河南省召开新一轮全国计划生育优质服务先进单位创建活动研讨会，交流各地开展新"国优"单位创建活动情况，研究部署下一步工作任务，副司长魏云鹏出席会议并讲话。各省份卫生计生委、新疆生产建设兵团卫生计生委指导处（或相关处室）领导参加了会议。

2016 年 11 月　根据《国家卫生计生委关于开展新一轮全国计划生育优质服务先进单位创建活动的通知》，各省份经过县级申报、市级推荐、省级评审，向国家卫生计生委推荐上报了近三年来在落实计划生育政策、改革创新服务管理、依法行政、文明执法、为群众提供优质服务等方面取得显著成效的 560 个候选单位。按照有关规定，通过政府网站等渠道对候选单位进行了公示，接受社会评议和监督。经 2016 年第 102 次委主任会议审议通过，决定授予 560 个县（市、区）"2014～2016 年全国计划生育优质服务先进单位"荣誉称号。

后　记

　　为纪念改革开放 40 周年、国际人口与发展大会召开 25 周年，我们谨将《亲历者记述：计划生育优质服务》一书敬献给读者们。

　　从 1995 年启动计划生育优质服务项目试点，已经过去 20 多年了。当年的参与者也大多退休了，相互之间联系甚少。但近年流行的微信居然把大家又从全国各地陆续连接起来了。那段过往的经历是那么难忘，工作中结下的情谊是那么深厚，互相之间的思念是那么铭刻于心。2017 年 5 月，19 位老友在杭州聚会，尽管这是一个以叙友情为主题的聚会，但不由自主地又把大家带到了那难忘的过往。"参与计划生育优质服务的这段经历实在难忘啊，应该把它记录下来！"成为大家的共同心声。

　　2017 年 7 月，志愿参与撰稿的部分亲历者在江苏盐城会合，考察相关展览和服务现场，进行优质服务回顾调研，讨论了写作框架和撰写原则，决定以个人的身份、讲故事的方式记述在优质服务活动中的难忘往事。之后参与本书撰写和编辑的人员越聚越多，最后达 35 人，包括 4 位外国朋友。特别可贵的是，撰写者中有相当数量是直接参与优质服务项目的国家、省、市和区县的各级实际工作者，他们让人五味杂陈的故事成为刻骨铭心、终生难忘的记忆，也诠释和展现了优质服务项目不断拓展前进的不竭动力和成功经验。撰写者中还有众多参与试点项目的专家学者，他们积极主动地倡导和推进优质服务的理念和方法，为中国计划生育的改革做出了贡献，因此也实现了他们理论指导实践的理想。解振明、顾宝昌、汝小美、郑真真和刘鸿雁等志愿担当本书的编者，为大家提供服务，承担协调、编辑等有关事宜。

第九届全国人大常委会副委员长、原国务委员兼国家计划生育委员会主任彭珮云同志为本书亲自执笔撰写了前言。她冒着高温酷暑伏案执笔，反复推敲，还认真阅读了大部分文稿，并对其中有些文字和标点做了仔细的修订。彭珮云同志在前言中阐述了她当年启动计划生育改革的深谋远虑，与我们一起回顾了这段令人瞩目的历史。

本书的撰写者是中国计划生育改革的探路者和实践者，也是一批引入、传播和践行国际上有关人口与发展、计划生育与生殖健康新理念的参与者和见证者。他们用大量的事实和数据，尤其是亲历者的故事，展示了中国计划生育从人口数量控制到生殖健康促进的不懈努力。正如彭珮云同志在前言中所说："这本书可以帮助人们了解我国计划生育工作是怎样逐步走出一条干部好做工作、群众容易接受的路子，其中有很多酸甜苦辣和经验教训。"

本书作为中国人口与发展研究中心的"中国计划生育优质服务回顾项目"，得到了中国人口与发展研究中心的大力支持，在此谨致以衷心的感谢！

图书在版编目（CIP）数据

亲历者记述：计划生育优质服务 / 解振明主编. --
北京：社会科学文献出版社，2020.6
ISBN 978 - 7 - 5201 - 6231 - 9

Ⅰ.①亲…　Ⅱ.①解…　Ⅲ.①计划生育 - 工作概况 -
中国　Ⅳ.①C924.2

中国版本图书馆 CIP 数据核字（2020）第 029108 号

亲历者记述：计划生育优质服务

主　　编／解振明
副 主 编／顾宝昌　郑真真　汝小美　刘鸿雁

出 版 人／谢寿光
组稿编辑／邓泳红
责任编辑／陈　雪　柯　宓

出　　版／社会科学文献出版社·皮书出版分社（010）59367127
　　　　　地址：北京市北三环中路甲 29 号院华龙大厦　邮编：100029
　　　　　网址：www.ssap.com.cn
发　　行／市场营销中心（010）59367081　59367083
印　　装／三河市尚艺印装有限公司

规　　格／开　本：787mm × 1092mm　1/16
　　　　　印　张：22.25　字　数：335 千字
版　　次／2020 年 6 月第 1 版　2020 年 6 月第 1 次印刷
书　　号／ISBN 978 - 7 - 5201 - 6231 - 9
定　　价／98.00 元

本书如有印装质量问题，请与读者服务中心（010 - 59367028）联系